- 教育部人才培养模式改革和开放教育试点教材
- 高等医学院校卫生事业管理专业教材

卫 生 法 学

（第二版）

主　编　宋文质
副主编　王　岳
编　者　（按姓氏笔画排序）
　　　　王　岳　刘　颖　宋文质
　　　　李晓农　李晓霓　杨　健

北京大学医学出版社

WEISHENGFAXUE

图书在版编目（CIP）数据

卫生法学/宋文质主编．—2版．—北京：北京大学医学出版社，2008（2019.4重印）

教育部人才培养模式改革和开放教育试点教材．高等医学院校卫生事业管理专业教材

ISBN 978-7-81116-389-6

Ⅰ．卫… Ⅱ．宋… Ⅲ．卫生法学－法的理论－中国－医学院校－教材 Ⅳ．D922.161

中国版本图书馆CIP数据核字（2007）第169653号

卫生法学（第二版）

主　　编：宋文质
出版发行：北京大学医学出版社
地　　址：（100191）北京市海淀区学院路38号 北京大学医学部院内
电　　话：发行部 010-82802230；图书邮购 010-82802495
网　　址：http://www.pumpress.com.cn
E-mail：booksale@bjmu.edu.cn
印　　刷：莱芜市圣龙印务有限责任公司
经　　销：新华书店
责任编辑：白　玲　张凌凌　　**责任校对**：杜　悦　　**责任印制**：罗德刚
开　　本：787 mm×1092 mm　1/16　**印张**：14　**字数**：340千字
版　　次：2008年1月第2版　2019年4月第13次印刷
书　　号：ISBN 978-7-81116-389-6
定　　价：21.00元

版权所有　违者必究

（凡属质量问题请与本社发行部联系退换）

前　言

　　本教材是在2002年第一版《卫生法学》教材基础上修订而成的，它对有关章节内容进行了修改和精简，并适时地增补了有关法律法规内容，因而是目前覆盖卫生法律法规范围最广的《卫生法学》教材。该教材可适用于专科、专升本及本科生《卫生法学》课程的教学，同时也可适用于卫生行政部门或卫生监督机构进行卫生行政执法的理论培训。但无论用于何种形式的教学，都应根据实际需要制订教学大纲。

　　教材共十六章，分四个部分：第一部分为前三章，即卫生法学与卫生法概述、卫生行政执法、法律责任与法律救济等基本理论和基础知识，该部分内容对深刻理解有关卫生法律法规的规定，及对开展卫生行政执法都是十分重要的；第二部分为第四章至第九章，主要内容为公共卫生相关的法律制度，包括传染病防治、国境卫生检疫、环境卫生、职业卫生、放射卫生、学校卫生、食品卫生、饮用水卫生、化妆品卫生、突发公共卫生事件应急处理、母婴保健及人口与计划生育等方面的法律制度，该部分内容对预防医学专业学生尤为重要；第三部分为第十章至第十四章，主要是有关临床医事法学的内容，包括医疗机构与人员管理的法律制度、血液和血液制品管理的法律制度、药品与医疗器械监督管理法律制度及医疗事故预防与处理的法律制度。由于近年来因药品和医疗器械方面产生的医疗纠纷或问题逐年增加，因此与原《卫生法学》教材不同，本次将药品管理和医疗器械监督管理的有关法律规定都分别单列一章，而不是像以往那样将食品、药品、血液与血液制品、医疗器械、化妆品等笼统地都列为健康相关产品监督管理的法律制度之中，这样可更加细致地予以论述和说明。第四部分为第十五至十六章，内容分别为医学发展带来的法律问题与有关国际卫生法简介。该部分内容无论对临床医学专业还是对预防医学专业，也包括对药学专业的学生，都是应了解的基本知识。

　　本教材将2002年以来颁布或修订的法律、法规、规章等都予以补充，尤其2003年"非典"的爆发流行，我国传染病防治方面的立法速度明显加快，国务院先后出台了《突发公共卫生事件应急条例》、《病原微生物实验室生物安全管理条例》、《医疗废物管理条例》等行政法规。同时2004年8月28日第十届全国人民代表大会常务委员会第十一次会议又通过了修订后的《中华人民共和国传染病防治法》，对此都进行了增补，并有详细的阐述。此外，本教材对卫生行政执法的论述也较为全面、系统、准确，从卫生行政执法的概念、主体资格、执法行为、执法依据、行政许可、卫生监督的定义及意义、行政处罚及行政强制执行等都有较详细的论述，因此也可适用于卫生行政执法的培训。

宋文质
2007年10月

目 录

第一章 卫生法学与卫生法概述 (1)

第一节 卫生法学 (1)
一、卫生法学的概念 (1)
二、卫生法学的研究对象 (1)
三、卫生法学的特征 (1)
四、卫生法学的发展历程 (2)
五、卫生法学与相关学科的关系 (3)

第二节 卫生法 (4)
一、卫生法的概念 (4)
二、卫生法的基本原则 (5)

第三节 卫生法律关系 (7)
一、卫生法律关系的概念与特征 (7)
二、卫生法律关系的要素 (7)
三、卫生法律关系的产生、变更和消灭 (9)

第四节 卫生法的渊源 (9)
一、宪法 (9)
二、卫生法律 (10)
三、卫生行政法规 (10)
四、地方性卫生法规 (10)
五、自治条例与单行条例 (10)
六、卫生行政规章 (11)
七、地方卫生行政规章 (11)
八、卫生标准 (11)
九、法律解释 (11)
十、卫生国际条约 (11)

第五节 卫生立法概述 (12)
一、卫生立法的含义 (12)
二、卫生立法的依据 (12)
三、卫生立法体制 (13)
四、卫生立法程序 (14)

第二章 卫生行政执法 (17)

第一节 卫生行政执法概述 (17)
一、卫生行政执法的概念 (17)
二、卫生行政执法的原则 (17)

第二节　卫生行政执法主体 …………………………………………………… (17)
　　　　一、卫生行政执法主体及其法律地位 ……………………………………… (17)
　　　　二、授权组织执法与委托组织执法 ………………………………………… (18)
　　　　三、卫生行政执法主体的分类 ……………………………………………… (19)
　　　　四、卫生行政执法人员 ……………………………………………………… (19)
　　第三节　卫生行政执法行为 …………………………………………………… (20)
　　　　一、卫生行政行为的概念 …………………………………………………… (20)
　　　　二、卫生行政执法行为的效力 ……………………………………………… (20)
　　　　三、卫生行政执法行为的撤销、废止、变更、消灭 ……………………… (21)
　　第四节　卫生行政执法的依据 ………………………………………………… (22)
　　　　一、卫生行政执法的实体法律依据 ………………………………………… (22)
　　　　二、卫生行政执法的程序法律依据 ………………………………………… (23)
　　　　三、卫生标准及其在卫生行政执法中的应用 ……………………………… (24)
　　第五节　卫生行政许可 ………………………………………………………… (24)
　　　　一、卫生行政许可的定义和性质 …………………………………………… (25)
　　　　二、卫生行政许可设定事项的范围 ………………………………………… (25)
　　　　三、卫生行政许可实施机关 ………………………………………………… (25)
　　　　四、卫生行政许可的实施程序与时限规定 ………………………………… (25)
　　　　五、监督检查 ………………………………………………………………… (27)
　　　　六、法律责任 ………………………………………………………………… (27)
　　第六节　卫生（行政）监督（检查） ………………………………………… (28)
　　　　一、卫生监督的定义、性质和意义 ………………………………………… (28)
　　　　二、卫生监督的范围或分类 ………………………………………………… (28)
　　第七节　卫生行政处罚 ………………………………………………………… (29)
　　　　一、卫生行政处罚的概念及管辖 …………………………………………… (30)
　　　　二、卫生行政处罚原则 ……………………………………………………… (30)
　　　　三、卫生行政处罚的种类与形式 …………………………………………… (30)
　　　　四、卫生行政处罚程序 ……………………………………………………… (31)
　　第八节　卫生行政强制 ………………………………………………………… (32)
　　　　一、行政强制的概念 ………………………………………………………… (32)
　　　　二、卫生行政强制的原则 …………………………………………………… (32)
　　　　三、卫生行政强制措施的分类 ……………………………………………… (33)
　　　　四、关于卫生行政取缔 ……………………………………………………… (34)
第三章　法律责任与法律救济 …………………………………………………… (36)
　　第一节　卫生法律责任 ………………………………………………………… (36)
　　　　一、卫生法律责任的概念 …………………………………………………… (36)
　　　　二、卫生法律责任的种类 …………………………………………………… (36)
　　第二节　卫生行政救济 ………………………………………………………… (37)
　　　　一、卫生行政救济的概念 …………………………………………………… (37)

二、卫生行政救济的途径 …………………………………………………………（38）
第三节　卫生行政复议 ……………………………………………………………………（38）
　　一、卫生行政复议的概念 …………………………………………………………（38）
　　二、卫生行政复议的原则 …………………………………………………………（39）
　　三、卫生行政复议的受案范围 ……………………………………………………（39）
　　四、卫生行政复议程序 ……………………………………………………………（40）
第四节　卫生行政诉讼 ……………………………………………………………………（41）
　　一、卫生行政诉讼的概念 …………………………………………………………（41）
　　二、卫生行政诉讼的构成要件 ……………………………………………………（41）
　　三、卫生行政诉讼的基本特点 ……………………………………………………（41）
　　四、卫生行政诉讼的受案范围 ……………………………………………………（42）
　　五、卫生行政诉讼程序 ……………………………………………………………（42）
第五节　卫生行政赔偿 ……………………………………………………………………（43）
　　一、卫生行政赔偿的概念 …………………………………………………………（43）
　　二、卫生行政赔偿范围 ……………………………………………………………（43）
　　三、卫生行政赔偿程序 ……………………………………………………………（43）
　　四、卫生行政赔偿的方式和标准 …………………………………………………（44）

第四章　传染病防治与国境卫生检疫的法律制度 ……………………………………………（45）
第一节　传染病防治法律制度概述 ………………………………………………………（45）
　　一、传染病防治是公共卫生的重点 ………………………………………………（45）
　　二、传染病防治法的概念 …………………………………………………………（45）
第二节　新《传染病防治法》 ……………………………………………………………（45）
　　一、总则 ……………………………………………………………………………（46）
　　二、传染病预防 ……………………………………………………………………（47）
　　三、疫情报告、通报和公布 ………………………………………………………（48）
　　四、疫情控制 ………………………………………………………………………（49）
　　五、医疗救治 ………………………………………………………………………（50）
　　六、监督管理 ………………………………………………………………………（50）
　　七、保障措施 ………………………………………………………………………（51）
　　八、法律责任 ………………………………………………………………………（51）
第三节　国境卫生检疫法律制度 …………………………………………………………（52）
　　一、国境卫生检疫法律制度概述 …………………………………………………（52）
　　二、传染病检疫和监测 ……………………………………………………………（53）
　　三、国境卫生监督和卫生处理 ……………………………………………………（54）
　　四、法律责任 ………………………………………………………………………（54）
第四节　病原微生物实验室生物安全管理法律制度 ……………………………………（55）
　　一、总则 ……………………………………………………………………………（55）
　　二、病原微生物的分类与管理 ……………………………………………………（55）
　　三、实验室及实验活动的管理 ……………………………………………………（56）

四、高致病性菌（毒）种或样本（品）的运输 …………………………………… (56)
　　五、菌（毒）种保藏 …………………………………………………………………… (56)
　　六、特别规定 …………………………………………………………………………… (56)
　　七、实验室感染控制 …………………………………………………………………… (56)
　　八、监督管理 …………………………………………………………………………… (57)
　　九、法律责任 …………………………………………………………………………… (57)
　第五节　疫苗流通和预防接种管理法律制度 ……………………………………… (57)
　　一、疫苗分类 …………………………………………………………………………… (57)
　　二、行政监督管理 ……………………………………………………………………… (58)
　　三、疫苗流通 …………………………………………………………………………… (58)
　　四、疫苗接种 …………………………………………………………………………… (59)
　　五、预防接种异常反应的处理 ………………………………………………………… (60)
　　六、法律责任 …………………………………………………………………………… (60)
　第六节　《艾滋病防治条例》与《血吸虫病防治条例》 ………………………… (61)
　　一、《艾滋病防治条例》 ……………………………………………………………… (61)
　　二、《血吸虫病防治条例》 …………………………………………………………… (63)

第五章　职业病防治与放射卫生法律制度 ……………………………………………… (67)
　第一节　职业病与职业病防治法 …………………………………………………… (67)
　　一、职业卫生法律制度的形成与发展 ………………………………………………… (67)
　　二、《职业病防治法》简介 …………………………………………………………… (67)
　第二节　其他职业卫生行政法规 …………………………………………………… (73)
　　一、《尘肺病防治条例》 ……………………………………………………………… (73)
　　二、《女职工劳动保护规定》 ………………………………………………………… (74)
　　三、《使用有毒物品作业场所劳动保护条例》 ……………………………………… (74)
　第三节　放射卫生防护的法律规定 ………………………………………………… (76)
　　一、总则 ………………………………………………………………………………… (76)
　　二、许可和备案 ………………………………………………………………………… (76)
　　三、安全和防护 ………………………………………………………………………… (77)
　　四、辐射事故应急处理 ………………………………………………………………… (77)
　　五、监督检查 …………………………………………………………………………… (78)
　　六、法律责任 …………………………………………………………………………… (78)

第六章　日用健康相关产品卫生法律制度 ……………………………………………… (81)
　第一节　食品安全法律制度概述 …………………………………………………… (81)
　　一、食品安全概述 ……………………………………………………………………… (81)
　　二、食品安全管理法律体系 …………………………………………………………… (81)
　第二节　食品安全法中的几项重要新规定 ………………………………………… (82)
　　一、关于国家食品安全委员会 ………………………………………………………… (82)
　　二、关于食品安全风险监测和评估 …………………………………………………… (83)
　　三、关于食品安全标准 ………………………………………………………………… (83)

四、关于食品召回制度 ……………………………………………… (83)
　　五、关于食品检验 ……………………………………………………… (84)
第三节　食品生产经营行为的规定 ………………………………………… (84)
　　一、食品生产经营者必然履行的义务 ……………………………… (84)
　　二、食品生产经营者特别要履行以下禁止性义务 ………………… (85)
　　三、食品生产经营者的其他义务 …………………………………… (85)
第四节　食品生产经营许可制度的规定 …………………………………… (86)
　　一、关于生产经营实行许可制度 …………………………………… (86)
　　二、关于食品从业人员健康管理的规定 …………………………… (86)
　　三、关于食品添加剂许可制度 ……………………………………… (86)
　　四、关于保健食品的规定 …………………………………………… (87)
　　五、关于食品进出口的规定 ………………………………………… (87)
　　六、关于危害分析与关键控制点体系认证 ………………………… (88)
　　七、关于食品广告 …………………………………………………… (88)
第五节　食品安全监督管理与食品安全事故处置 ………………………… (88)
　　一、相关行政部门的职责 …………………………………………… (88)
　　二、关于食品信息的发布 …………………………………………… (89)
　　三、目前国务院相关行政部门的机构设置与分工 ………………… (89)
　　四、关于食品安全事故处置 ………………………………………… (90)
第六节　违反《食品安全法》的法律责任 ………………………………… (91)
　　一、行政法律责任 …………………………………………………… (91)
　　二、民事法律责任 …………………………………………………… (92)
　　三、刑事法律责任 …………………………………………………… (92)
第七节　其他食品卫生安全的规定 ………………………………………… (93)
　　一、辐照食品卫生管理的规定 ……………………………………… (93)
　　二、转基因食品管理的规定 ………………………………………… (93)
　　三、学校集体用餐卫生管理的规定 ………………………………… (93)
　　四、餐饮业食品卫生管理的规定 …………………………………… (94)
第八节　饮水卫生的法律制度 ……………………………………………… (94)
　　一、生活饮用水卫生标准及其发展过程 …………………………… (95)
　　二、《生活饮用水卫生监督管理办法》简介 ……………………… (95)
第九节　化妆品卫生管理法律制度 ………………………………………… (97)
　　一、化妆品及其卫生监督管理制度概述 …………………………… (97)
　　二、化妆品卫生标准 ………………………………………………… (97)

第七章　环境卫生与学校卫生的法律制度 ………………………………… (99)
　第一节　公共场所卫生的法律规定 ……………………………………… (99)
　　一、公共场所的概念 ………………………………………………… (99)
　　二、公共场所的卫生质量要求 ……………………………………… (100)
　　三、公共场所的卫生管理 …………………………………………… (100)

四、公共场所的卫生监督……………………………………………………(100)
　　五、法律责任……………………………………………………………………(101)
第二节　《医疗废物管理条例》简介…………………………………………………(101)
　　一、总则…………………………………………………………………………(101)
　　二、对医疗机构的规定…………………………………………………………(102)
　　三、医疗废物处置单位的设立与责任…………………………………………(103)
　　四、行政监督管理………………………………………………………………(104)
　　五、法律责任……………………………………………………………………(104)
第三节　学校卫生工作的法律规定……………………………………………………(105)
　　一、学校卫生工作的任务………………………………………………………(105)
　　二、学校卫生工作的要求………………………………………………………(106)
　　三、学校卫生工作的管理………………………………………………………(107)
　　四、学校卫生工作的监督………………………………………………………(107)
　　五、法律责任……………………………………………………………………(107)

第八章　突发公共卫生事件应急处理的法律制度……………………………………(109)
第一节　《突发公共卫生事件应急条例》简介…………………………………………(109)
　　一、总则…………………………………………………………………………(109)
　　二、预防与应急准备……………………………………………………………(110)
　　三、报告、通报、信息发布及举报制度………………………………………(111)
　　四、应急处理……………………………………………………………………(111)
　　五、法律责任……………………………………………………………………(113)
第二节　《传染性非典型肺炎防治管理办法》简介……………………………………(113)
　　一、总则…………………………………………………………………………(114)
　　二、疫情报告、通报和公布……………………………………………………(114)
　　三、预防与控制…………………………………………………………………(115)
　　四、医疗救治……………………………………………………………………(115)
　　五、监督管理……………………………………………………………………(116)
　　六、罚则…………………………………………………………………………(117)
　　七、附则（略）…………………………………………………………………(117)

第九章　母婴保健及人口与计划生育法律制度………………………………………(118)
第一节　母婴保健法律制度……………………………………………………………(118)
　　一、概述…………………………………………………………………………(118)
　　二、婚前保健……………………………………………………………………(118)
　　三、孕产期保健…………………………………………………………………(119)
第二节　母婴保健管理…………………………………………………………………(120)
　　一、母婴保健工作的管理机构及其职责………………………………………(120)
　　二、医疗保健机构和母婴保健工作人员的管理………………………………(120)
第三节　违反母婴保健法的法律责任…………………………………………………(120)
　　一、行政责任……………………………………………………………………(120)

二、民事责任……(121)
　　三、刑事责任……(121)
 第四节　人口与计划生育法律制度……(121)
　　一、概述……(121)
　　二、计划生育法律制度内容……(122)
　　三、违反计划生育法的法律责任……(123)
　　四、计划生育在相关法律中的体现……(124)

第十章　医疗机构与人员管理法律制度……(126)
 第一节　概　述……(126)
 第二节　医疗机构管理的法律制度……(127)
　　一、医疗机构的设置……(127)
　　二、医疗机构的执业……(128)
　　三、法律责任……(129)
 第三节　卫生技术人员管理的法律制度……(130)
　　一、执业医师法……(130)
　　二、护士管理的法律规定……(133)
　　三、执业药师管理的法律规定……(135)
 第四节　中医药管理法律制度……(136)
　　一、传统医学法律规定概述……(136)
　　二、中医医疗机构与从业人员……(137)
　　三、中医药教育与科研……(137)
　　四、保障措施……(138)
　　五、法律责任……(139)
 第五节　乡村医生从业管理的法律制度……(139)
　　一、《条例》适用范围与其他要求……(139)
　　二、乡村医生的执业注册……(140)
　　三、执业规则……(140)
　　四、培训和考核……(141)
　　五、法律责任……(141)
 第六节　关于医疗广告和处方的规定……(142)
　　一、医疗广告……(142)
　　二、关于处方管理的新规定……(143)

第十一章　药品管理法律制度……(146)
 第一节　概　述……(146)
　　一、药品的概念……(146)
　　二、药品管理的发展……(146)
 第二节　药品生产企业管理……(147)
　　一、开办药品生产企业的条件……(147)
　　二、药品生产的质量管理……(147)

三、药品包装的管理 ………………………………………………………………………… (147)
　第三节　药品经营企业管理 ……………………………………………………………………… (148)
　　一、开办药品经营企业的条件 ……………………………………………………………… (148)
　　二、经营药品的质量管理 …………………………………………………………………… (148)
　　三、药品流通管理 …………………………………………………………………………… (148)
　第四节　医疗机构药剂管理 ……………………………………………………………………… (149)
　　一、医疗机构配制制剂的条件 ……………………………………………………………… (149)
　　二、医疗机构配制制剂的使用 ……………………………………………………………… (149)
　　三、医疗机构的药品管理 …………………………………………………………………… (149)
　第五节　药品管理 ………………………………………………………………………………… (149)
　　一、药品标准 ………………………………………………………………………………… (149)
　　二、特殊药品管理 …………………………………………………………………………… (150)
　　三、进出口药品的管理 ……………………………………………………………………… (150)
　　四、非处方药管理 …………………………………………………………………………… (151)
　　五、禁止生产和销售假药、劣药 …………………………………………………………… (151)
　第六节　药品价格和广告管理 …………………………………………………………………… (151)
　　一、药品价格 ………………………………………………………………………………… (151)
　　二、药品广告 ………………………………………………………………………………… (152)
　第七节　临床用药安全的相关法律问题 ………………………………………………………… (152)
　　一、药品不良反应 …………………………………………………………………………… (152)
　　二、新药临床试验 …………………………………………………………………………… (153)
　第八节　药品监督与法律责任 …………………………………………………………………… (155)
　　一、药品监督管理与检验机构及其职责 …………………………………………………… (155)
　　二、法律责任 ………………………………………………………………………………… (155)

第十二章　医疗器械监督管理法律制度 ……………………………………………………………… (158)
　第一节　概　述 …………………………………………………………………………………… (158)
　　一、医疗器械的概念及分类 ………………………………………………………………… (158)
　　二、医疗器械监督管理立法 ………………………………………………………………… (158)
　第二节　医疗器械生产、经营和使用的管理 …………………………………………………… (159)
　　一、医疗器械生产企业管理 ………………………………………………………………… (159)
　　二、医疗器械经营企业管理 ………………………………………………………………… (159)
　　三、医疗器械广告管理 ……………………………………………………………………… (160)
　第三节　医疗器械的行政管理 …………………………………………………………………… (161)
　　一、医疗器械产品注册管理 ………………………………………………………………… (161)
　　二、医疗机构研制医疗器械的管理 ………………………………………………………… (161)
　　三、医疗器械新产品的管理 ………………………………………………………………… (161)
　　四、医疗器械的临床试用和临床验证 ……………………………………………………… (161)
　　五、进口医疗器械的审批 …………………………………………………………………… (161)
　　六、医疗器械评价与淘汰 …………………………………………………………………… (162)

第四节　法律责任……………………………………………………………(162)
　一、行政责任………………………………………………………………(162)
　二、刑事责任………………………………………………………………(163)
第五节　大型医用设备配置与使用管理……………………………………(163)
　一、总则部分………………………………………………………………(163)
　二、配置规划与审批………………………………………………………(163)
　三、使用管理………………………………………………………………(163)
　四、特别规定………………………………………………………………(164)
　五、监督管理与法律责任…………………………………………………(164)

第十三章　血液与血液制品管理法律制度……………………………………(165)
第一节　概　述………………………………………………………………(165)
　一、血液与血液制品的概念………………………………………………(165)
　二、血液与血液制品管理的基本法律原则………………………………(165)
　三、血液与血液制品管理的规范性法律文件……………………………(165)
第二节　血液提供与使用管理法律制度……………………………………(166)
　一、血站的设立……………………………………………………………(166)
　二、血站执业管理…………………………………………………………(167)
　三、献血对象的管理………………………………………………………(167)
　四、临床用血的管理………………………………………………………(168)
　五、特殊血站管理…………………………………………………………(168)
第三节　血液制品生产与使用管理法律制度………………………………(169)
　一、单采血浆站设立的条件………………………………………………(169)
　二、血液制品生产的管理…………………………………………………(169)
第四节　法律责任……………………………………………………………(170)
　一、行政责任………………………………………………………………(170)
　二、民事责任………………………………………………………………(171)
　三、刑事责任………………………………………………………………(172)

第十四章　医疗事故处理法律制度……………………………………………(173)
第一节　医疗法律行为与医疗法律关系……………………………………(173)
　一、医疗法律行为…………………………………………………………(173)
　二、医疗法律关系…………………………………………………………(173)
第二节　医患双方的权利和义务……………………………………………(174)
　一、患者的权利……………………………………………………………(174)
　二、患者的义务……………………………………………………………(176)
　三、医疗机构和医务人员的权利…………………………………………(177)
　四、医疗机构和医务人员的义务…………………………………………(177)
第三节　医疗纠纷与医疗事故………………………………………………(178)
　一、医疗纠纷………………………………………………………………(178)
　二、医疗事故………………………………………………………………(178)

三、医疗事故的预防·····································(179)
　　四、医疗事故的报告制度·································(180)
第四节　医疗事故有关的证据及证据规则·····················(180)
　　一、医疗事故技术鉴定···································(180)
　　二、病历资料的保管、查阅、复制和封存···················(181)
　　三、可疑物品的封存与检验·······························(182)
　　四、尸体检查···(182)
　　五、举证责任倒置·······································(182)
第五节　医疗事故的法律责任·······························(182)
　　一、医疗事故的民事责任·································(182)
　　二、医疗事故的行政处理及行政责任·······················(183)
　　三、刑事责任···(184)
第六节　医疗事故的民事赔偿·······························(185)
　　一、医疗事故民事赔偿应考虑的因素·······················(185)
　　二、医疗事故赔偿项目的规定·····························(185)

第十五章　医学发展带来的法律问题·························(188)
第一节　人工辅助生殖技术与立法···························(188)
　　一、人工辅助生殖技术···································(188)
　　二、人工辅助生殖技术引起的法律问题·····················(188)
　　三、代理母亲···(189)
　　四、我国的辅助生殖技术立法概况·························(190)
第二节　器官移植与立法···································(190)
　　一、概述···(190)
　　二、器官移植的法律问题·································(190)
　　三、《人体器官移植条例》简介···························(191)
第三节　脑死亡与立法·····································(193)
　　一、概述···(193)
　　二、确立脑死亡的意义···································(193)
　　三、脑死亡立法的思考···································(194)
第四节　基因工程与立法···································(195)
　　一、基因工程概述·······································(195)
　　二、基因诊断···(195)
　　三、基因治疗···(195)
　　四、人类基因组计划·····································(195)
　　五、我国人类基因工程立法状况···························(196)
　　六、人类遗传资源的管理·································(196)
第五节　安乐死与立法·····································(197)
　　一、安乐死概述···(197)
　　二、安乐死立法中的问题·································(198)

第十六章 国际卫生法 (199)

第一节 国际卫生法概述 (199)
一、国际卫生法的概念 (199)
二、国际卫生法的特征 (199)
三、国际卫生法的渊源 (199)

第二节 国际卫生条约简介 (200)
一、《阿拉木图宣言》 (200)
二、《儿童生存、保护和发展世界宣言》 (201)
三、《国际人口与发展大会行动纲领》 (202)
四、《国际卫生条例》 (202)

第三节 《实施卫生与植物卫生措施协议》 (204)
一、《实施卫生与植物卫生措施协议》(《SPS协议》)的由来与意义 (204)
二、《SPS协议》的主要内容和有关规定 (204)

第四节 麻醉品、精神药物的国际公约 (205)
一、我国承认和加入的有关国际公约 (205)
二、《修正1961年麻醉品单一公约》的主要内容 (206)
三、《1971年精神药物公约》的主要内容 (206)
四、《禁止非法贩运麻醉药品和精神药物公约》的主要内容 (206)

主要参考文献 (208)

第一章 卫生法学与卫生法概述

第一节 卫生法学

一、卫生法学的概念

法学,亦称"法律学",即法律科学的通称。法学是研究法律现象及其规律的一门社会科学。卫生法学是研究卫生法及其发展规律的一门法律科学,是法学的分支学科。为顺应世界政治经济、科学技术和文化教育发展的需要,新的法学分支学科和边缘学科不断出现。卫生法学就是自然科学和社会科学相互交融和渗透,并随着传统生物医学模式向生物-心理-社会医学模式的转变,而产生和发展起来的一门新兴的边缘交叉学科。

二、卫生法学的研究对象

卫生法学的研究对象是卫生法律现象及其发展规律。法律现象是人类社会发展到一定阶段所产生的一种特殊的社会现象,包括法律规范、法律意识、法律职业、法律行为、法律关系等等受法律调整的各种社会现象。而卫生法律现象则是与医药卫生相关的法律现象。例如,随着基因检验技术的发展,部分国家出现了就业基因歧视现象。在禁止性法令颁布前,有关就业基因歧视只是一种社会现象,但在禁止性法令颁布后,有关就业基因歧视现象就上升为法律现象,并且是一种卫生法律现象。

三、卫生法学的特征

从医学角度来看,卫生法学属于理论科学的范畴;从法学角度来看,卫生法学属于应用科学范畴;从总体职能来看,卫生法学具有广泛的社会性;从具体内容来看,卫生法学具有综合性,因为纷繁复杂的社会关系和日新月异的科学技术均融于这门学科之中;从整体构成来看,卫生法学具有交叉性,因为它是自然科学与社会科学相互渗透的结果。卫生法学融医学、药物学、卫生学、法学等多个学科的基本理论于一体,形成了一门年轻而独立的学科。它服务于医药卫生事业的实践,促进卫生事业的发展,维护公民的生命安全和身心健康。其特点概括为:

(一)卫生法学的时代性

卫生法学的时代性体现为它必须与时俱进。首先,医药卫生事业怎样适应市场经济和建立市场经济条件下的医疗、预防保健体系,如何公平配给人类健康不可缺少的卫生资源,如何创造一个有利于人类健康的公共生存环境等,这是卫生事业改革和发展面临的重大课题,需要卫生法学作出回应。其次,随着生命科学的发展,从生(生殖技术、克隆人)到死(脑死亡、安乐死)、从器官移植到基因工程、从高新医疗仪器设备的临床应用到远程医学教育等,都会产生相应的法律问题,需要卫生法学予以应对。

(二) 卫生法学的边缘性

卫生法学具有法学与医学、卫生学等相互支持、相互渗透的特征。卫生法学是生物学、医学、卫生学、药物学等自然科学和法学相互结合的产物。作为卫生法学研究对象的卫生法是调整卫生活动中所发生的各种社会关系的法律规范的总称，其目的是保护人类健康，而医学、卫生学、药物学等是研究自然科学规律，保护人类健康的科学，因此，卫生法学和医学等具有从不同角度研究保护人类健康这一共同对象的互相支持、互相渗透的边缘性。

(三) 卫生法学的社会性

卫生法学具有广泛的社会应用性的特征。生命健康是一项基本人权，从某种意义上说，生命健康本身即是资源，是社会经济发展的基本条件之一。通过医药卫生事业使人民获得可能的最高水平健康，以保障经济的持续发展和促进社会的进步已成为国际社会的共识。建立卫生法学的一个重要目的，就是要宣传卫生法律知识，增强全体公民的卫生法制观念，推进卫生事业全面走上法制轨道，以提高人民的健康素质。依法管理卫生事业，是卫生事业发展的根本保证，是促进社会经济发展的必要条件，体现了卫生法学的社会性。

(四) 卫生法学的技术性

卫生法律规范的许多内容，具有由技术规范和卫生标准构成的特征。卫生法律规范是依据医学等自然科学的基本原理和研究成果制定的，同时为保护人类健康这一特定对象，又必然将直接关系到人类健康的科学工作方法、程序、卫生标准等确定下来，成为必须遵守的技术性法规，使公民健康权得到保障，使卫生法学具有技术性。

(五) 卫生法学的综合性

卫生法学具有多学科相互融通的特征。有效保护人类健康是一个具体而又复杂的社会系统工程。而作为卫生法学的研究对象，以保护人类健康为根本目的的卫生法，必须将法学、伦理学、社会学、心理学、管理学等学科的有关研究成果融合进来，才能实现自己的宗旨。同时卫生法调整社会关系涉及行政、民事、刑事多种法律关系，因此卫生法学不仅要有法理学基础，而且与行政法学、民法学、刑法学等都密切相关，表现出很强的综合性。

四、卫生法学的发展历程

卫生法学作为一门独立的学科，大致形成于20世纪60年代后期。当时卫生事业在社会经济中占有独特的地位，在其发展过程中又产生了许多新的社会关系，需要制定相应法律规范予以调整。而医学新技术的广泛应用，在为人类造福的同时也带来了一些副作用，需要通过立法来加强管理，既要防止滥用，又要保护新技术的研究与转化；同时，随着社会的进步与发展、教育的普及、文化水平的提高及卫生事业的发展，人们对健康与疾病的理解更为全面和深刻，医患双方的冲突和纠纷日渐增多，需要有专门的实体法和程序法来调节。因此，世界上许多国家都非常重视卫生立法，并将其作为实施国家卫生方针政策和实现卫生事业重大战略目标的手段。这些卫生立法涉及临床医学、公共卫生、疾病防治、职业卫生、人类生殖、人口政策、药品管理、食品卫生、传统医学、精神卫生和健康教育等许多方面的问题，从而推动了卫生法学这一新兴学科的诞生和发展。

卫生法学在我国出现于20世纪80年代中期。1993年9月4日，中国卫生法学会在北京成立,这是我国第一个专业法学社团,这些标志着卫生法学这门学科在我国正逐渐建立。

五、卫生法学与相关学科的关系

(一)卫生法学与法学

法学,是以法和法律现象及其发展规律为研究对象的一门社会科学。卫生法学,则是以卫生法为研究对象的一门法学的分支学科,显然它们是一般与特殊的关系。卫生法学在法学基础理论的指导下开拓、发展自己的专门研究领域,而法学则可以吸收卫生法学中带有普遍意义的原则和规律来丰富自己,但法学对卫生法学的指导处于主导地位,因此,学习和研究卫生法学应该努力掌握法学基础理论知识。

(二)卫生法学与医学

医学是研究人类生命过程以及防治疾病的科学。卫生法学和医学的使命都是为了保护人体健康,从这一点上来说两者之间是相通的。医学的发展促进了许多法律法规的产生,医学知识和研究成果被运用到卫生立法过程中。卫生法律则为医学的发展创造良好的社会环境,保证国家对卫生事业的有效管理,形成有利于卫生事业发展的运行机制。通过卫生立法可以控制医学无序、失控和异化带来的社会危害性,促进医学的发展。

(三)卫生法学与伦理学

伦理学是研究道德的一门科学。卫生法律规范和道德规范在本质上具有相融性。两者的共同之处在于都具有调整人们在医疗卫生活动中的行为和产生的社会关系的作用,都具有调整人际关系、维护正常医疗卫生保健秩序、保护公民生命健康权、促进卫生事业迅速健康发展的重要使命。卫生法律规范和道德规范的不同之处在于:第一,表现形式上,前者是由国家机关通过法定程序而制定,所以都是成文的。而后者是风俗习惯,所以是存在于人们的意识观念及社会舆论中;第二,后者所调整的范围要比前者广一些;第三,前者要解决的是合法与违法、罪与非罪问题,而后者解决的是是与非、善与恶、正当与不正当的问题;第四,从实施手段看,前者是依靠国家强制力保证实施的,而后者是依靠社会舆论、信念和风俗习惯力量维护的。

(四)卫生法学与社会学

社会学是从社会整体出发,通过社会关系和社会行为来研究社会的结构、功能、发生发展规律的学科。卫生法学与社会学的分支学科——社会医学关系十分密切。社会医学以医学和社会学为基础,综合研究人类健康与社会因素的关系。社会因素中就包括法律因素与个体及群体健康的相互作用。因此卫生法学与社会医学有着近似的研究客体,都具有自然科学和社会科学双重性。两者的目的都在于制定相应的社会卫生措施,保护和增进人群的身心健康,提高生活质量与环境质量,充分发挥健康的社会功能,提高人群的健康水平。

(五)卫生法学与管理学

管理学是研究管理工作中理论、知识和方法及其规律的一门学科。卫生管理是管理学的组成部分。卫生管理的方法有多种,法律方法仅是其中的一种。所谓卫生管理中的法律方法,是指运用卫生立法、司法和遵纪守法教育等手段,规范和监督卫生组织、有关生产经营单位及其社会成员的行为,以使卫生管理目标得以顺利实现,也即通常说的卫生法制管理。所以，卫生法律规范是卫生管理工作的活动准则和依据。

（六）卫生法学与经济学

经济学是研究社会经济发展过程中经济关系和经济活动现象及其应用的学科。法所反映的阶级意志，归根到底是由这一阶级的物质生活条件，即社会生产关系决定的。反之，法又作用于社会生产关系，推动或者阻碍社会生产力的发展，而卫生法同样具有以上的性质和作用。同时，卫生法学的研究对象中就包含有一定的经济内容，如卫生事业在国民经济中所占的比重、卫生事业的投入和保障、卫生资源的合理配置、卫生事业经费的筹措、人民健康和经济发展之间的关系等。因此，研究卫生法学时亦要注意汲取经济学的发展成果。

第二节　卫　生　法

一、卫生法的概念

（一）卫生与法

1. 卫生的概念　"卫生"一词在我国先秦时期即已出现，其最初含义为"养生"，有"护卫生命"之意。随着社会的发展，卫生的含义不断变化。现代意义的卫生是指，为增进人体健康，预防疾病，改善和创造合乎生理要求的生产环境、生活条件所采取的个人和社会的措施。

卫生的范围有广义和狭义之分。广义的卫生范围是指有关卫生的一切事项，如环境保护、环境卫生、生产安全、社会保障等。狭义的卫生范围则专指卫生法所规范的事项，主要在公共卫生、医疗保健和健康相关产品等方面。随着全球物质文明和精神文明的不断提升，卫生问题已经成为各国政府普遍关注的社会事业，围绕这一问题的立法因此得以蓬勃发展。

2. 法的概念　"法"在古汉语中的古体为"灋"。据《说文解字》解释："灋，刑也，平之如水，从水；廌，所以触不直者去之，从去。"这一解释的意思是，中国古代法律合为一体，不分刑法、民法等门类，并且法与刑通用；灋，由"水"、"廌"和"去"三字组成，"水"表明中国古代的法有公平的意义，"廌"是一种形如野牛的独角兽，它生性正直，古人打官司常将它引入公堂，而它因正直会"触不直者去之"，即独角触向无理一方，争诉双方的纠纷因此得以解决。法是调整人的行为或社会关系的规范。我国古代思想家管子曾说："尺寸也，绳墨也，规矩也，衡石也，斗斛也，角量也，谓之法。"所以，法是一种规范与规则。在当代，法通常被定义为：由国家专门机关制定或认可，规定人们的权利和义务，并通过国家强制力保证实施的行为规范。卫生与法的产生时间本不相同，卫生与人类产生同步，而法却是与国家同步，是在氏族社会的后期逐渐形成的。但是，自从有了国家，法律便开始对卫生进行规范。

（二）卫生法的概念

卫生法是调整在卫生活动过程中所发生的社会关系的法律规范总称。这一概念包括以下几层含义：

1. 从表现形式上看，卫生法是各种卫生法律规范的总称。卫生法律规范是一种规则，是一种规定卫生法律关系参加人的权利和义务的规则。这些规则由国家制定并旨在调整卫生关系，它具有普遍的适用性，表现为适用对象的普遍性和使用事项的普遍性。在我国，卫生法律规范散见于宪法、法律、行政法规、自治条例、单行条例、行政规章及我国参加或签订的国际条约和协定之中。

2. 从调整对象上看，卫生法是以卫生法律关系为调整对象的法律。卫生法律关系，是国家卫生行政机关、医疗卫生组织和其他各类组织及个人，因预防和治疗疾病，改善人们在生产、工作、学习和生活环境及卫生状况，保护和增进人的健康而产生的各种法律关系。这些法律关系从总体上可以分为三类：一是平等主体之间因保护人的健康而产生的民事法律关系，如医院与病人之间的诊治关系；二是不平等主体之间因保护人的健康而产生的行政法律关系，如卫生行政机关与食品、化妆品等生产经营企业之间形成的监督管理关系；三是国家与犯罪人之间，因保护人的健康而产生的刑事法律关系。

3. 从创制主体和方式上看，卫生法是由国家专门机关制定、认可和解释的行为规范。卫生法的创制是国家的活动，是国家的权力运用，它以国家名义创制，以国家主权范围为适用界限，以国家强制力保障实现。卫生法的创制是国家专门机关依照法定职权和程序进行的活动，它以制定、认可和解释为主要方式。制定是国家机关通过立法活动制定、修改和废止卫生法律规范；认可是国家机关根据社会需要，将社会中已存在的一些行为规范认可为法律规范；解释是有权的国家机关依法对现行法律进行的阐释。

4. 从内容上看，卫生法是以与卫生相关的权利和义务为内容。法律规范的行为模式都以授权、禁止和命令的形式规定为权利和义务。所以，不管法律规范出于何种动机与目的，以什么为本位，它们都表现为权利和义务，它告诉人们可以做（授权）什么，应该做（义务）什么，禁止做（禁止）什么。

5. 从保障角度上看，卫生法与其他法律一样都以国家强制力为后盾。国家强制力是指国家的军队、警察、法庭、监狱等有组织的国家暴力。许多社会规范都有强制力，但法律规范是以国家强制力为保证的行为规范，一般的社会规范不具有这一特征。比如道德规范就不具有国家强制力的保障。必须强调的是：第一，以国家强制力为保证，并不意味着卫生法律规范必须直接依赖国家强制力才能实现，强制力通常是一种潜在和间接的权力，只有人们违反法律时才正面体现。第二，强制力并不是纯粹的暴力，法律规范的强制力是法定主体依法定程序执行的法定手段、方法或措施。第三，法律规范主要依靠法律自身的品格被人们自觉遵守，强制力只是在迫不得已情况下的必然手段，在它发挥作用之前或过程中，其他诸如人性、文化、宗教、道德等因素也有推动法律规范实现的重要意义。

二、卫生法的基本原则

卫生法的基本原则，是指反映卫生法立法精神、适用于卫生法律关系的基本原则。卫生法以增进个人和社会健康、均衡个人和公共健康利益为宗旨，以发展卫生事业、保护公民健康权利、提高人民健康素质为己任。卫生法的基本原则是卫生立法的指导思想和基本依据，也是卫生法所确认的卫生社会关系主体及其卫生活动必须遵循的基本准则，同时在涉及卫生的司法活动中起着指导和制约作用。

（一）卫生保护原则

健康是一项基本人权。卫生保护是实现人的健康权利的保证，也是卫生保健制度的重要基础。卫生保护原则有两方面的内容：第一，人人有获得卫生保护的权利。任何人不分民族、种族、性别、职业、社会出身、宗教信仰、受教育程度、财产状况等都有权获得卫生保护，同时他们依法所取得的卫生保护权益都受同等的法律保护。要实现这一权利意味着要在全国范围内合理安排、配置卫生资源，而不是由市场机制来自发完成卫生资源的配置，并建立起一个合理的公共财政系统，以保证每个人都能获得卫生保护。第二，人人有获得有质量的卫生保护的权利。这一权利要求卫生保护的质量水平应达到一定的专业标准，它包括食品、药品、医疗器械以及卫生人员的服务质量等。

（二）预防为主原则

卫生法实行预防为主原则，首先是由卫生工作的性质所决定的。实践证明，预防为主不仅是费用低、效果好的措施，而且能更好地体现党和政府对人民群众的关心和爱护。预防为主原则有以下几个基本含义：①任何卫生工作都必须立足于防，无论是制定卫生政策，采取卫生措施，考虑卫生投入，都应当把预防放在优先地位；②强调预防，并不是轻视医疗。预防与医疗不是一对矛盾，也不是分散的、互不通联的彼此独立的两个系统，而是一个相辅相成的有机整体；③预防和医疗都是保护健康的方法和手段。无病防病，有病治病，防治结合，是预防为主的总要求。预防为主的原则突出体现在公共卫生的法律法规中，在其内容结构上，往往都有单独的"预防"一章。

（三）公平原则

所谓公平原则，就是以利益均衡作为价值判断标准来配置卫生资源，协调卫生保健活动，以便普遍能得到卫生保健。它是伦理道德在卫生法上的反映，是社会进步、文明的体现。公平原则的基本要求是合理配置可使用的卫生资源。任何人在法律上都享有平等使用卫生资源的权利，但是个人可以使用的卫生资源的范围和水平，客观上要受到卫生资源分布和分配的影响。公平不是指人人获得相同数量或水平的卫生服务，而是指人人达到尽可能高的健康水平。要达到这样一种健康水平，政府就对人民负有一种责任，即通过采取适当的经济、行政、法律等措施来保证广大人民群众能够获得基本的卫生服务，缩小地区间的差别。因此，公平不是一个单一的、有限的目标，而是一个逐步改善的过程。

（四）保障社会健康原则

保障社会健康原则，本质上是协调个人利益与社会健康利益的关系，它是世界各国卫生法公认的目标。人具有社会性，要参与社会的分工与合作。所以，就要对社会承担一定的义务。这个义务就是个人在行使自己的权利时，不得损害社会健康利益。社会健康利益是一种既涉及个人利益但又不专用于任何个人的社会整体利益，这种对社会整体利益的保护有可能导致对个人权利的限制，如对某些传染病病人，法律规定不得出入境。由于社会健康的日益重要性，导致国家对社会经济生活的介入不断增加，如对患有某些疾病的人，法律规定不得参加接触直接接入口食品的工作。在个人和社会之间寻找有碍健康的直接因素有时是比较困难的，所以，法律采取的措施往往既针对生产经营者，也针对消费者。例如为了控制吸烟，国家干预烟草的生产、广告和销售，并且禁止在某些公共场所吸烟；为了防止车祸，保证公共交通安全，国家对驾驶员采取了严格的健康管理，如对驾驶员的健康要求、强制系安全带、不准酒后驾驶等。

（五）患者自主原则

保护患者权利的观念是卫生法的基础，而患者的自主原则是患者权利的核心。所谓患者自主原则是指患者自己决定和处理法律赋予患者的权利。一般认为在卫生服务中对患者作出各种限制是不可避免的，但这些限制原则上须经患者同意，并尽可能减少至最低程度，而且这些限制应当具有合法根据。20世纪70年代以来，卫生法发生了一个新的变化，即许多国家越来越重视患者权利的保护问题，有的甚至制定了专门的患者权利保护法，如荷兰、丹麦、美国等。与此同时，还出现了两个比较明显的趋势：一是患者的权利迅速扩大，一些传统的观念和惯例发生了改变，如患者享有可以查阅甚至控制本人病历资料的权利等。二是把卫生人员的职责转化为患者的权利。我国目前还没有专门的患者权利保护法，但我国现行的卫生法律、法规都从不同角度对患者权利，如医治权、知情权、同意权、选择权、隐私权、参与权、申诉权、赔偿请求权等作了明确、具体的规定。

第三节 卫生法律关系

一、卫生法律关系的概念与特征

(一) 卫生法律关系的概念

卫生法律关系，是指卫生法在调整人们在卫生组织、管理和服务过程中形成的权利、义务关系。

(二) 卫生法律关系的特征

卫生法律关系有如下特点：第一，卫生法律关系是根据卫生法律规范而结成的法律关系；第二，卫生法律关系是在卫生管理、医疗、预防、保健服务过程中基于保护人的健康这一根本宗旨而产生的法律关系，其他法律关系尽管也可能涉及卫生领域，但它不会始终全面地围绕人的健康权问题；第三，卫生法律关系包括多种法律关系类型。按照主体间的相互地位，卫生法律关系可以分为：(1) 平权型的民事法律关系是指卫生法律关系主体在地位平等的前提下形成的无隶属关系的法律关系，典型的平权型的民事法律关系是卫生民事法律关系，比如医疗组织及其医护人员与病人之间形成的医患法律关系多数情况都属此类。(2) 监管型的行政法律关系，是指卫生法律关系主体之间是管理与被管理关系，即一方必须服从另一方的法律关系。其中包括：① 卫生行政机关与卫生医疗组织之间形成的卫生管理法律关系；② 卫生行政机关与生产经营食品药品或存在职业卫生的组织或个人之间形成的卫生监督管理法律关系；③ 各级卫生行政机关与其工作人员之间形成的内部管理法律关系。卫生行政机关与其他国家机关、社会组织的关系经法律、法规规定后，也属行政法律关系。(3) 国家与犯罪人之间，因保护人的健康而产生的刑事法律关系。

二、卫生法律关系的要素

卫生法律关系包括主体、客体和内容三方面的要素。

(一) 卫生法律关系的主体

卫生法律关系的主体，是指卫生法律关系的当事人，即在卫生法律关系中享有权利或承担义务的人。这里的人既可以是有个体的人，亦称自然人，包括公民、外国人和无国籍人；也可以是法律拟制的人，即由法律赋予人格并将其视同自然人一样有独立意志和利益的组织体，包括国家机关、企事业单位、社会团体和外国组织，在特定情况下还包括国家。

如果以内容为标准，卫生法律关系可以分为卫生民事法律关系、卫生行政法律关系、卫生刑事法律关系。构成卫生民事法律关系主体主要有两类：一是自然人，包括公民、外国人和无国籍人；二是法人及其他组织，两类都可成为相互平等的民事法律关系主体。构成卫生行政法律关系主体的双方当事人分别是行政主体（卫生行政机关）和卫生行政管理相对人（自然人、法人、其他组织等）。

（二）卫生法律关系的内容

卫生法律关系的内容，是指卫生法律关系的主体所享有的权利和承担的义务。① 卫生法律关系主体的权利，是由卫生法律规范规定的，是卫生法律关系主体以相对自由的"作为"或"不作为"的方式获得利益的一种可能。② 卫生法律关系主体的义务，也是由卫生法律规范规定的，卫生法律关系主体以相对抑制的"作为"或"不作为"方式承担或保障权利主体获得利益的一种手段。比如，卫生行政机关根据《食品卫生法》的有关规定，有权责令不符合卫生要求的生产经营企业改正或责令其停业，就是行政主体根据法定权利要求负有义务的相对人作出一定的行为。而同法第三十五条第四款关于"食品卫生监督员对生产经营者提供的技术资料负有保密的义务"的规定，则意味着行政主体及其工作人员必须在做出上述行为时受到某种限制。

卫生法律关系中的权利义务具有一致性，这一方面表现为，权利人享受权利依赖于义务人承担义务，另一方面则表现为权利人在行使自己权利时必须承担一定的义务，而义务人在履行自己义务的同时也享有一定的权利。

（三）卫生法律关系的客体

卫生法律关系客体，是卫生法律关系当事人权利义务所指向的共同对象。这是联系卫生法律关系主体的权利和义务的介质，没有客体，就不可能形成卫生法律关系。法律关系的客体也具有这一特征，它不仅可以是客观物质世界的各种物（如药品、医疗器械等），也可以是客观精神世界的各种现象（如休息、劳动、健康等）。随着社会的发展，客体的范围也在扩展。

卫生法律关系的客体主要有物、非物质财富和行为三种：① 物是一切可以被人控制并成为权利义务对象的自然之物和人造之物。在药品买卖中，药品就是表现为物的客体；② 非物质财富是创作活动的产品和其他与人身相联系的非财产性财富（如科学发明、商标、专利等智力成果）、人格利益和身份利益；③ 行为也能够满足权利人的利益，所以也可以成为卫生法律关系的客体。如医疗服务中医生对病人的诊治行为就是卫生法律关系的客体。

在不同的卫生法律关系中，卫生法所规定的权利和义务不尽相同。

在卫生行政法律关系中，行政主体的权利表现为行政立法权、行政许可权、行政奖励权、行政处罚权、行政强制权、行政裁决权等。行政主体的义务主要有：履行职务不失职，遵守权限和权能不越权，合理行使裁量权、不滥用职权，正确适用法律、避免适法错误，重证据和事实，遵守法定程序，防止程序违法。行政相对人的权利主要有：行政参与权、获得行政保护权、生存照顾权、因行政所生之权（比如听证权）、行政监督权、获得法律救济权。行政相对人的义务主要有：遵守行政法律规范的义务，服从具体行政管理的义务、协助行政的义务。

在卫生民事法律关系中，卫生民事主体双方的权利和义务是对等的。比如医疗卫生服务机构有为对方提供卫生服务的义务，同时又有获取相应报酬的权利；被服务方有权获得一定的卫生服务，同时也有支付报酬的义务。

三、卫生法律关系的产生、变更和消灭

卫生法律关系是卫生法对卫生关系加以调整的结果，它具有一定的稳定性。但是，由于卫生关系具有变动性，所以卫生法律关系也必然产生变动，其具体形态表现为卫生法律关系的产生、变更与消灭。产生是指卫生法律关系主体间形成了权利、义务关系；变更是指卫生法律关系的主体、内容或客体发生了变化；消灭是指卫生法律关系主体间的权利义务关系完全终止。

能够引起卫生法律关系产生、变更和消灭的根据，在法理学上称为法律事实。比如双方当事人药品买卖的事实，就是能够引起当事人之间形成合同法律关系的事实。当然，某一事实能否引起卫生法律关系的产生、变更或消灭，完全取决于卫生法律规范的预先设定。比如《传染病防治法实施办法》第六十三条规定："传染病管理监督员、传染病管理检查员执行任务时，有关单位和个人必须给予协助。"本条中的"传染病管理监督员、传染病管理检查员执行任务"就是一个假定，当这个法律事实出现时，传染病管理监督员、传染病管理检查员与"有关单位和个人"就产生了一种卫生行政法律关系——监督检查与协助监督检查的关系。

法律事实通常可分为法律事件和法律行为两类。① 法律事件，是指能够引起卫生法律关系产生、变更或消灭，而不以人的意志为转移的事实。法律事件不是由当事人的意志行为引起的，导致事件发生的原因可能来自社会，也可能来自于自然，如战争、动乱、流行病暴发、人的出生和死亡、洪水或地震等。这些事件的发生不以人的意志为转移，但它却能引起卫生法律关系的产生、变更或消灭。例如，人的死亡可以引起医患服务关系的终止。② 法律行为，是指能够引起卫生法律关系产生、变更或消灭，与当事人意志有关的"作为"和"不作为"。法律行为与法律事件最大的不同是，前者是依赖当事人的主观因素引发法律关系产生、变更或消灭的原因。当事人既无故意又无过失，而是由于不可抗力或不可预见的原因而引起的某种法律后果的活动，在法律上不被视为法律行为，而被归为意外事件。根据合法与否，法律行为还可以划分为合法行为与非法行为，合法行为引起肯定性法律后果，非法行为引起否定性法律后果。

第四节 卫生法的渊源

法的渊源简称法源，法的渊源在法学研究、特别是立法研究中有其固有的特定含义，包括法的创制方式和法律规范的外部表现形式。其意义在于说明一个行为规则通过什么方式产生、具有何种外部形式才被认为是法律规范，具有法律规范的效力，并成为国家机关审理案件和处理问题的规范性依据。卫生法的渊源包括有：

一、宪法

宪法是我国的根本法，是国家最高权力机关通过法定程序制定的具有最高法律效力的规范性法律文件。它不仅是卫生法的重要渊源，也是其他法律的重要渊源。《宪法》第二

十一条第一款:"国家发展医疗卫生事业,发展现代医药和我国传统医药,鼓励和支持农村集体经济组织、国家企业事业组织和街道组织举办各种医疗卫生设施,开展群众性的卫生活动,保护人民健康。"第四十五条第一款规定:"中华人民共和国公民在年老、疾病或者丧失劳动能力的情况下,有从国家和社会获得物质帮助的权利。国家发展为公民享受这些权利所需要的社会保险、社会救济和医疗卫生事业。"这些都是制定卫生法律、法规的基本依据。

二、卫生法律

卫生法律是指由全国人大及其常委会制定的法律文件。它又分为两种:一是由全国人大制定的卫生法律,称为卫生基本法。二是由全国人大常委会制定的卫生基本法律以外的卫生法律。

卫生基本法是国家为了保护人类健康,针对全国医药卫生预防保健工作所制定的综合性、系统性的法律文件,其内容应当包括我国卫生工作方针、政策和基本原则,国家对医疗保健、卫生防疫、药品器械、卫技人员、医学教育等工作的管理制度和管理原则,各级人民政府卫生行政部门和卫生监督机构的设置和职责等。目前我国卫生基本法还未制定。我国现行的由全国人大常委会制定的卫生法律有10部:《中华人民共和国食品卫生法》、《中华人民共和国药品管理法》、《中华人民共和国国境卫生检疫法》、《中华人民共和国传染病防治法》、《中华人民共和国红十字会法》、《中华人民共和国母婴保健法》、《中华人民共和国献血法》、《中华人民共和国执业医师法》、《中华人民共和国职业病防治法》及《中华人民共和国人口与计划生育法》。

此外,无论是在基本法律还是基本法律以外的其他法律中,如《中华人民共和国刑法》、《中华人民共和国婚姻法》、《中华人民共和国劳动法》、《中华人民共和国环境保护法》、《中华人民共和国妇女权益保护法》、《中华人民共和国未成年人保护法》等关于医药卫生的条款也是卫生法律渊源。

三、卫生行政法规

卫生行政法规是指由国务院所制定的规范性法律,它既是卫生法的渊源之一,也是下级卫生行政部门制定各种卫生行政管理规章的依据。如《医疗机构管理条例》、《医疗事故处理条例》、《突发公共卫生事件应急条例》等,目前已有30余部;还有一些其他行政法规中,有部分甚至个别条文是卫生行政法律规范,如《婚姻登记条例》等。

四、地方性卫生法规

地方性卫生法规是指省、自治区、直辖市及省会所在地的市人大及其常委会,经国务院批准的较大的市的人大及其常委会,在不与宪法、法律、行政法规相抵触的前提下所制定规范性法律文件的总称,如《上海市城乡集市贸易食品卫生规定》、《黑龙江省工业劳动卫生管理条例》。地方性卫生法规在推进本地卫生事业的发展、为全国性卫生立法积累经验等方面具有重要意义。

五、自治条例与单行条例

自治条例与单行条例是指民族自治地方的人大依法在其职权范围内根据当地民族的政

治、经济、文化的特点，制定发布的有关本地区经济、政治、文化管理方面的法律文件，其中涉及卫生领域的法律规范也属于卫生法律渊源。

六、卫生行政规章

是指由国务院卫生行政部门依法在其职权范围内制定的卫生行政管理规章，在全国范围内具有法律效力。它也有两种形式：第一种是由卫生部制定发布的，如《人类辅助生殖技术管理办法》、《医疗机构临床用血管理办法》、《辐照食品卫生管理办法》、《传染性非典型肺炎防治管理办法》等，现已有近百部；第二种是由卫生部与其他部门联合制定发布的，如《精神疾病司法鉴定暂行规定》等。

七、地方卫生行政规章

是指由各省、自治区、直辖市以及省、自治区人民政府所在地的市和经国务院批准的较大的市的人民政府，根据法律、法规，按照规定程序制定的具有法律效力并适用于本地区的规范性文件。这些部门制定和发布的有关地方卫生管理方面的规章或规章中的条款只在本地区内有效。

八、卫生标准

由于卫生法具有技术控制和法律控制的双重性质，因此卫生标准、卫生技术规范和操作规程就成为卫生法渊源的一个重要组成部分。这些标准、规范和规程可分为国家和地方两级。前者由国家卫生行政主管部门制定颁布，后者由地方政府卫生行政部门制定颁布。值得注意的是，这些标准、规范和规程的法律效力虽然不及法律、法规，但在具体的行政执法过程中，它们的地位又是相当重要的。

九、法律解释

法律解释专指由国家机关对特定的法律规范的内容和含义所作的说明。我国法律解释从主体地位及其效力来划分，大体上有以下几种：① 立法解释。这有两种情况：一是由全国人大常委会针对宪法和法律条文本身需要进一步明确界限或补充规定的问题所进行的解释。另一种是指省、自治区、直辖市人大常委会针对地方性法规需要进一步明确界限或补充规定。② 司法解释。指由最高人民法院和最高人民检察院针对审判和检察工作中具体应用法律问题所进行的解释。例如，《最高人民法院关于对医疗事故争议案件人民法院应否受理的复函》及最高人民法院、最高人民检察院2003年5月13日《关于办理妨害预防、控制突发传染病疫情等灾害的刑事案件具体应用法律若干问题的解释》等，都属于司法解释。③ 行政解释。指由国务院及其主管部门针对不属于审判和检察工作中的其他法律的具体应用问题以及自己依法制定的法规所进行的解释。卫生部《关于香烟中添加罂粟壳问题的函复》就属于行政解释。

十、卫生国际条约

卫生国际条约是指我国与外国缔结或者我国加入并生效的国际规范性文件。如《国际卫生条例》。

第五节 卫生立法概述

一、卫生立法的含义

卫生立法,是国家关于卫生领域的立法活动,具体地说就是指特定国家机关依照一定程序,制定或者认可反映国家意志的统治阶级意志,并以国家强制力保证实施的涉及公共卫生、公民健康保护、防病治病等方面的行为规范的活动。这一概念的含义:第一,这种活动的主体是特定的国家机关。第二,卫生立法活动必须依照法定权限、法定程序进行。第三,卫生立法的方式包括制定和认可两种方式,前者是指国家以制定规范性法律文件的方式创制法律规范,后者则是指国家对已经存在的某些规范认可为法律,赋予法律效力。第四,是特定于卫生领域,即有关公共卫生、公民健康保护、防病治病等方面的法律。第五,卫生立法活动的结果颁布对全社会具有普遍约束力,是以国家强制力保证实施的行为规范。

在我国,卫生法的制定有狭义和广义两种。狭义卫生法的制定专指国家最高权力机关,即全国人民代表大会及其常委会制定卫生法律这种特定规范性文件的活动。广义卫生法的制定是指有权立法的国家机关为保障人体健康,根据法定职权并通过法定程序制定医疗卫生法律和其他一切规范性卫生法律文件的活动。除了包括狭义上所指的全国人民代表大会及其常务委员会制定法律的活动外,还包括国务院制定卫生行政法规的活动、国务院有关部委制定卫生行政规章的活动、地方人民代表大会及其常委会制定地方性卫生法规的活动、地方人民政府制定地方性卫生行政规章的活动、民族自治地方的自治机关制定卫生方面规范性法律文件的活动。另外,对现存的有关卫生方面的规范性法律文件的修改或废止的活动,也属卫生立法的范畴。

二、卫生立法的依据

(一) 宪法是卫生立法的法律依据

宪法是国家的根本大法,是国家所有法律制定的基础和依据,任何法律的制定都必须依据宪法,不得与宪法抵触。

(二) 我国现阶段社会物质生活条件是卫生立法的科学依据

立法是为了执行,立法的根本目的就是让社会生活中的方方面面能够有条不紊地进行。而法的内容是由一定社会物质生活条件决定的,离开了社会的物质生活条件所制定的法律,既不能执行,也不能有效地规范社会行为,不能调整其应该调整的社会关系。

(三) 卫生方针、政策是卫生立法的政策依据

法律和政策既有区别又有联系。在我国,党和国家有关卫生方面的方针、政策是党和国家在一定历史阶段,为实现特定的任务而提出的行为准则。卫生立法离不开党的方针、政策,反映我国卫生事业发展趋势的党的方针、政策是卫生立法的依据之一。

三、卫生立法体制

(一) 卫生立法体制的概念

卫生立法体制是指有关国家卫生立法权限的划分及其立法机构设置的制度。我国卫生立法体制采取的是一元、多层次。

一元：指全国卫生立法体制是统一的，全国只存在一个统一的卫生法律体系。

多层次：指无论是中央级立法，还是地方级立法，都可各自分成若干层次和类别。若干层次之间受到法律效力等级原则的制约，如，中央级立法：全国人大制定卫生基本法律、全国人大常委会制定除卫生基本法律以外的卫生法律，国务院制定行政法规、行政规章；地方级立法：地方人大、地方政府制定的法规、规章（自治条例、单行条例）。

(二) 卫生立法体制

1. **卫生法律及其制定机关** 我国宪法规定，全国人大有权制定宪法和法律，全国人大常委会有权"制定和修改除应当由全国人民代表大会制定的法律以外的其他法律"。目前现行卫生法律作为基本法律以外的其他法律，都是由全国人大常委会制定的，其效力仅次于宪法和基本法律。同时，全国人大常委会还有权撤销国务院制定的与宪法、法律相抵触的卫生行政法规、决定和命令，以及省、自治区、直辖市国家权力机关制定的同宪法、法律、卫生行政法规相抵触的地方性卫生法规。

2. **卫生行政法规及其制定机关** 根据宪法的规定，国务院有权就医疗卫生管理事项制定行政法规，向全国人大常委会提出医疗卫生的立法议案，依法制定卫生法律的实施细则，改变或撤销各部委和地方政府制定的不适当的规章。因此，国务院一方面可以就卫生管理活动中的某些事项制定行政法规，如《医疗事故处理条例》、《医疗机构管理条例》等；另一方面，国务院作为最高权力机关的执行机关，还可以依法为实施卫生法律制定相应的执行性行政法规，如《国境卫生检疫法实施细则》等。

3. **地方性卫生法规、自治条例和单行条例及其制定机关** 根据宪法和《中华人民共和国地方各级人民代表大会和地方各级人民政府组织法》规定，省、自治区、直辖市、省会城市以及国务院批准的较大市和经济特区的人大及其常委会是地方性卫生法规的制定机关，在不与宪法、法律、行政法规相抵触的前提下，制定和公布地方性卫生法规，报全国人大常委会和国务院备案。民族自治地方（自治区、自治州、自治县）的人民代表大会有权依照当地民族的政治、经济和文化的特点，制定有关卫生方面的自治条例和单行条例。

4. **卫生行政规章、地方性卫生规章及其制定机关** 国务院各部、各委员会可以根据法律和国务院的行政法规、决定、命令，在本部门的权限范围内，制定规章。卫生部是我国卫生工作的主管行政机关，有权就卫生管理事宜制定、发布卫生行政规章。此外，国家药品监督管理局、国家中医药管理局、国家出入境检验检疫局也行使与保护人体健康相关的行政规章制定权。

各省（直辖市、自治区）、省会城市以及国务院批准的较大市和经济特区的人民政府是地方性卫生规章的制定机关，根据本辖区的具体情况和实际需要，在不与宪法、法律、行政法规、地方性法规相抵触的前提下，制定和颁布地方性卫生规章。

5. 国际卫生法律文件　国际卫生法律文件包括国际组织,如世界卫生组织(WHO)制定的规范性法律文件,我国与其他国家签订的或参加的多国条约、公约等。国际卫生法律文件的制定主体是国际组织或参与制定的国家,因此其不属于内国法,不能直接在我国领域内适用,只有经过我国的立法机关批准,才能在我国生效。因此,经过我国国家立法机关批准的国际卫生法律文件应属于我国卫生立法体制的一个组成部分。

四、卫生立法程序

(一) 卫生立法程序的概念

卫生立法程序是指国家机关在制定、修改、废止和解释卫生规范性文件中所需遵守的法定的形式、时间和顺序的总称。

立法程序应包括法律案的提出、审议、表决和公布四个环节。《立法法》在明确了法律严格的立法程序的同时,也对行政法规、地方性法规和规章的立法程序作了原则性规定。

(二) 卫生立法程序

1. 卫生法律的制定程序

(1) 立法提案。国务院、全国人大教科文卫委员会、全国人大常委会组成人员10人以上联名可以向全国人大常委会提出制定卫生法律案。

(2) 审议提案。列入全国人大常委会会议议程的卫生法律案,由有关的专门委员会进行审议,提出审议意见,印发人大常委会会议。卫生法律案一般应当经全国人大常委会会议三次审议后再交付表决。

(3) 通过提案。卫生法律案经过全国人大常委会审议,在听取各方面意见并对法律草案加以修改,形成卫生法律草案修改稿。经全国人大常委会分组会议审议后,由法律委员会根据常委会组成人员的审议意见对法律草案修改稿作进一步修改,形成法律草案表决稿,由全国人大常委会全体组成人员的过半数通过。

(4) 公布施行。全国人大常委会通过的卫生法律由中华人民共和国主席签署主席令予以公布。

2. 卫生行政法规的制定程序

(1) 编制立法规划。卫生部、国家计划生育委员会、国家药品监督管理局、国家中医药管理局、国家出入境检验检疫局等行政部门根据需要和社会发展状况,提出立法项目草案,由部(局)务会议审定后上报国务院。经国务院统一部署,决定立法项目名称、等级和起草部门,具体工作由国务院法制办组织实施。

(2) 法规起草。卫生行政法规由国务院组织起草。具体起草工作由卫生行政部门等分别负责。起草法规内容涉及两个以上部门时,应以一个部(局)为主起草,必要时成立专门的起草小组起草。在拟定好起草提纲及内容后,广泛征求意见,进行论证与调研。

(3) 草案报送和审查。起草单位工作完成后,应当将草案及其说明各方面对草案主要问题的不同意见和其他有关资料送国务院法制办进行审查。国务院法制办向国务院提出审查报告和草案修改稿,审查报告应对草案主要问题作出说明。

(4) 通过和公布。卫生行政法规草案经国务院常务会议通过或总理批准后,由国务院总理签署国务院令公布,或经国务院批准由全国人大常委会发布。

3. 地方性卫生法规的制定程序　省、自治区、直辖市的人大及其常委会，省、自治区人民政府所在地的市、经济特区所在地的市和经国务院批准较大的市的人大及其常委会，需要制定地方性卫生法规的程序：

(1) 议案的提出。地方人民代表大会召开时的主席团、常务委员会、本级人民政府等可以提出议案。

(2) 议案的审议。由主席团将议案提请地方人民代表大会讨论，或先交付议案审查委员会审查后提请地方人民代表大会讨论。

(3) 议案的表决和公布。议案经全体代表过半数通过后，由地方人大常委会公布施行。省、自治区的人民政府所在地的市和国务院批准的较大市的人大及其常委会制定的地方性法规，须报省、自治区的人大常委会批准后施行。通过后的地方性卫生法规须报全国人大常委会和国务院备案。

4. 卫生规章的制定程序　立法法规定国务院各部委可以根据法律和国务院的行政法规、决定、命令，在本部门权限范围内制定规章。

(1) 立法规划。各职能司按部、委（局）的部署提出年度卫生立法计划建议项目，送卫生法制与监督司或政策法规司统一编制部、委（局）下一年度立法计划，并由部、委（局）务会议审定。

(2) 规章起草。制定专业性规章以各职能司为主，卫生法制与监督司或政策法规司参与配合。卫生行政法规规定由卫生行政部门等制定实施细则的，应在制定起草行政法规的同时进行起草实施细则的工作。其起草程序与行政法规起草程序相同。起草时可以请医药卫生社会团体以及法律专家参与论证。

(3) 审查草案。规章送审稿由起草单位经由卫生法制与监督司或政策法规司审核后，交部、委（局）务会议讨论通过。

(4) 规章的公布、备案。部门规章由部长、委主任或局长签署命令后予以公布。已经通过的规章，应当在 30 日内向国务院或法律规定的其他机关报送备案。每年 1 月底以前，卫生部、国家计划生育委员会、国家药品监督管理局、国家中医药管理局、国家出入境检验检疫局的卫生法制与监督司或政策法规司将上一年度制定的规章目录报国务院法制办备查。

5. 地方性卫生规章的制定程序　立法法规定，省、自治区、直辖市和较大的市的人民政府，可以根据法律、行政法规和本省、自治区、直辖市的地方性法规，制定地方政府规章。

(1) 由享有地方性卫生规章制定权的地方卫生行政部门负责规章的起草，涉及其他职能部门的，由有关职能部门予以配合，并广泛征求意见。

(2) 由当地人民政府法制局（办）组织有关方面医药卫生法律专家参与论证并形成征求意见稿。

(3) 经当地人民政府法制局（办）常务会议形成送审稿。

(4) 送审稿报送当地人民政府常务会议批准后公布施行。

(5) 当地人民政府常务会议批准的地方性卫生规章，须报送国务院卫生行政部门备案存查。

思考题

1. 卫生法学的概念、研究对象及特征。
2. 卫生法的概念。
3. 卫生法具有哪些基本原则?
4. 卫生法律关系的概念及要素。
5. 卫生法的渊源有哪些?
6. 试述卫生法律的立法程序。

(刘 颖 王 岳)

第二章 卫生行政执法

卫生立法为调整社会卫生法律关系提供了法律依据，而卫生行政执法则是将卫生法得以具体贯彻和实施的主要途径之一。卫生行政执法主要涉及行政法学的有关理论，其内容包括卫生行政执法主体、执法的依据及各种具体执法行为的程序等。

第一节 卫生行政执法概述

一、卫生行政执法的概念

"行政执法"，是指国家行政机关执行、适用法律的活动。卫生行政执法是指卫生行政执法机关依据有关法律法规的规定，针对特定的对象或事件所采取的具体的能直接产生法律效果的卫生行政行为，具体包括卫生行政许可、卫生行政监督、卫生行政奖励、卫生行政处罚、卫生行政强制等。

卫生行政执法具有鲜明的技术性特点，即卫生行政执法具有法律法规要求与卫生技术要求相统一的特点。这是因为法律法规对相对人所作出的规定大都属于履行技术性义务的规定，而这些规定主要又体现在要求相对人必须采取各种技术措施达到国家卫生标准。因此卫生行政监督执法中也必须以各种技术手段去进行查证，所以卫生行政执法具有鲜明的技术性特点。同时，由于卫生行政法律法规繁多、内容复杂，卫生行政执法机关都要执行和适用，因此又表现出其综合性和复杂性的特点。

二、卫生行政执法的原则

卫生行政执法与其他行政执法一样，都应遵守以下基本原则：① 符合依法行政的原则，即行政执法过程中的每个行政行为从实体到程序都要符合法律、法规的规定，否则属执法违法；② 遵守公正与公开的原则，不能以权谋私，防止偏听偏信，坚持依法办事，公开透明，接受社会监督；③ 一切行政执法行为，尤其行政处罚决定必须遵守"先取证，后裁决"的原则，要求取证要科学，裁量要准确；④ 一切行政执法行为都要符合法定程序规定的要求；⑤ 主动执法原则，这是行政执法的内在要求决定的，否则构成行政不作为。

第二节 卫生行政执法主体

一、卫生行政执法主体及其法律地位

卫生行政执法主体是指国家依法设立，并代表国家行使卫生行政权、实施卫生法律法规、管理国家各项卫生行政事务的卫生行政机关。其特点为：具有自身组织系统上的独立

性及依法行使职权的独立性，同时具有独立法人资格。

卫生行政执法主体的法律地位是由法律法规统一加以规范的，即在有关卫生法律法规中有明确具体的规定。如《食品卫生法》第三十二条规定县级以上地方政府卫生行政部门及铁路、交通行政主管部门设立的食品卫生监督机构都是法定的食品卫生行政执法主体。

法律地位是指卫生行政执法机关在同其他国家机关、社会团体、企事业单位及公民间发生的法律关系中，以及在卫生行政执法机关之间发生的法律关系中所具有的权利、义务和责任的总和。其权利是代表国家依法行使批准权、发证权、处理权、处罚权等；其义务是代表国家依法办事，保护公民与组织的合法权益；其责任是因执法违法或执法不当给个人和组织造成的损失要给予赔偿并接受应诉。

由于卫生行政监督执法的多样性、复杂性和技术性的特点及历史变迁的原因，因此卫生行政执法的主体一度比较分散，随着各种卫生法律法规的制定、修改和完善，卫生行政执法权已逐步集中到卫生行政机关的卫生监督执法执行机构——卫生监督所（局）。目前，随着卫生监督体制改革，一些地区的卫生监督所（局）已成为卫生行政机关的组成部分，卫生监督人员按照国家公务员管理；尚未成为卫生行政机关组成部分的卫生监督机构和人员也参照公务员进行管理。

二、授权组织执法与委托组织执法

（一）授权组织执法

授权组织执法指法律法规有明确规定，授权非国家行政机关的组织去执行与适用有关法律法规。其特点为：被授权组织虽享有规定的权利和承担行政法律责任的资格，但仍不具备国家机关的地位。例如《食品卫生法》授予铁路、交通部门的食品卫生监督机构在本系统内有食品卫生监督执法权，该类情况就属于授权执法。可以授权的组织有：① 社会组织、社会团体，如各种行业协会；② 企事业组织。事业组织本身也具有行政性特点，因此被授权或委托执法就更为多见。例如有关卫生法律法规曾将食品卫生监督管理、公共场所卫生监督管理权授予卫生防疫站；③ 各种技术检验、鉴定机构。

授权组织经法律法规授权后，该组织享有与行政机关相同的执法主体地位，因此被授权组织可以以自己的名义行使法律法规规定的权利，但同时本身也应对外承担法律责任。

（二）委托组织执法

委托组织执法是指由行政机关作出决定委托某组织行使一定范围的执法职权。其特点为：① 被委托的组织不应是其他行政机关或其他国家机关；② 被委托组织仅仅根据行政机关的委托行使一定范围内的职能，而不是一般行政机关的职能；③ 法理上不允许委托非行政机关行使的职权有：行政立法权、涉及人身自由的处罚权、行政强制权、营业执照权、许可证权等；④ 被委托组织在行使一定范围职权时，不能以自己的名义而必须以行政机关的名义，因此对外法律责任要由委托行政机关承担。

被委托组织的条件通常由具体法律法规规定。如《行政处罚法》规定，行政机关依照法律、法规或规章的规定，可在法定范围内委托其他组织实施行政处罚，但被委托组织必须符合下列条件：① 属于依法成立的管理公共事务的事业组织；② 具有熟悉有关法律、法规、规章和业务的工作人员；③ 对违法行为需进行技术检查和技术鉴定的，应有条件和能力去进行相应的技术检查和技术鉴定。

被委托组织也具有规定的权利和义务，其权利有：① 取得履行职责所应有的权利、管理手段和工作条件；② 依法行使被委托的职权和办理被委托的事项；③ 取得履行职责所需要的经费和报酬；④ 有权请求行政机关协助排除在履行职责中所遇到的障碍；⑤ 有权向委托行政机关提出变更委托范围和改进相应领域行政管理的建议。其义务为：① 在委托范围内行使职权，即不超越委托权限；② 依法办事、不徇私舞弊、不以权谋私（包括组织本身的利益）；③ 接受委托机关的监督、指导，向委托机关请示、汇报和报告工作；④ 认真履行被委托的职责，热情为相对人服务，听取相对人的意见，接受相对人的监督。

从这种意义上看，目前许多地区属事业编制的"卫生监督所"仍属委托组织执法。

三、卫生行政执法主体的分类

卫生行政执法主体有"广义"和"狭义"之分。广义的卫生行政执法主体包括卫生行政机关、药品监督管理机关、国境卫生检疫机关及《食品卫生法》授权的铁路、交通行政主管部门设立的食品卫生管理机构。狭义的卫生行政执法主体仅指卫生行政机关及其卫生监督机构。

随着国务院有关部门职能的划分，职业卫生、食品卫生、放射卫生的监督管理主体也将发生变化，即用人单位作业场所职业卫生的监督检查将由国家生产安全监督管理部门承担；保健食品的监督管理由食品药品监督管理部门承担，同时食品药品监督管理部门还要承担食品卫生的宏观管理和部门协调功能；放射卫生的现场监督管理则由环保部门承担，医疗卫生机构的放射卫生由卫生行政部门进行监督管理，其他机构则由国家环保部门进行监督管理。

可见目前我国的卫生监督执法主体尽管在有关法律法规中有明确规定，但实际情况变得比较复杂，这是"过渡"时期的一种表现。

四、卫生行政执法人员

卫生行政执法人员，即卫生监督员，是具有卫生行政执法机关组成人员资格，依法履行一定法律手续，并以国家名义具体承担卫生法律法规实施任务的特定公民。卫生执法人员是卫生执法机关的重要组成部分，是执法职能的承担者，执法职能最终由执法人员的活动来实现。

根据法律法规的规定，卫生行政执法权是赋予执法机关而不是赋予个人，但只有通过执法个人才能使管理相对人与执法机关产生法律关系，因此因执法违法或执法不当而引起的行政诉讼过程中，执法者个人既不能当原告也不能当被告，若败诉也不直接向相对人承担赔偿责任，即相对人告的是卫生行政执法机关。但执法人员与执法机关之间存在着内部行政法律关系。国家赋予执法人员的权利有：执行公务权、职位保障权、培训权、批评建议权、申诉控告权、工资福利权等。所承担的义务有：依法办事、忠于职守、恪守职业道德、严守纪律、接受监督、接受领导、服从指挥等义务。

卫生行政执法人员在执行公务时要有必要的标志，如公务用车有"中国卫生监督"标志，在执行公务时应持有并向管理相对人出示卫生监督证件，并有职业着装的要求等。

第三节 卫生行政执法行为

一、卫生行政行为的概念

行政行为是指国家行政机关,即行政主体行使行政权力、产生法律效果、实现国家行政管理目的的行为。

具体卫生行政行为可分为:① 羁束行为与自由裁量行为;② 依职权行为与依申请行为;③ 要式行为与非要式行为等。

(一) 羁束行为与自由裁量行为

是按卫生法律法规的约束程度为标准来划分的。

1. 羁束行为 凡卫生法律法规对行政行为的内容、形式、程序、范围、手段等都作详细而明确规定的执法行为称为"羁束行为",即该行政行为不能带有自由裁量性。例如药品、食品、化妆品的生产经营的许可等,都必须符合具体的技术标准要求,否则不能发放许可证。

2. 自由裁量行为 指卫生法律法规对行政行为的内容、形式、程序、范围、手段等留有一定的余地或幅度,或没有明确规定,由执法机关和人员按对法律法规的理解,并按实际情况采取的执法行为,称为"自由裁量行为"。例如许多卫生法律法规在罚款规定中都有一定范围,执法人员可在该范围内确定数目。两种行为间的划分不是绝对的,羁束行为中一般也有一定自由裁量的成分;自由裁量行为也有一定的羁束范围。

(二) 依职权行为与依申请行为

1. 依职权行为 即"主动执法行为",不需相对人申请,是执法机关单方面意志的表达,如依法对个人或组织的行使权利和履行义务进行检查,并对违法者处罚等。

2. 依申请行为 由相对人依照有关法律法规为获得某种权利而提出申请时,卫生行政执法机关所采取的行为。主要指相对人依法申请某种卫生许可或资格认证时,卫生行政执法机关的审查批准过程与活动。

(三) 要式行为与非要式行为

根据法律法规的规定,确定具体执法行为是否需要一定的法定形式,可分为"要式行为"与"非要式行为"。要式行为是依法定方式或法定形式做出的能够产生法律效力或后果的执法行为。一般为重要问题,需要一定的法定程序;非要式行为是有关法律法规没有明确规定,执法机关或人员按具体情况采用的执法行为,一般为非重要问题,不需一定的法定程序。划分"要式行为"与"非要式行为"的目的,一是要保证执法严肃性,二是要保证执法的效率性。

二、卫生行政执法行为的效力

(一) 卫生行政执法行为的有效成立

卫生行政执法行为要产生法律效力必须具备一定的必要条件,简称"要件"。这些要件可分为"实体要件"和"程序要件"。

1. 实体要件 ① 执法主体合法,即法律、法规中应有明文规定,包括法律法规授权组织或行政机关委托组织；② 执法行为不能越权，即法律、法规对执法权限在时间、地域、事项、人员及授权等方面都有规定，不能超出这些规定范围；③ 执法行为的内容合法，即其行为内容及程度符合法律法规的要求；④ 执法行为必须是执法机关真实意志的表达，即不被胁迫，不被欺诈；⑤ 执法行为必须有一定的"标的物"，该"标的物"是依法能成为该行为的"标的物"，即证据确凿。

2. 程序要件　指执法行为要符合法定程序和形式。法律法规要求有特定形式和程序的"要式行为"，执法机关必须在具体执行过程中严格遵守之。目前在卫生许可申请、卫生监督检查、卫生行政处罚、卫生行政复议、卫生行政强制执法等方面，都规定了一定程序、步骤、方式、方法和要求。

(二) 卫生行政执法行为的效力

1. 确定力，是指执法行为一经有效成立，就具有不得更改的效力。执法机关本身及其他国家机关非依法不得变更与撤销，相对人更无权变更。超出行政复议期间或行政诉讼期间后不得再提出行政复议或提起行政诉讼。确定力是维护卫生执法机关权威性及法律严肃性的重要保障。

2. 执行力，是指卫生行政执法机关依法采取一定手段使执法内容得以完全实现的效力。相对人不执行时，卫生执法机关可依法采取一定的强制执行手段。同时即使在行政复议期间或行政诉讼期间，执法行为原则上也不停止，除非经有关机关确认应当停止或经法院裁定必须停止的才能停止执行。

3. 拘束力，是指卫生行政执法行为实施后具有的约束与限制的效力。这种拘束力对执法机关及相对人都是等同的。执法机关不能随意变动，相对人必须完全执行。

三、卫生行政执法行为的撤销、废止、变更、消灭

卫生行政行为的确定力、执行力、拘束力原则上是不可变的，但在一定条件下又是可变的，即可以撤销、废止、变更和消灭。

(一) 撤销

指已生效的执法行为在适用过程中发现不符合生效要件（如执法违法），经法定程序由上级机关或本机关可予以撤销。撤销的执法行为向前向后均失去效力，包括没收相对人的钱物应返还；让相对人承担义务则应解除；若使相对人财产受到损失则应予赔偿。

(二) 废止

指已生效的执法行为，在成立时是合法的，后因主观原因，如政策变化或法律法规变化，或因客观情况发生变化不宜继续存在，经法定程序由上级机关或本机关宣布废止，使该行为自宣布之日起不再具有效力，而在此之前仍为有效。例如让相对人履行的义务或上缴的罚款已完成的不再更改，也不退回。

(三) 变更

指已生效的执法行为因执法不当或情况变化而对某些执法行为加以改变，使之部分失去效力。由本机关或上一级有权机关经法定程序而重新做出决定。变更只是对原执法行为部分修改，不是全部修改。

(四) 消灭

指已生效的执法行为因某种事实的出现而不再具有效力，不需经法定程序决定。其原

因为：① 有期限限制的执法行为已到期；② 有新的法律法规的规定；③ 相对人死亡；④ 执法行为条件不复存在；⑤ 相对人应履行的义务已完成等。

第四节 卫生行政执法的依据

卫生行政执法依据是指卫生行政执法机关实施卫生行政监督执法活动的具体行政行为能够具有法律效力的依据，包括实体法律依据和程序法律依据。

一、卫生行政执法的实体法律依据

各种卫生法律法规都是卫生行政执法的实体依据。卫生法律法规对管理相对人的权利、义务及违反法律法规所应承担的法律责任都有明确规定，卫生行政执法机关必须按照法律法规的具体规定从事执法活动。

（一）权利性规定

1. 使个人或组织获得某种权利的规定。即按照法律法规的规定，在个人或组织具备某些法定条件时，根据个人或组织的申请给予某种权利。根据目前有关法律法规的规定，使个人或组织获得的权利有：第一类，获得某种行为许可，例如医疗机构执业许可，食品、化妆品、公共场所卫生许可等；第二类，获得某种行为资格，有资格才有行为，例如《执业医师法》规定的执业医师资格，《母婴保健法》规定的有关妇幼保健服务项目资格，《职业病防治法》规定的职业病诊治资格等；第三类：获得某种奖励、救济、抚恤等，例如《职业病防治法》规定对防治职业病成绩显著的单位和个人给予奖励，《突发公共卫生事件应急条例》规定对参加应急处理的有贡献人员应予以表彰和奖励，对于因公致残、致病、致死人员应给予补助和抚恤。

2. 使个人或组织被剥夺或取消某种权利的规定。此类规定是指个人或组织违反了法律法规而不正当行使权利或没有履行应当履行的义务时，由行政机关作出剥夺其权利的决定。在有关卫生法律法规的法律责任中，几乎都有暂时扣留或吊销卫生许可或资格的具体规定。例如《食品卫生法》中规定了吊销卫生许可证的五种情况，《执业医师法》对违法医师予以暂停执业资格或吊销执业证书的规定等。

（二）义务性规定

1. 使个人或组织承担某种义务的规定。由于卫生法属行政法律规范，因此各种卫生法律法规的条文大都为对管理相对人的义务性规定，同时在法律责任的条文中，又大都规定相对人不履行义务时应承担的法律责任。

目前卫生法律法规对相对人有关的义务性规定，有以下几类：

第一类：一般性义务。如讲究卫生，消灭四害；食品应当无毒、无害，具有相应的色、香、味等感官性状等。

第二类：特定性义务。又分为协助性义务和技术性义务。该类义务性规定在卫生法律法规中占有重要地位。

（1）协助性义务：指个人或组织在发现其他人有违法行为或违法嫌疑时必须协助卫生行政机关加以防止或制止。例如《传染病防治法》、《突发公共卫生事件应急条例》都规定，在对传染病密切接触者采取医学观察时，个人应予配合。《食品卫生法》、《职业病防治法》及《执业医师法》中也有该类规定。同时，在各种卫生法律法规中还规定，当卫生监督执法人员到现场进行监督检查时，个人或组织应当予以配合，不得拒绝等。

（2）技术性义务：指生产和科研工作中的管理者和技术人员在组织、指导生产活动时应履行的法定技术性义务。有关人员若不履行该类技术性义务，一旦发生问题应追究法律责任。该类技术性义务在各种卫生法律法规中，是以要求管理相对人必须达到国家卫生标准和要求而进行规定的，若不履行或不完全履行该义务则属违法。例如，在《食品卫生法》、《职业病防治法》等法律法规的法律责任中，都有"责令限期改正"的条文，主要是责令管理相对人要履行技术性义务。

第三类：处罚性义务。指卫生行政机关使不履行义务的个人或组织承担一次新的义务，例如罚款。该行政处罚性义务的规定在各种卫生法律法规的法律责任章节中都有详细的阐述，是卫生行政执法过程中做出行政罚款决定的最主要法律依据。

2. 使个人或组织免除某种义务的规定。卫生法律法规中没有该类规定。

作为卫生行政执法实体法律依据还包括卫生行政规章、地方卫生规章及其他具有普通约束力的规范性文件，这些规章和规范性文件的内容更多、更繁杂，行政执法过程中必须注意其有关规定是否与有关法律法规相冲突，否则会引起行政复议或行政诉讼。且在行政诉讼时，人民法院对卫生规章仅仅是参照，而对其他规范性文件的规定则不予以参照。

二、卫生行政执法的程序法律依据

由于监督检查一般不会直接涉及相对人的权益，因此对监督检查程序只做一般原则性规定，而对卫生行政许可和卫生行政处罚，由于将直接涉及相对人的权益，因此必须按照《行政处罚法》和《行政许可法》规定的程序作出行政处理决定，否则属于卫生行政执法机关执法违法。

（一）卫生行政处罚程序的法律依据

《中华人民共和国行政处罚法》（1996年10月1日起实施）对行政处罚的种类和设定、实施机关、管辖和适用、处罚决定和执行及法律责任都有明确规定，尤其对做出行政处罚的简易程序、一般程序、听证程序也有详细规定（见"卫生行政处罚"一节）。国务院有关行政部门相继出台了一系列行政法规，如《食品卫生行政处罚办法》（1997年3月15日）、《食品卫生监督程序》（1997年3月15日）、《卫生行政处罚程序》（1997年6月19日）、《药品监督行政处罚程序》（1999年6月15日）等。

（二）卫生行政许可的法律程序

2003年8月27日第十届全国人大常委会第四次会议通过，并于2004年7月1日开始实施的《中华人民共和国行政许可法》对行政许可的设定、实施机关、实施程序、许可的费用、监督检查及法律责任都有具体规定。关于许可程序见卫生行政许可一节。

《行政许可法》对于行政监督检查，不仅说明了上级机关对下级机关实施的行政许可行为进行监督检查，以纠正行政许可实施中的违法行为，更多的是规定行政机关对被许可人的被许可项目要进行监督检查。可见《行政许可法》不仅是卫生行政许可的程序法律依据，也是卫生行政监督的法律依据。

三、卫生标准及其在卫生行政执法中的应用

（一）卫生标准的概念

所谓"标准"是对重复性事物和概念所做的统一规定。它以科学、技术和实践经验为基础，经有关方面协调一致，由主管机关批准，以特定的形式发布，作为共同遵守的准则和依据。

《标准化法》称卫生标准是保障人体健康、人身、财产安全的标准。《标准化基本术语》则称为保护人体健康，对食品、医药及其他方面的卫生要求而制定的标准。可见卫生标准是国家为保护人体健康和生命安全，对生产、生活、学习、休闲等环境及其有关产品中的各种有害因素所确定的卫生学允许限度。这些卫生学允许限度一般都是以数量单位形式表示。

目前我国的卫生标准可分为国家标准、行业标准、地方标准及企业标准。其中国家标准、行业标准一般要求更加严格，其审批发布形式有三种：① 药品、生物制品由国家药品监督管理局审批，以药典形式发布；② 食品卫生标准由卫生部审批发布，国家技术监督局编号；③ 对于环境卫生、劳动卫生、放射卫生、传染病、职业病、放射病、消毒药械等卫生标准由卫生部进行技术审查，国家技术监督局批准，两部门联合发布。地方标准及企业标准由省市卫生行政部门制定、发布。

广义的卫生标准还应包括检测、检验方法的标准及疾病预防、诊治的技术规范。因为只有使用标准的检测、检验方法所得到的结果才具有科学性。只有按照标准的技术规范所做的具体事务才具有可信性。

（二）卫生标准的应用

各种卫生立法过程中主要是规定管理相对人必须采取技术手段使环境或产品达到国家规定的卫生标准，这样才能达到保护人体健康、实现卫生管理的目标。而卫生行政执法过程中主要是监督检查相对人履行义务的情况，并采取技术的手段进行查证，即通过对环境或产品进行监测检验，查验是否存在化学性、物理性、生物性等对人体健康有害的因素，或允许存在但是否超过国家卫生标准。对食品还应查验是否符合国家规定的营养标准。因此从一定意义上看，卫生标准是国家的重要技术法规，是卫生监督监测的重要依据。卫生监测所得到的结果超出国家卫生标准的，可以是进行卫生行政处罚和行政强制的证据，同时也是在卫生行政复议或卫生行政诉讼中的重要证据。

第五节　卫生行政许可

2003年8月27日第十届全国人大常委会第四次会议通过，并于2004年7月1日开始实施的《中华人民共和国行政许可法》（以下简称《行政许可法》）是卫生行政许可的重要法律依据。该法对行政许可的设定、实施机关、实施程序、费用及监督检查等都作出了明确规定。卫生部先后出台了《卫生行政许可管理办法》（2004年11月17日）、《健康相关产品卫生行政许可程序》（2006年4月3日）等。

一、卫生行政许可的定义和性质

根据《行政许可法》第二条规定，所谓行政许可，是指行政机关根据公民、法人或其他组织的申请，经依法审查，准予其从事特定活动的行为，因此卫生行政许可则是卫生行政机关，根据相对人的申请，依法进行审查并对符合法定手续和法定条件的申请人，给予卫生行政许可或相应资格、资质的具体行政行为。

二、卫生行政许可设定事项的范围

《行政许可法》第十二条对行政许可事项规定如下：

1. 直接涉及国家安全、公共安全、经济宏观调控、生态环境保护以及直接关系人身健康、生命财产安全等特定活动，需按照法定条件予以批准的事项。该项规定主要涉及职业卫生、放射卫生及公共场所卫生领域。

2. 有限自然资源开发利用，公共资源配置以及直接关系公共利益的特定行业的市场准入等，需要赋予特定权利的事项。该许可项目的规定，主要涉及医疗机构、采供血机构的"执业许可"。

3. 提供公众服务并直接关系公共利益的职业、行业，需要确定具备特殊信誉、特殊条件或特殊技能等资格、资质的事项。该项许可的规定主要适用于卫生行业医疗卫生保健机构从事某些业务活动的资质及从事有关专业活动的人员资格。如对从事母婴保健工作的机构和人员的许可认证，对从事职业危害因素检测、评价机构和职业病诊断机构与人员资质认证，以及对执业医师、药物临床试验机构、计划生育服务机构的资格资质认证。此外，医疗气功师、药学技术人员、大型医用设备的使用操作者等，都必须经过资质资格认证与许可。

4. 直接关系公共安全、人身健康、生命财产安全的重要设备、设施、产品、物品，需要按照技术标准、技术规范，通过检验、检测检疫等方式进行审定的事项。根据涉及对象的性质主要可分为三类：

（1）药品、生物制品的行政许可。

（2）健康相关产品的行政许可：食品、消毒剂、消毒器械、化妆品、涉水产品等（详见卫生部《健康相关产品卫生行政许可程序》）。

（3）国境卫生检疫中的行政许可。

三、卫生行政许可实施机关

《行政许可法》对行政许可的实施机关有以下规定：① 有行政许可权的行政机关实施；② 法律法规授权具有管理公共事务职能的组织，以自己的名义实施；③ 行政机关依据有关法律、法规、规章的规定，委托其他行政机关实施；④ 经国务院批准，省、市、自治区政府可决定一个行政机关行使有关的行政许可权等。卫生行政许可实施机关为各级卫生行政部门。

四、卫生行政许可的实施程序与时限规定

（一）申请与受理

1. 申请。公民、法人或其他组织从事特定活动，依法需取得行政许可的，需采取格

式文本的应按申请格式文本规定的内容填写申请书来提出申请。申请方式也可以通过信函、电报、电传、传真、电子数据交换或电子邮件提出申请，申请人提交的有关资料及反映的情况必须真实可靠。但在卫生行政许可中一般都需要到现场进行检查、检验。

2. 受理。行政机关应对申请人的申请进行审查。首先应审查是否属本机关权职范围，若为本机关职权范围的应审查申请内容是否齐全，是否符合法定形式，对材料中可以当场更正的错误应允许当场更正；对存在问题的应当场或 5 日内告知如何补正，逾期不告知的自收到申请之日起视为行政机关已经受理。

（二）审查与决定

行政机关对于申请人的申请依照法定条件和程序，对申请材料的实质内容，由两人以上工作人员进行审查。一般应在受理之日起 20 日内作出决定。20 日内不能作出决定的，由本级卫生行政部门负责人批准，可延长 10 日，并将延长的理由书面告知申请人。

行政许可证件的种类包括：① 许可证、执照或其他许可证书；② 资格证、资质证或其他合格证书；③ 行政机关的批文或证明文件；④ 法律、法规规定的其他行政许可证件。行政机关给予许可的决定，应在做出决定之日起 10 日内送达或颁发给申请人。

（三）行政许可的听证

《行政许可法》规定，法律、法规、规章规定的行政许可应当听证的，或行政机关认为需要听证的，应向社会公告，并举行听证。

1. 举行听证的 7 日前将听证时间、地点告知申请人、利害关系人；

2. 听证应公开举行；

3. 主持听证的人员应为审查该行政许可申请以外的其他工作人员。申请人、利害关系人认为主持人与该项行政许可有利害关系的，有权申请回避；

4. 听证时，审查该行政许可申请的工作人员应提供审查意见的证据、理由，申请人、利害关系人可提出证据，并进行申辩和质证；

5. 听证时应有笔录，听证笔录交听证参加人确认无误，签字或盖章；

6. 行政机关应根据听证笔录，做出行政许可的决定。

（四）行政许可的变更与延续

《行政许可法》规定，被许可人要求变更行政许可事项的，应向作出决定的原行政机关提出申请；符合法定条件、标准的，行政机关应予变更。

被许可人需要延长许可有效期的，应当在许可有效期届满的 30 日前向作出决定的原行政机关提出申请。

（五）特别规定

《行政许可法》中对行政许可又列出了七条特别规定，其中与卫生行政许可有关的：

1. 行政机关根据全国考试成绩和其他法定条件作出许可决定。在卫生行政许可中，执业医师资格等即属此类。

2. 对法人或其他组织的特定资格、资质的行政许可，应根据专业人员结构、技术条件、经营业绩和管理水平等考核结果作出行政决定。如医疗机构执业资格等。

3. 需依法进行检验、检测、检疫的，应依据检查结果做出行政决定，且在受理之日起 5 日内指派两名以上工作人员按技术标准、技术规范进行检验、检测、检疫。不需对检验、检测、检疫结果作进一步技术分析，即可认定设备、设施、产品、物品是否符合技标准、技术规范的，应当场作出行政许可决定。

4.《行政许可法》第五章规定，除法律、行政法规另有规定的外，行政许可及对行政许可项目的监督检查，都不得收取任何费用。行政机关提供的申请书也不得收费。按法律、行政法规规定收取费用的，应按规定的项目和标准收费。所收费用一律上缴国库，不得以任何形式截留、挪用、私分或变相私分。财政部门不得以任何形式返还或变相返回给行政机关。行政许可费用列入本机关预算，由本级财政予以保障。

五、监督检查

《行政许可法》在第六章规定，对申请人的行政许可项目的实施情况要进行监督检查。该规定是卫生行政机关进行经常性卫生监督的重要法律依据之一。

撤销行政许可的情形有：① 行政机关工作人员滥用职权、玩忽职守做出的许可决定；② 超越法定职权作出的许可决定；③ 违反法定程序作出的许可决定；④ 对不具备申请资格或不符合法定条件的申请人所准予的许可决定；⑤ 其他。如被许可人是以欺骗、贿赂等不正当手段取得的许可等。

行政机关依法予以行政许可注销的情形有：① 许可有效期届满的；② 特定资格许可的公民死亡或丧失行为能力的；③ 法人或其他组织终止的；④ 许可被依法撤销、撤回或被依法吊销的；⑤ 因不可抗力导致行政许可无法实施的；⑥ 法律法规规定应当注销的其他情形。该项规定在卫生法律法规中都有阐述，尤其在《执业医师法》中。

六、法律责任

《行政许可法》主要规定了行政机关及工作人员失职、渎职、滥用职权、收受贿赂等违法行为时所应承担的法律责任，包括行政法律责任及构成犯罪时应承担刑事法律责任。同时也规定了申请人或被许可者的法律责任：

1. 申请人故意隐瞒有关情况或提供虚假材料的，许可机关不予受理或不予许可，并予以警告；其中若为直接关系到公共安全、人身健康、生命财产安全的申请许可事项，则1年内不得再次申请该许可事项。

2. 以欺骗、贿赂等不正当手段取得的行政许可，行政机关予以撤销，并对被许可人予以行政处罚；若为直接关系到公共安全、人身健康、生命财产安全的事项，则3年内不得再次申请该许可；构成犯罪的依法追究刑事责任。

3. 被许可人有下列行为之一的，依法给予行政处罚；构成犯罪的，依法追究刑事责任：

（1）涂改、倒卖、出租、出借许可证件，或以其他形式非法转让行政许可的；

（2）超越行政许可范围进行活动的；

（3）在行政机关监督检查时，故意隐瞒有关情况、提供虚假材料，或者拒绝提供其活动真实材料的。

（4）法律、法规、规章规定的其他违法行为。

4. 公民、法人或其他组织未经行政许可、擅自从事有关活动的，行政机关应当依法采取措施予以制止，并依法给予行政处罚；构成犯罪的，依法追究刑事责任。

第六节 卫生(行政)监督(检查)

行政监督检查是指国家行政机关为实现行政管理职能,对个人和组织是否遵守法律法规的规定和是否执行具体行政决定所进行的监督检查。其性质是行政主体依职权的单方面的具体行政行为,也是一项重要的、活动形式最多的行政执法活动。卫生行政监督检查已成为一种法律制度,如《食品卫生法》和《职业病防治法》规定"国家实行食品卫生监督制度"、"国家实行职业卫生监督制度"等。

行政监督的目的是为了防止和纠正管理相对人的违法行为,以保障有关法律、法规、规章的执行,实现行政管理的目标。

一、卫生监督的定义、性质和意义

"卫生监督"的全称应为"卫生行政监督检查",即卫生行政执法机关为实现管理职能,对个人和组织是否遵守卫生法律法规的规定和对其是否执行卫生行政决定的情况所进行的监督检查。

监督检查一般不直接影响个人或组织的实体权利和义务,只有发现和确定个人或组织有违法行为,并予以行政处罚时才影响相对人的实体权益。

卫生监督属于国家监督的重要组成部分之一。其意义在于:卫生行政监督检查是卫生行政执法的主要手段之一,也是卫生行政监督执法最多的活动内容。个人和组织是否遵守有关法律法规,是否执行卫生行政的决定,都要靠监督检查来查证。同时,卫生行政监督检查也是正确作出行政处理(处罚)或强制执行的前提条件。因此卫生监督检查可以认为是卫生行政执法的第一步。

二、卫生监督的范围或分类

(一)预防性卫生监督

是指卫生行政执法机关依法对城乡规划、基本建设、工程项目(工矿企业、公共场所、学校、射线装置等)的卫生防护设备设施所进行的卫生检查与卫生预评价活动,即在正式投产、经营之前所进行的卫生监督检查活动。其内容包括:① 对设计图纸的审查——对工程选址、是否有卫生防护设施设备进行审查。② 对施工过程审查——审查是否按图纸要求施工,有无将卫生防护设施设备砍掉或修改。③ 在试生产(经营)时进行审查——检查防护设施设备的防护效果是否符合国家卫生标准和要求。以上三部分内容,通称"三同时"审查,即要求卫生防护设施设备要与主体工程同时设计、同时施工、同时投产。《食品卫生法》、《学校卫生工作条例》、《公共场所卫生管理条例》、《职业病防治法》等法律法规都有此类规定。

(二)经常性卫生监督

是指卫生行政执法机关依法对管理相对人的卫生状况及是否履行有关卫生法律法规规定的义务的情况所进行的监督检查活动。经常性监督检查的内容与方式有:一般性巡回检查即实地察看;采样或抽样与送样(食品)进行化验监测。

（三）新化学品或产品的安全性论证

该部分内容实质上应属"预防性卫生监督"，是指生产经营单位对新化学品或产品在投产或使用前向卫生行政执法机关提出安全性证明，并由卫生行政执法机关组织专家进行论证的活动。管理相对人应提交的资料有：产品名称、理化性质、生产工艺或用途、检验或检测方法、毒性或副作用、三废处理与如何防护。论证的主要内容包括：①急性毒性——急性中毒与急救处理方法及防护方法；②慢性毒性——慢性毒性的特点，有无致畸、致癌、致突变及防护方法。

（四）对是否进行健康检查（健康监护）的监督

指卫生行政执法机关依法要求管理相对人对其从业人员按一定时间、一定内容、一定方法的健康查体活动。如《食品卫生法》、《化妆品卫生监督条例》、《学校卫生工作条例》、《放射同位素与射线装置安全和防护条例》、《职业病防治法》都有明确规定。

不同法律法规规定的健康检查的目的有所区别：① 劳动卫生、放射卫生所进行的职业性健康检查主要是保护劳动者本人，对确定为职业病者要调整岗位。② 食品卫生、公共场所卫生及化妆品卫生对从业人员所进行的健康检查，主要是五病检出（痢疾、伤寒、肝炎等消化道传染病、活动性结核、化脓或渗出性皮炎等），其目的是防止本人患有的传染病传染给消费者，因此对患病者必须调离规定的岗位。③ 学校卫生对学生进行的健康检查主要为视力、龋齿、常见病及生长发育状况和寄生虫病等的检查，既保护学生本人，也防止传染病、寄生虫病的传播。

根据健康检查的目的，健康检查可分为：① 就业前或上岗前的体检，主要目的是就业禁忌证的检出，同时也为健康监护奠定基础资料；② 定期健康检查，根据不同专业和不同危害状况，目的是观察健康状况的变化，以便对危害和可能产生的危害进行评估。③ 离岗和离职时的健康检查，如《职业病防治法》就有规定，其目的为以后职业病的诊断提供依据。

（五）对各种中毒事故、职业病及传染病报告制度的监督检查与处理

包括发生职业病或职业中毒事故、食物中毒事故、中小学预防性用药中毒事故、重大环境污染及放射事故及发生传染病暴发流行，都应向卫生行政部门报告。

（六）对医疗机构和医疗卫生人员的监督

医疗卫生机构和人员也是卫生行政机关的管理相对人，为此卫生行政执法机关将根据《医疗机构管理条例》、《医疗垃圾处理条例》、《执业医师法》、《母婴保健法》和《献血法》及《传染病防治法》等的有关规定，对其进行卫生监督检查。

对上述监督检查中发现有未履行有关法律、法规规定的义务或滥用权利者，都要进行教育并做出行政处罚决定。

第七节　卫生行政处罚

1996年3月17日，第八届全国人民代表大会第四次会议通过、1996年10月1日开始实施的《中华人民共和国行政处罚法》，规范了行政处罚的设定和实施。国务院有关部门专门制定了《食品卫生行政处罚办法》、《卫生行政处罚程序》、《药品监督行政处罚程序》等。

一、卫生行政处罚的概念及管辖

1. **卫生行政处罚的定义** 指卫生行政执法机关对违反卫生法律、法规的相对人所做出的惩戒。卫生行政处罚既是一种具体卫生行政行为，也是一种广泛应用的卫生监督执法手段和步骤。该行政行为是卫生行政执法机关单方面意思的表示，不能调解，不能协商。相对人如对处罚不服，可提请行政复议或提起行政诉讼。由于行政处罚是卫生行政执法中重要的依职权行为，因此必须采用"要式"行为。

2. **管辖** 行政处罚的管辖，一般按违法行为发生地进行属地管辖。若有争议应报请共同上一级行政机关进行指定。

二、卫生行政处罚原则

1. 处罚法定的原则。包括处罚主体及其职权法定、被处罚行为法定、处罚种类、内容及程序法定。
2. 一事不再罚的原则。包括：对同一违法行为不应以同一法律法规再做处罚。同时对同一违法行为不同执法机关也不应以同一法律法规都去进行处罚。
3. 处罚要遵循公正、公开的原则。
4. 处罚要与教育相结合的原则。处罚是手段，是提出一种警戒，目的是通过给予处罚使违法的相对人不再违法，同时也是对未违法者的警告。因此应将法制教育贯彻始终。
5. 保护相对人权利的原则，包括保障相对人陈述权、申辩权原则及无救济便无处罚原则。
6. 职能分离原则，包括行政处罚的设定机关和实施机关相分离、检查人员与决定人员相分离、作出罚款决定的机关与收缴罚款的机构相分离、由非本案调查人员担任行政处罚听证主持人等。

三、卫生行政处罚的种类与形式

（一）申诫罚

为影响声誉的行政处罚，只为精神上惩戒，不直接涉及实体权益。可为独立的处罚形式，但往往是其他处罚的先行程序或与其他种类的行政处罚同时做出。

1. **通报批评** 在一定范围通过报刊、电台、电视台等新闻媒介，或某些会议上给予点名批评。
2. **警告** 对情节轻微、尚未构成实际危害后果的违法行为所予以的处罚。警告必须是"要式"行为，必须由执法机关做出书面决定。

（二）财产罚

强迫违法者缴纳一定数额的钱和物，是限制或剥夺某种财产权的处罚。

1. **罚款** 为最常用的处罚形式。是对不履行法定义务的个人与组织所做的经济制裁，以对其财产造成损害。罚款为"要式"行为，执法机关必须做出书面决定。
2. **没收** 将违法者的非法所得、违禁物、违法行为工具予以收缴。

没收是对生产、保管、加工、运输、销售违禁物品，或进行其他营利性违法行为者的一种经济制裁。没收可为全部没收，可为部分没收。

罚款是使违法者交纳额外负担的金额，没收是对违法者的非法所得及违禁物或违法工具的收缴，两者都能对违法者财产造成损害。罚款与没收在各种卫生法律法规的行政处罚条款中都有详细规定。

（三）行为罚

又称能力罚，是限制或剥夺违法者特定行为能力的制裁。该处罚既影响声誉也影响经济利益，在各种卫生法律、法规中几乎都有有关规定。

1. 责令停产停业整顿（改正） 是通过一定期限内暂时剥夺违法者生产经营权，促使其改善卫生状况的行政处罚措施，一旦改善，即履行了法定义务，则可继续恢复生产经营。在《食品卫生法》、《职业病防治法》、《药品管理法》及《化妆品卫生监督条例》都有该类规定。与该类规定相似的"责令改正"的规定则更多，尤其是《职业病防治法》、《药品管理法》、《食品卫生法》和《献血法》中。

2. 暂时扣留与吊销许可证或取消资格 是对严重违法行为给予最严厉的处罚。吊销卫生许可证实际上是剥夺了生产经营权，但真正实施剥夺其生产经营权时需报告工商部门决定处理。该类规定主要出现在《药品管理法》、《食品卫生法》、《化妆品卫生监督条例》等。执业医师资格和医疗机构执业许可的注销，按规定由卫生行政部门决定即可，但目前营利性医疗机构营业许可的注销还需工商部门决定处理。

（四）人身罚

指行政拘留、劳动教养，但这些只有公安机关才有权决定。在重大卫生违法案件中卫生部门对于触犯刑律者应移交公安司法部门处理。至于在《传染病防治法》、《国境卫生检疫法》中规定的对某些传染病患者或可疑患者所采取的"隔离治疗"、"隔离医学观察"应视为一种行政强制措施，而不属于行政处罚。

四、卫生行政处罚程序

（一）一般程序

1. 立案审查 立案可来自执法机关发现违法行为，也可来自他人举报或对环境、产品检验后发现严重超国家卫生标准。此外发生中毒、污染事故或发生传染病事件等也是立案来源之一。

2. 调查取证 指现场调查取证。应有两人或两人以上参加。要表明身份，说明来意，索取查阅现场资料，实地取证（人证、物证、测定结果）并有声像文字记录。所做记录应有当事人的签字。执法人员与当事人有利害关系的应当回避。

必要时应举行听证会。

3. 审核与决定 3人以上审核，提出处罚意见及适用条款，填写处罚意见书，卫生行政机关负责人审查并决定。

4. 当事人有权陈述和申辩。

5. 裁决和送达 处罚决定的内容应包括：① 当事人的姓名（或名称）、地址；② 违反法律、法规、规章的事实和根据；③ 行政处罚的种类和依据；④ 对行政处罚决定履行的方式和期限；⑤ 告知不服决定时可以申请复议或提起诉讼的途径和期限；⑥ 行政机关名称和决定的日期。

行政处罚决定应当场或7日内送达当事人。

6. 通知与执行。① 卫生执法机关直接敦促当事人自觉履行处罚决定。② 请求有关部门，如工商、公安部门予以协助。③ 对行政处罚不予履行时可向法院申请强制执行。

（二）简易程序——即当场可以作出行政决定的

1. 违法事实确凿并有法定依据，对公民处以 50 元以下，对法人或其他组织处以 1 000 元以下罚款或者警告的行政处罚可以当场作出决定。

2. 执法人员当场进行处罚时，也应出示证件，填写预定格式和编号的处罚决定书，并当场交付当事人。

3. 处罚决定书应载明当事人的违法事实，处罚依据、罚款数额、时间、地点、行政机关名称及执法人员的签章。

4. 现场处罚必须向所属行政机关备案。

5. 当事人对当场处罚决定不服的，也可依法申请行政复议和提起行政诉讼。

（三）听证程序

在作出责令停产停业、吊销许可证或执照及较大数额罚款等处罚决定之前，应告知当事人有要求举行听证的权利。当事人要求听证的，行政机关应组织听证，且当事人不负责听证费用。其程序如下：① 当事人应当在行政机关告知后 3 日内提出听证申请；② 行政机关应当在听证会 7 日前，告知当事人时间和地点；③ 除国家机密、个人隐私，都应公开举行；④ 听证主持人由行政机关指定与本案无关的人员主持。当事人认为主持人与本案有利害关系，有权申请回避；⑤ 当事人可亲自参加听证，也可委托 1~2 人代理；⑥ 听证时，由调查人员提出当事人违法事实、证据和处罚建议；⑦ 当事人进行申辩和质证；⑧ 制作听证笔录，笔录经当事人审核无误后签字或盖章。听证结束后，行政机关再作出处罚决定。

第八节　卫生行政强制

一、行政强制的概念

"行政强制"是"行政强制措施"与"行政强制执行"的合称，系指国家行政机关为维护和实施行政管理秩序，预防和制止社会危害事件与违法行为的发生或存在，依据法律、法规的规定，针对特定公民、法人或其他组织的人身、行为及财产进行约束与处置，或在当事人拒不履行业已生效的具体行政行为时，国家行政机关或人民法院依法对负有履行义务的当事人采取有关强制手段，迫使其履行义务，或使之达到与履行义务相同状态的强制性行为。

在各种卫生法律、法规中，都有一些有关"行政强制"的规定，但由于目前我国尚无《行政强制法》，在具体实施过程中还存在着许多问题。

二、卫生行政强制的原则

1. 法定性原则。行政强制措施必须有法律、法规的规定，即必须在法定的职权内按照具体规定的事项采取行政强制措施，同时还必须符合法定程序。

2. 适当性原则。采取行政强制措施时，还应考虑适当性，既要最大限度保护公众的健康利益,又要使管理相对人的权益受到最小程度损害。

3. 应急性原则。即一般是在紧急情况下采取行政强制措施,否则不应使用。

4. 教育与强制相结合的原则。与行政处罚一样,一般应当首先对管理相对人进行法制教育使之主动履行义务,对不听教育或劝阻的,采取强制措施。

三、卫生行政强制措施的分类

(一) 执行性行政强制措施

指行政强制执行的手段。该行政强制执行分为行政机关自行强制执行和申请法院强制执行。其中,行政机关自行强制执行又分为:

1. 代执行。指管理相对人不履行法律法规规定的,或行政机关确定的可替代义务时,行政机关或第三人代为履行。如《食品卫生法》规定的销毁腐败变质食物。

2. 执行罚。执行罚是一种间接强制执行手段,是对不履行处罚义务的相对人,通过加收滞纳金或加处罚款的手段,迫使相对人尽快履行处罚义务。滞纳金为自滞纳之日起,每日加收 2‰;加处罚款是指到期不交纳罚款的,每日按 3‰ 加处罚款。

3. 直接强制。指用代执行或执行罚等间接执行手段,不能达到执行的目的,或无法采取间接手段时,可对义务人的人身或财产直接采取强制措施。

(二) 非执行性行政强制措施

根据《行政诉讼法》第十一条第一、二款规定,行政拘留、罚款、吊销许可证和执照、责令停业、没收财物及限制人身自由或对财产查封、扣押、冻结等进行的行政强制措施等,都属于非执行性行政强制措施的规定。在卫生行政执法中,非执行性强制措施是运用得最多的一类。根据适用条件,又分为一般强制和即时强制:

1. 一般强制,包括:① 现场检查、查验、诊验、检定等强制检查;② 强制检疫;③ 强制保全,如查封、扣压、冻结、证据登记保存等;④ 强制销毁等。

2. 即时强制,包括:① 封锁疫区、污染区;② 隔离、隔离治疗、医学留验与医学观察;③ 紧急免疫接种;④ 责令停止危险作业;⑤ 追回出售食品等。

由此可见在卫生行政执法中都有对人身,尤其对人的行为和财产进行约束和处置的行政强制。至于有教材或资料提到对场所或环境的卫生行政强制措施,其实其强制对象仍然属于对行为或财产的强制。

在卫生行政执法的行政强制措施中,多数为采取非执行性一般强制和即时强制的行政强制措施,对此尚无明确的程序性规定,完全由执法机关及执法人员按照卫生监督和处罚程序的理解,临时作出决定。

在卫生行政执法中遇到的另一种情况是违法者不履行处罚义务,不按时缴纳罚款,需向人民法院申请强制执行,此时也应首先调查相对人不履行处罚的原因是否属相对人主观故意,如不是因客观原因不能履行时,方可申请强制执行。同时卫生执法机关在申请强制执行之前,应再次敦促相对人主动履行处罚决定。若相对人仍不履行处罚决定时,则卫生执法机关做出申请强制执行的决定,并向法院提出书面申请。其内容是包括强制执行事项及理由,并附有强制执行根据的法律文书。

法院强制执行程序包括:① 立案审查:认为申请合法,同时行政执法机关的行政处罚决定是正确合理的。② 通知履行:先通知违法相对人自动履行,对仍不履行者则强制执行。③ 请求有关部门如公安、工商部门协助执行。④ 执行结案。法院将强制执行结果报告卫生行政申请机关。强制执行所需费用应由受处罚者交纳。

四、关于卫生行政取缔

（一）卫生行政取缔的定义

取缔是指行政机关对本应取得行政许可，但并没有得到行政许可就从事某种生产经营活动的公民、法人或其他组织，由行政机关按照有关法律法规的规定给予取消或禁止的一种行政强制措施。

（二）卫生行政取缔的意义

无照生产经营食品，未经批准的非法行医，未经许可就非法采集血浆等非生产、经营、医疗活动，对人民群众的身心健康和生命安全已构成巨大威胁。其中非法行医造成的伤亡事故各地都有报道，而非法采供血浆引起病毒性肝炎、艾滋病的传播流行已被社会广泛关注。

目前无照生产经营食品、非法行医与采供血主要存在于广大农村及城市的城乡结合部，其对象主要都是面向农民或农民工经济收入低下、文化水平不高、缺乏医疗保障的社会"弱势群体"，因此所带来的社会危害就更大，卫生行政执法机关必须予以坚决取缔。

（三）"取缔"在卫生行政执法中的应用

在卫生行政执法中，根据《执业医师法》、《献血法》的规定，对未经批准就擅自开办医疗机构或非法行医及非法采血、出售无偿献血血液和非法组织他人卖血的，可直接采取取缔的行政强制措施；而对于没有取得相应资格或资质，就开展母婴保健或职业卫生服务业务的医疗机构，只能按《母婴保健法》或《职业病防治法》的规定予以制止，而不能算是取缔。根据《药品管理法》第七十三条规定，对未取得生产、经营、医疗机构制剂许可证的，也应依法予以取缔，但是由药监部门还是由工商部门实施，则未予标明，但根据国务院2002年颁发的《无照经营查处取缔办法》的规定，因需获得营业执照才能生产经营，因此取缔应由工商部门执行。类似的情形在对未经批准许可的食品生产经营、公共场所经营、化妆品生产经营的查收取缔时，应由卫生行政执法机关通知工商部门实施。

卫生行政取缔的执行中实际存在两种情形，一是上述的未经行政部门的批准与许可就从事某种特定活动，属该类情况的单位或个人本身就不具有法律上的"权利能力"资格，因此应当取缔；另一种情况是虽经行政部门批准与许可，但因严重违反有关法律法规的规定，因此也要予以取缔，如医疗机构、采供血机构、食品药品生产经营单位等。

思考题

1. 卫生行政执法的概念及原则。
2. 卫生行政行为的概念及种类。
3. 卫生行政执法行为的效力及其根据。
4. 何为行政许可？卫生行政许可的主要程序是什么？

5. 卫生监督的概念及范围。
6. 卫生行政处罚的原则及种类。
7. 卫生行政强制的概念及分类。

（宋文质　刘　颖）

第三章 法律责任与法律救济

第一节 卫生法律责任

一、卫生法律责任的概念

卫生法律责任，是指卫生法律关系主体由于违法、违约行为所应承担的法律规定的某种不利后果。其特点为：① 是违反卫生法律规范后所应当承担的法律后果；② 所承担法律责任的依据在卫生法律、法规和规章中有明确、具体规定；③ 具有国家强制性，即卫生法律责任的履行由国家强制力保证，违法者拒绝承担法律责任时，国家强制力将强制其承担相应的法律责任；④ 必须由国家授权的专门机关在法定职责范围内依法予以追究。

二、卫生法律责任的种类

根据行为人违反卫生法律规范的性质和社会危害程度，卫生法律责任分为：行政责任、民事责任和刑事责任三种。

(一) 卫生行政责任

卫生行政责任，是指卫生行政法律关系主体的任何一方在违反卫生行政法律规范，但尚未构成犯罪时所应承担的法律后果。主要包括行政处罚和行政处分。

1. 行政处罚。是指卫生行政机关或者法律法规授权组织，在职权范围内对违反卫生行政管理秩序而尚未构成犯罪的公民、法人和其他组织（即行政管理相对人），实施的一种卫生行政制裁。

根据行政处罚法和我国现行卫生法律、法规和规章的规定，卫生行政处罚的种类主要有：警告、通报、罚款、没收非法财物、没收违法所得、责令停产停业、暂扣或吊销有关许可证等。

2. 行政处分。是指国家行政机关对下属人员的行政违法行为依其行政责任所实施的强制性惩罚措施。行政处分的种类主要有警告、记过、记大过、降级、降职、撤职、留用察看、开除8种。对于公立的医疗机构的违法行为，卫生行政机关既可对其医疗机构及其医务人员给予行政处罚，也可对其单位负责人予以行政处分。行政处分的实施主体与相对人之间有行政上的隶属关系，这一点有别于行政处罚，例如卫生行政机关对食品卫生、公共场所卫生、职业卫生等违法行为，只能对企业给予行政处罚，而不能对企业负责人给予行政处分。

(二) 民事责任

卫生民事责任，是指医疗机构和卫生工作人员或从事与公共卫生有关的机构，如食品药品生产经营单位、工矿企业及化妆品生产单位等，因违反法律规定，侵害了公民的健康权利时，则应向受害人承担损害赔偿的责任。如2001年颁布的《中华人民共和国职业病防治法》及2004年修订的《中华人民共和国传染病防治法》中都明确规定了违法者应当承担的民事法律责任。

卫生民事责任的构成必须同时具备损害的事实存在、行为的违法性、行为人有过错、损害事实与行为人的过错有直接的因果关系等要件。民事责任的特点是：① 主要是财产责任；② 是一方当事人对另一方的责任；③ 是补偿当事人的损失；④ 在法律允许的条件下，民事责任可以由当事人协商解决。

《中华人民共和国民法通则》规定的承担民事责任的方式主要有：停止侵害，排除妨碍，消除危险，返还财产，恢复原状，修理、重做、更换，赔偿损失，支付违约金，消除影响、恢复名誉，赔礼道歉等10种。卫生法所涉及的民事责任多以赔偿损失为主要形式，尤其在《医疗事故处理条例》中有详细规定。

(三) 刑事责任

卫生刑事责任，是指违反卫生法的行为，侵害了刑法所保护的社会关系而构成犯罪时所应承担的法律后果。卫生法律、法规对于刑事责任的规定是直接引用刑法中有关条款的规定。

根据我国刑法规定，实现刑事责任的方式是刑罚。刑罚，是国家审判机关依照刑法的规定，剥夺犯罪分子某种权益直至生命的一种强制处分。刑罚包括主刑和附加刑。主刑有：管制、拘役、有期徒刑、无期徒刑、死刑，它们只能单独适用。附加刑有：罚金、剥夺政治权利、没收财产，它们可以附加适用，也可以独立适用。对于犯罪的外国人，还可以独立适用或附加适用驱逐出境。

我国刑法对违反卫生法的刑事责任作了明确规定，规定了10余个与违反卫生法有关的罪名：如① 生产、销售假药罪；② 生产、销售劣药罪；③ 生产、销售不符合卫生标准食品罪；④ 在生产、销售的食品中掺入有毒有害非食品原料罪；⑤ 生产、销售不符合标准的医疗器械、医用卫生材料罪；⑥ 生产、销售不符合卫生标准化妆品罪；⑦ 违反规定引起甲类传染病传播或者有传播严重危险罪；⑧ 违反规定造成病菌种、毒种扩散罪；⑨ 违反国境卫生检疫罪；⑩ 非法组织他人出卖血液罪；⑪ 非法采集、供应血液罪；⑫ 非法制作、供应血液罪；⑬ 采集、供应血液或者制作、供应血液制品不依照规定进行检测或者操作罪；⑭ 医疗事故罪；⑮ 非法行医罪；⑯ 破坏节育手术罪；⑰ 传播性病罪等。

在现已颁布的卫生法律中，对卫生行政机关的渎职、失职犯罪行为所应承担的刑事法律责任普遍都有规定。而2004年新修订的《传染病防治法》还规定疾病预防控制机构、医疗机构、采供血机构、实验机构、动物防疫机构及国境卫生检疫机关因违法造成传染病传播、流行而构成犯罪的都应追究其刑事责任。

第二节 卫生行政救济

一、卫生行政救济的概念

卫生行政救济，是指公民、法人或者其他组织认为卫生行政机关的行政行为造成自己合法权益的损害，请求有关国家机关给予救济的法律制度的总称，包括对违法或不当行政行为加以纠正，以及对于因行政行为而遭受的财产损失给予弥补等多项内容。其主要特征是：① 卫生行政救济是对权利所进行的救济；② 卫生行政救济是针对行政违法行为所实施的救济；③ 卫生行政救济一般应在法律上形成某种制度；④ 卫生行政救济一般是事后的救济。

二、卫生行政救济的途径

卫生行政救济的途径，是指通过何种途径实现行政救济的问题，即相对人在受到卫生行政机关行政行为侵害时，通过何种程序、何种路径实现救济。我国现有的卫生行政救济途径主要是卫生行政申诉、卫生行政复议和卫生行政诉讼。

卫生行政申诉，是指卫生行政相对人对卫生行政主体的卫生行政行为不服，向有关部门反映实际情况，提出批评和建议。卫生行政申诉有下列特征：① 运用范围较广；② 申诉渠道较多；③ 申诉形式不限；④ 卫生行政申诉是解决由抽象卫生行政行为引起的行政争议的重要合法途径之一。

除直接申诉外，卫生行政复议与卫生行政诉讼则是解决行政争议的重要途径。行政复议与行政诉讼有以下区别：① 性质不同。行政复议是行政机关的行政行为，是行政机关内部所设置的对于行政管理相对人实施救济的制度；行政诉讼是人民法院的司法行为，是在行政机关外部设置的对行政管理相对人实施救济的制度。② 程序不同。行政复议适用行政程序；行政诉讼适用司法程序。③ 审查范围不同。行政复议对具体行政行为既审查合法性又审查合理性；行政诉讼主要审查合法性。④ 法律效果不同。在一般情况下行政复议以后仍可提起诉讼；行政诉讼则是两审终审。发生行政争议后，行政复议是最为直接的解决途径，而行政诉讼是最终的解决途径。

第三节　卫生行政复议

一、卫生行政复议的概念

卫生行政复议，是指公民、法人或者其他组织认为卫生行政机关的具体行政行为侵犯其合法权益，按照法定的程序和条件向作出该具体行政行为的上一级卫生行政机关提出申请，受理申请的行政机关对该具体行政行为进行审查，并作出复议决定的活动。

卫生行政复议包括以下几层含义：① 卫生行政复议只能由作为行政相对人的公民、法人或者其他组织提起。除此以外，任何其他主体不得提起行政复议。② 卫生行政复议权只能由作出具体行政行为的行政机关的上一级行政机关或者法律授权的组织行使。③ 卫生行政复议对于公民、法人和其他组织是维护其合法权益的一种程序性权利，不得被非法剥夺。但公民、法人或者其他组织可以自主处分自己的程序性权利，既可以提起行政复议，也可以放弃行政复议的权利。④ 卫生行政复议的对象原则上只能是卫生行政机关作出的具体行政行为。

卫生行政复议是一种具有行政与司法双重性的活动，即行政复议以"准司法"的方式来审理特定的行政争议。行政复议既不完全等同于行政行为，又不完全等同于司法活动。主要表现在：

（一）行政复议是具有一定司法性的行政行为

行政复议机关作为第三方对行政机关和行政相对人之间的行政争议进行审查并作出

裁决。

(二) 卫生行政复议是行政机关的内部纠错机制

卫生行政复议是行政系统内部的行政机关对下级或所管辖的行政机关作出的违法或不当的具体行政行为实施的一种纠错行为，不同于法院通过行政诉讼审查行政机关具体行政行为合法性的司法审查制度。

二、卫生行政复议的原则

(一) 合法原则

合法原则，是指复议机关在行使复议权时必须合法。具体要求包括：① 复议机关和复议机构主体合法；② 审理复议案件的依据合法；③ 审理复议案件的程序合法。

(二) 公正原则

公正原则，是指复议机关在行使复议权时应当公正地对待复议双方（一方为行政管理相对人，一方为卫生行政机关）的当事人，不能有所偏袒。

(三) 公开原则

公开原则，是指行政复议活动应当公开进行，复议案件的受理、调查、审理、决定等一切活动都应该尽可能地向当事人、公众及社会舆论公开，使社会各界了解行政复议活动的基本情况。

(四) 及时原则

及时原则在行政复议中的地位尤其重要。在保证公正、效率的前提下，应当在尽可能短的时间内给相对人一个答复。具体要求包括：① 受理复议申请应当及时；② 复议案件要按审理期限审结；③ 作出复议决定应当及时；④ 对复议当事人不履行复议决定的情况，复议机关应当及时处理。

(五) 便民原则

便民原则，是指复议机关在复议的一切环节和步骤上尽最大可能使行政复议制度真正成为人们日常生活中保护自己合法权益的经济、实用、卓有成效的救济手段。

(六) 有错必纠原则

有错必纠原则是指行政复议机关对被申请复议的行政行为进行全面的审查，不论是违法还是不当，也不论申请人有否请求，只要是有错必须予以纠正。

三、卫生行政复议的受案范围

根据《中华人民共和国行政复议法》的规定，主要有：① 对卫生行政机关作出的行政处罚不服的；② 对卫生行政机关采取的有关强制性措施决定不服的；③ 认为卫生行政机关侵犯其合法经营自主权的；④ 认为符合条件申请有关卫生许可证（照），卫生行政机关拒绝颁发或不予答复的；⑤ 要求卫生行政机关履行其他法定职责拒不答复的；⑥ 认为卫生行政机关违法要求另外履行其他义务的；⑦ 认为卫生行政机关侵害了其财产权或人身权；⑧ 其他可以申请卫生行政复议的具体行政行为。

《行政复议法》对不能提请行政复议的规定：① 不服行政处分及其他人事处理决定的；② 不服行政机关对民事纠纷作出的调解和其他处理的。对这些事项申请人不得提出复议申请。此外，行政复议法还规定，公民、法人或者其他组织认为行政机关的具体行政行为所依据的规定违法，在对具体行政行为申请行政复议时，可以一并向行政复议机关提出对该规定的审查申请。

四、卫生行政复议程序

（一）申请期限

公民、法人或者其他组织认为卫生行政机关的具体行政行为侵犯其合法权益的，可以自知道该具体行政行为之日起60日内提出行政复议申请，但是法律规定的申请期限超过60日的除外。因不可抗力或者其他正当理由耽误法定申请期限的，申请期限自障碍消除之日起继续计算。

（二）申请人

依照《行政复议法》提出申请行政复议的公民、法人或者其他组织是申请人。

（三）管辖

卫生行政复议的管辖有以下几种：① 对县级以上卫生行政机关的具体行政行为不服的，申请人可以向该卫生行政机关的本级人民政府申请行政复议，也可以向上一级卫生行政机关申请行政复议；② 对卫生行政机关依法设立的派出机构依照法律、法规或者规章规定，以自己的名义作出的具体行政行为不服的，向设立该派出机构的卫生行政机关或者该机关的本级人民政府申请行政复议；③ 对法律、法规授权的组织的具体行政行为不服的，可向直接管理该组织的卫生行政机关申请行政复议；④ 两个卫生行政机关或卫生行政机关与其他行政机关共同作出的行政行为，向其共同上一级行政机关申请行政复议。

（四）审查

卫生行政复议机关收到行政复议申请后，应当在5日内进行审查。对不符合法律规定的行政复议申请，决定不予受理，并书面告知申请人。

卫生行政复议期间具体行政行为不停止执行，但是在下列情况下可以停止执行：① 被申请人认为需要停止执行的；② 行政复议机关认为需要停止执行的；③ 申请人申请停止执行，行政复议机关认为其要求合理，决定停止执行的；④ 法律规定停止执行的。

（五）决定

卫生行政复议原则上采取书面审查的办法，但是申请人提出要求或者行政复议机关认为必要时，可以向有关组织和人员调查情况。在行政复议过程中，被申请人（作出具体行政行为的卫生行政机关）不得自行向申请人和其他有关组织或者个人收集证据。

卫生行政复议机关应当自受理申请之日起60日内作出行政复议决定，但是法律规定的行政复议期限少于60日的除外。情况复杂，不能在规定期限内作出行政复议决定的，经批准可延长期限，但是最多不超过30日。

复议机关经审理，应当按不同情况依法作出决定：① 具体行政行为认定事实清楚，证据确凿，适用法律依据正确，程序合法，内容适当的，决定维持；② 被申请人不履行法定职责的，决定其在一定期限内履行；③ 具体行政行为有下列情形之一的，决定撤销、变更或者确认该具体行政行为违法，其中决定撤销或者确认该具体行政行为违法的，可以责令被申请人在一定期限内重新作出具体行政行为。这些具体行政行为有：主要事实不清，证据不足的；适用法律错误的；违反法定程序的；超越或者滥用职权的；具体行政行为明显不当的。

卫生行政复议机关责令被申请人重新作出具体行政行为的，被申请人不得以同一事实和理由作出与原具体行政行为相同或者基本相同的具体行政行为。被申请人不履行或者无正当理由拖延履行行政复议决定的，行政复议机关或者有关上级卫生行政机关应当责令其限期履行。

申请人逾期不起诉又不履行行政复议决定的，或者不履行最终裁决的行政复议决定的，由卫生行政机关强制执行，或者申请人民法院强制执行。

第四节　卫生行政诉讼

一、卫生行政诉讼的概念

卫生行政诉讼是指公民、法人或其他组织认为卫生行政机关的具体行政行为侵犯了自己的合法权益，依法向人民法院起诉时，人民法院在双方当事人和其他诉讼参与人参加下，审理和解决行政案件的活动。

卫生行政诉讼具有以下特点：① 是通过审判方式解决行政争议的一种司法活动；② 是通过审查行政行为合法性的方式解决行政争议的活动；③ 是解决特定范围内行政争议的活动。

二、卫生行政诉讼的构成要件

卫生行政诉讼的构成要件主要有：① 原告是认为具体行政行为侵犯其合法权益的公民、法人或者其他组织；② 被告是行使卫生管理职权的行政机关或法律、法规授权组织；③ 有具体的诉讼请求和事实依据；④ 被诉讼的客体必须是法律规定可以向人民法院起诉的行政机关的具体行政行为；⑤ 必须在法定的期限内向人民法院起诉，并由人民法院受理，依法审理作出裁决。

三、卫生行政诉讼的基本特点

依据我国行政诉讼法的有关规定，主要有以下几项：

(一) 行政诉讼期间，具体行政行为不停止执行

指在行政诉讼中，原卫生行政机关的具体行政行为不因为原告的起诉和人民法院的审理而停止执行。即卫生行政机关的具体行政行为一旦作出，对行政机关本身和行政管理相对人都具有约束力，必须遵守执行。在未经人民法院变更、撤销以前，具体行政行为要继续执行，但法律另有规定的例外。但有下列情形之一的，可停止具体行政行为的执行：① 被告认为需要停止执行的；② 原告申请停止执行，人民法院认为该具体行政行为的执行会造成难以弥补的损失，并且停止执行不损害社会公共利益，裁定停止执行的；③ 法律、法规规定停止执行的。

(二) 审查具体行政行为的合法性

在行政诉讼中，人民法院只对卫生行政机关具体行政行为的合法性进行审查，一般不进行是否合理的审查。在一般的情况下，人民法院也不能直接变更具体行政行为的内容，只有在行政处罚行为显失公正等情况下，才能变更行政机关的具体行政行为。

(三) 被告负举证责任

举证责任,是指承担责任的当事人必须对自己主张的事实举出证据证明其确实存在。在民事诉讼中,一般是谁主张谁举证;而在行政诉讼中,则要求被告卫生行政机关负主要举证责任,必须提供作出具体行政行为的事实依据和法律依据,否则要承担败诉的结果。

(四) 不适用调解

在行政诉讼中,人民法院审理卫生行政案件不能适用调解的审理方式和结案方式,而是由人民法院在查明事实、分清是非的基础上依法作出公正判决。但在涉及行政赔偿的问题上,可以通过调解解决。

四、卫生行政诉讼的受案范围

卫生行政诉讼的受案范围是指人民法院受理或主管一定范围内卫生行政争议案件的权限,或者说哪些卫生行政案件相对人才有权向人民法院提起卫生行政诉讼。依据行政诉讼法的规定并结合卫生行政诉讼的实际情况,卫生行政诉讼的受案范围主要包括:① 不服卫生行政机关作出的行政处罚案件;② 不服卫生行政机关采取的行政强制措施案件;③ 不服卫生行政机关对医疗事故的行政处理案件;④ 认为卫生行政机关违法要求履行义务的案件;⑤ 认为卫生行政机关不履行法定职责的案件;⑥ 不服卫生行政复议机关决定的案件。

五、卫生行政诉讼程序

(一) 起诉和受理

起诉,是指公民、法人或其他组织,认为卫生行政机关的具体行政行为侵犯了其合法权益,向人民法院提出诉讼请求,要求人民法院行使审判权,依法予以保护的诉讼行为。起诉分为两种情况:一种是当事人对具体行政行为不服,可以不经过复议,在知道作出具体行政行为之日起3个月内直接向人民法院起诉,但法律另有规定的除外,如《国境卫生检疫法》、《传染病防治法》、《食品卫生法》、《公共场所卫生管理条例》都规定为15日内,而其他卫生法律法规则无时间规定。另一种情况是对卫生行政机关的具体行政行为不服,只能向卫生行政机关申请行政复议,经复议以后才能向人民法院起诉,如原《放射性同位素与射线装置放射防护条例》、《尘肺病防治条例》及《化妆品卫生监督条例》就规定应先申请复议,对复议决定不服的可在15日内提起诉讼。原告起诉后,经人民法院审查认为符合条件,应当在接到起诉书7日内决定是否应当立案受理。

(二) 审理和判决

我国行政诉讼实行两审终审制,当事人不服一审人民法院裁判的可以上诉,第二审人民法院的裁判是终审裁判,当事人如不服可以进行申诉,申诉期间二审裁判必须执行。人民法院受理行政案件采取合议制,除涉及国家秘密、个人隐私和法律另有规定外,一般实行公开审理,由合议庭进行法庭调查和双方当事人辩论,在辩论终结后依法裁判。依据行政诉讼法的规定,人民法院可作出如下判决:

第一,具体行政行为证据确凿,适用法律、法规正确,符合法定程序,应当判决维持卫生行政机关的具体行政行为。

第二,具体行政行为有下列情形之一的,判决撤销或者部分撤销卫生行政机关原具体行政行为,并可以判决被告重新作出具体行政行为:① 具体行政行为主要证据不足;② 适用法律错误;③ 违反法定程序;④ 超越职权;⑤ 滥用职权。

第三,被告行政机关不履行或者拖延履行法定职责的,判决其在一定期限内履行。

第四,行政机关所作出的行政处罚显失公正的,可以判决变更。

(三)执行

人民法院依照法定程序,对拒不履行法院作出的已经生效的法律文书的当事人,可以采取强制措施强制其履行义务。人民法院对卫生行政案件的执行主要有两种情况:一是人民法院判决生效后,义务人不执行生效判决,另一方当事人可以向一审人民法院申请强制执行;二是卫生行政机关作出的具体行政行为超过复议及起诉期限,当事人既不申请复议或起诉又不履行义务时,卫生行政机关可以向人民法院申请强制执行。

第五节 卫生行政赔偿

一、卫生行政赔偿的概念

卫生行政赔偿,是指卫生行政机关及其工作人员违法行使职权,侵犯公民、法人或者其他组织的合法权益并造成损害时,由国家承担赔偿责任的制度。

构成卫生行政赔偿必须具备以下要件:① 有损害事实存在。② 具体行政行为违法。这里的违法既包括程序上的违法,也包括实体上的违法;既包括作为的违法,也包括不作为的违法。③ 行政违法行为与损害事实之间有因果关系。④ 致害行为必须是法律明确规定应当承担侵权赔偿责任的行为,如果致害行为是法律规定可以免责的行为,则受害人不能请求赔偿。如国防、外交等国家行为以及制定规章等抽象行政行为。

二、卫生行政赔偿范围

卫生行政赔偿范围,是指国家对卫生行政机关及其工作人员在行使行政职权时,侵犯公民、法人或者其他组织合法权益造成的损害给予赔偿的范围。

卫生行政赔偿属于国家赔偿。根据国家赔偿法的规定,卫生行政赔偿的范围包括:① 卫生行政机关及其工作人员在行使职权时违法实施行政处罚的;② 违法采取行政强制措施的;③ 违反国家规定,征收财物、摊派费用的;④ 非法剥夺公民人身自由的;⑤ 对公民或其他组织人身权、财产权造成其他损害的。

卫生行政机关对于下列情形之一的不承担赔偿责任:① 卫生行政机关工作人员与行使职权无关的个人行为所造成的损害;② 因公民、法人和其他组织自己的行为致使损害发生的;③ 法律规定的其他情形。

三、卫生行政赔偿程序

卫生行政赔偿程序是指赔偿请求人请求赔偿以及行政机关和人民法院处理赔偿案件的具体程序。

行政赔偿程序有两种类型:一是单独请求行政赔偿的程序,即赔偿请求人没有提出其他行政诉讼的请求,单独就行政赔偿提出请求和诉讼;二是附带请求行政赔偿的程序,即行政相对人在提起行政复议和行政诉讼的同时一并提出行政赔偿请求。后者完全适用行政复议和行政诉讼程序。单独要求卫生行政机关赔偿的，赔偿申请人必须先向卫生行政赔偿义务机关提出，并按照法律规定递交行政赔偿申请书，卫生行政赔偿义务机关应当自收到赔偿请求人提交的行政赔偿申请书之日起2个月内依法作出给予行政赔偿或不予行政赔偿的决定。赔偿义务机关逾期不予赔偿或者请求人对赔偿数额有异议，赔偿请求人可以在期限届满之日起3个月内向人民法院提起诉讼，由人民法院按行政诉讼程序审理。

四、卫生行政赔偿的方式和标准

根据国家赔偿法的规定，国家赔偿以支付赔偿金为主要方式。对能够返还财产或者恢复原状的，予以返还财产或者恢复原状。造成受害人名誉权、荣誉权损害的，应当在侵害行为影响的范围内，为受害人消除影响、恢复名誉、赔礼道歉。

赔偿金的计算标准主要有以下几种：① 侵犯公民人身自由的，每日的赔偿金按照国家上年度职工日平均工资计算；② 造成身体受害的，应支付医疗费，以及赔偿因误工减少的收入，减少的收入每日的赔偿金按照国家上年度职工日平均工资计算，最高额为国家上年度职工年平均工资的5倍；③ 造成部分或全部丧失劳动能力的，应当支付医疗费以及残疾赔偿金，残疾赔偿金根据丧失劳动能力的程度确定，部分丧失劳动能力的最高额为国家上年度职工年平均工资的10倍；全部丧失劳动能力的为国家上年度职工年平均工资的20倍；造成全部丧失劳动能力的，对其抚养的无劳动能力的人还应当支付生活费；④ 造成死亡的，应当支付死亡赔偿金、丧葬费，总额为国家上年度职工年平均工资的20倍，对死者生前扶养的无劳动能力的人，还应当支付生活费；⑤ 对公民、法人和其他组织的财产权造成损害的，应当返还财产、恢复原状、给付相应的赔偿金或按照直接损失给予赔偿。

思考题

1. 何为卫生法律责任？试述其具体分类。
2. 卫生行政救济的概念及具体途径。
3. 卫生行政复议的概念及特征。
4. 如何理解行政复议的原则？
5. 适用卫生行政复议的具体程序。
6. 试述卫生行政诉讼的受案范围及具体程序。
7. 如何提起卫生行政赔偿（范围、程序）？

（王　岳　杨　健）

第四章 传染病防治与国境卫生检疫的法律制度

第一节 传染病防治法律制度概述

一、传染病防治是公共卫生的重点

传染病包括部分寄生虫病的发病主要受自然因素的影响，同时也受人们的生活习惯、个人行为及局部环境因素的影响。由于传染病具有传染性，且有些传染病的致病性强、不易治愈，如鼠疫、霍乱、病毒性肝炎、结核、"非典"、"流感"、"禽流感"、肺炭疽等，严重影响人们的生命健康及生产生活和社会的稳定。为此，新中国成立后，国家投入大量卫生资源用于传染病防治，制订了一系列规范性文件，并于1989年由全国人大常委会批准通过了《中华人民共和国传染病防治法》。

2003年"非典"暴发流行后，国家更加重视传染病防治工作，国务院先后制订了一系列行政法规，2004年全国人大常委会对原《传染病防治法》又进行了修订。

二、传染病防治法的概念

传染病防治法是指由国家制定并颁布的，由国家强制力保证实施的，调整预防、控制和消除传染病的发生与流行、保障人体健康活动中所产生的各种社会关系的法律规范的总称。包括《中华人民共和国传染病防治法》、《中华人民共和国国境卫生检疫法》、《中华人民共和国传染病防治法实施办法》、《国境口岸卫生监督办法》、《中华人民共和国国境卫生检疫法实施细则》、《艾滋病防治条例》、《血吸虫病防治条例》、《疫苗流通和预防接种管理条例》、《预防接种工作实施办法》、《性病防治管理法》、《结核病防治办法》、《病原微生物实验室生物安全管理条例》等专门的传染病防治法律、法规和规章。同时《中华人民共和国水污染防治法》、《食品卫生法》、《献血法》、《母婴保健法》、《血液制品管理条例》等法律法规中，也有有关传染病防治的法律条文。甚至在《职业病防治法》中也涉及传染病防治，如职业性森林脑炎、布氏杆菌病、炭疽病。

第二节 新《传染病防治法》

新《传染病防治法》于2004年8月28日由第十届全国人民代表大会常务委员会第十一次会议通过，并从2004年12月1日起施行。新《传染病防治法》增加了许多条款，同时还专门增加了医疗救治、保障措施两章内容。

一、总则

（一）立法宗旨与指导思想

新《传染病防治法》的立法宗旨为：为了预防、控制和消除传染病的发生与流行，保障人体健康，保障公共卫生。指导思想为：国家对传染病防治实行预防为主的方针，防治结合、分类管理、依靠科学、依靠群众的防治原则。

（二）传染病分类

传染病分为甲、乙、丙三类。甲类传染病仍定为霍乱与鼠疫，并将传染性非典型肺炎、人感染高致病性禽流感列为乙类传染病。同时该法明确规定，传染性非典型肺炎、炭疽中的肺炭疽和人感染高致病性禽流感虽为乙类传染病，但应按甲类传染病处理。其他乙类传染病和突发原因不明的传染病需要按甲类传染病处理的，必须由国务院卫生行政部门及时报经国务院批准后予以公布、实施。省级政府对本辖区内常见、多发的其他地方性传染病，可以根据情况决定按照乙类或者丙类传染病管理并予以公布，同时应报国务院卫生行政部门备案。

（三）各级人民政府和卫生行政部门的职责

县级以上人民政府应制定传染病防治规划并组织实施，建立健全传染病防治的疾病预防控制、医疗救治和监督管理体系。卫生行政部门主管传染病防治及其监督管理工作。

（四）卫生专业机构的职责

在总则部分首先概括规定了卫生专业机构的职责，并在传染病预防和控制两章中作出了进一步详细的规定。疾控机构与医疗机构职责规定为：

1. 各级疾病预防控制机构承担传染病监测、预测、流行病学调查、疫情报告以及其他预防、控制工作。
2. 医疗机构承担传染病患者的医疗救治及责任区域内的传染病预防工作。
3. 城市社区和农村基层医疗机构在疾病预防控制机构的指导下，承担责任区内的传染病防治工作。

（五）社会动员、广泛参与

传染病的防治需要社会各方面及广大群众的参与，为此规定：① 国家支持并鼓励单位和个人参与传染病防治工作。鼓励参与有关志愿服务和捐赠活动；② 居民委员会、村民委员会应当组织居民、村民参与社区、农村的传染病预防与控制活动；③ 开展预防传染病的健康教育。新闻媒体应当无偿开展传染病防治和公共卫生教育的公益宣传；④ 各级各类学校应当对学生进行健康知识和传染病预防知识的教育；⑤ 医学院校对在校学生以及其他与传染病防治相关人员进行预防医学教育和培训，为传染病防治工作提供技术支持；⑥ 疾病预防控制机构、医疗机构应当定期对其工作人员进行传染病防治知识、技能的培训。

总则第十六条还规定，国家和社会应当关心、帮助传染病病人、病原携带者和疑似传染病病人，任何单位和个人不得歧视这些人员。

（六）公民与法人的义务

在中华人民共和国领域内的一切单位和个人，必须接受疾病预防控制机构、医疗机构有关传染病的检查、检验、采集样本、隔离治疗等预防、控制措施，并如实提供有关情况。

二、传染病预防

（一）预防传染病的有关国家制度和卫生行政部门的职责

为预防传染病，国家实行以下有关制度：① 预防接种制度；② 对儿童实行预防接种证制度；③ 传染病监测与预警制度；④ 传染病报告制度；⑤ 传染病疫情信息公布制度；⑥ 传染病疫情通报制度。以上各项制度的贯彻、执行，主要由各级卫生行政部门组织实施。

（二）疾控机构的职责

各级疾病预防控制机构应对传染病的发生、流行及其影响因素进行监测，尤其应对国外发生、国内尚未发生或者国内新发生的传染病要进行监测。其具体职责：

1. 实施传染病预防控制规划、计划和方案；
2. 收集、分析和报告传染病监测信息，预测传染病的发生、流行趋势；
3. 对传染病疫情和突发公共卫生事件进行流行病学调查、现场处理及效果评价；
4. 开展传染病实验室检测、诊断、病原学鉴定；
5. 组织实施免疫规划，负责预防性生物制品的使用管理；
6. 开展健康教育、咨询，普及传染病防治知识；
7. 指导、培训下级疾病预防控制机构及其工作人员开展传染病监测工作；
8. 开展传染病防治应用性研究和卫生评价，提供技术咨询；
9. 指定专门人员负责对医疗机构内传染病预防工作进行指导、考核，开展流行病学调查。

（三）医疗机构的职责

医疗机构必须严格执行国务院卫生行政部门规定的管理制度、操作规范，防止传染病的医源性感染和医院感染。

医疗机构应当确定专门的部门或者人员，承担传染病疫情报告、本单位的传染病预防控制以及责任区域内的传染病预防工作；承担医疗活动中与医院感染有关的危险因素监测、安全防护、消毒、隔离和医疗废物处置工作。

（四）实验机构的职责

疾病预防控制机构、医疗机构的实验室和从事病原微生物实验的单位，应当符合国家规定的条件和技术标准，建立严格的内部监督管理制度，对传染病病原体样本按照规定的措施实行严格监督管理，严防发生内部感染和病原微生物扩散。

（五）采供血和生物制品机构的职责

采供血机构、生物制品生产单位必须严格执行国家有关规定，保证血液、血液制品的质量。禁止非法采集血液或者组织他人出卖血液。

（六）公民和法人的义务

1. 对被传染病病原体污染的污水、污物、场所和物品，有关单位和个人必须在疾病预防控制机构的指导下进行严格消毒处理；拒绝消毒处理的，由当地卫生行政部门或者疾病预防控制机构进行强制消毒处理。
2. 在国家确认的自然疫源地计划兴建水利、交通、旅游、能源等大型建设项目的，应当事先由省级以上疾病预防控制机构对施工环境进行卫生调查。建设单位应当根据卫生部门的要求采取必要的传染病预防、控制措施。施工期间，建设单位应当设专人负责工地上的卫生防疫工作。工程竣工后，疾病预防控制机构应当对可能发生的传染病进行监测。

3. 生产经营用于传染病防治的消毒产品、生活饮用水和涉水产品，应当符合国家卫生标准和卫生规范。生产消毒产品单位和生产的消毒产品，都应当经省级以上人民政府卫生行政部门审批。

4. 传染病病人、病原携带者和疑似传染病病人，在治愈前或者在排除传染病嫌疑前，不得从事法律、行政法规和国务院卫生行政部门规定禁止从事的易使该传染病扩散的工作。

新《传染病防治法》第十六条还规定：国家和社会应当关心、帮助传染病病人、病原携带者和疑似传染病病人，使其得到及时救治。任何单位和个人不得歧视传染病病人、病原携带者和疑似传染病病人。这种规定有利于传染病患者的管理和传染病的预防。

三、疫情报告、通报和公布

（一）疫情报告

1. 《传染病防治法》规定，任何单位和个人发现传染病病人或者疑似传染病病人时，应当及时向附近的疾病预防控制机构或者医疗机构报告。

2. 有关卫生专业机构及其执行职务的人员发现疫情按属地管理原则和规定的内容、程序、方式、时限及时报告，不得隐瞒、谎报或缓报。

3. 疾病预防控制机构应当及时收集、分析、调查、核实传染病疫情。接到甲类、乙类传染病疫情报告或者发现传染病暴发、流行时，应当立即报告当地卫生行政部门和国务院卫生行政主管部门。

4. 港口、机场、铁路疾病预防控制机构以及国境卫生检疫机关发现甲类传染病病人、病原携带者、疑似传染病病人时，应立即向国境口岸所在地的疾病预防控制机构或卫生行政部门报告并互相通报。

向社会公众提供医疗服务的军队医疗机构，发现疫情时应当按照国务院卫生行政部门的规定报告。

（二）疫情通报

1. 卫生行政部门应当及时向辖区内的疾病预防控制机构和医疗机构通报传染病疫情以及监测、预警的相关信息。接到通报的疾病预防控制机构和医疗机构应当及时告知本单位的有关人员。

2. 国务院卫生行政部门应当及时向其他有关部门和各省、自治区、直辖市人民政府卫生行政部门通报全国传染病疫情以及监测、预警的相关信息。

3. 毗邻的以及相关的地方人民政府卫生行政部门，应当及时互相通报本行政区域的传染病疫情以及监测、预警的相关信息。

4. 中国人民解放军卫生主管部门发现传染病疫情时，应当向国务院卫生行政部门通报。

5. 动物防疫机构和疾病预防控制机构，应当及时互相通报动物间和人间发生的人畜共患传染病疫情以及相关信息。

(三）疫情公布

1. 国务院卫生行政部门定期公布全国传染病疫情信息。省、自治区、直辖市人民政府卫生行政部门定期公布本行政区域的传染病疫情信息。

2. 传染病暴发、流行时，国务院卫生行政部门负责向社会公布传染病疫情信息，并可以授权省、自治区、直辖市人民政府卫生行政部门向社会公布本行政区域的传染病疫情信息。

四、疫情控制

对发生传染病或有传染病暴发、流行时，只有及时消灭或控制传染源、切断传播途径、保护易感人群等多方面措施，才能取得防控效果。为此新《传染病防治法》对政府、政府卫生部门和其他部门、医疗机构和疾控机构等的职责都做出了明确规定。以下重点介绍卫生专业机构的职责。

（一）医疗机构的职责

1. 医疗机构发现甲类传染病时，应当及时采取下列措施：

（1）对病人、病原携带者予以隔离治疗，隔离期限根据医学检查结果确定；

（2）对疑似病人，确诊前在指定场所单独隔离治疗；

（3）对医疗机构内的病人、病原携带者、疑似病人的密切接触者，在指定场所进行医学观察和采取其他必要的预防措施。对拒绝隔离治疗或者隔离期未满擅自脱离隔离治疗的，可以由公安机关协助医疗机构采取强制隔离治疗措施。

2. 医疗机构发现乙类或者丙类传染病病人，也应当根据病情采取必要的治疗和控制传播措施。

3. 医疗机构对本单位内被传染病病原体污染的场所、物品以及医疗废物，必须依法实施消毒和无害化处置。

（二）疾控机构的职责

疾病预防控制机构发现或者接到疫情报告时，应当及时采取下列措施：

1. 对传染病疫情进行流行病学调查。根据调查结果提出划定疫点、疫区的建议；对被污染的场所进行卫生处理；对密切接触者，要求在指定场所进行医学观察和采取其他必要的预防措施，并向卫生行政部门提出疫情控制方案；

2. 传染病暴发、流行时，对疫点、疫区进行卫生处理，向卫生行政部门提出疫情控制方案，并按照卫生行政部门的要求采取防控措施；

3. 指导下级疾病预防控制机构实施传染病预防、控制措施，组织、指导有关单位对传染病疫情的处理。

（三）医疗机构、疾控机构可采取的特别措施

1. 患甲类传染病、炭疽死亡的，应当将尸体立即进行卫生处理，就近火化。患其他传染病死亡的，必要时，应当将尸体进行卫生处理后火化或者按照规定深埋。

为了查找传染病病因，医疗机构在必要时可以按照国务院卫生行政部门的规定，对传染病病人尸体或者疑似传染病病人尸体进行解剖查验，并应当告知家属。

2. 疫区中被传染病病原体污染或可能被污染的物品中，经消毒可以使用的，应当在当地疾病预防控制机构的指导下，进行消毒处理后，方可使用、出售和运输。

3. 发生传染病疫情时，疾病预防控制机构和省级以上人民政府卫生行政部门指派的其他与传染病有关的专业技术机构，可以进入传染病疫点、疫区进行调查、采集样本、技术分析和检验。

五、医疗救治

正确的诊断和治疗，是消灭传染源和切断传播途径的必要措施。为此新《传染病防治法》专门增设了"医疗救治"一章，并对有关医疗机构的设置、建立、运行规则作出了规定。

1. 县级以上人民政府应当加强和完善传染病医疗救治服务网络的建设，指定具备相应条件和能力的医疗机构承担传染病救治任务，或者根据需要设置传染病医院。

2. 医疗机构的基本标准、建筑设计和服务流程，应当符合预防院内交叉感染的要求。

3. 医疗机构应当按照规定对使用的医疗器械进行消毒；对一次性医疗器具，应当在使用后予以销毁。

4. 医疗机构应当按照国务院卫生行政部门规定的传染病诊断标准和治疗要求，采取相应措施，提高传染病医疗救治能力。

5. 医疗机构应当对传染病病人或者疑似传染病病人提供医疗救护、现场救援和接诊治疗。

6. 医疗机构应当实行传染病预检、分诊制度；对传染病病人、疑似传染病病人，应当引导至相对隔离的分诊点进行初诊。医疗机构不具备相应救治能力的，应当将患者及其病历记录复印件一并转至具备相应救治能力的医疗机构。

六、监督管理

(一) 卫生行政部门的监督检查职责

该职责范围实际上也是各级卫生监督机构在履行传染病防治监督执法中的职责：

1. 对下级人民政府卫生行政部门履行本法规定的传染病防治职责进行监督检查；

2. 对疾病预防控制机构、医疗机构的传染病防治工作进行监督检查；

3. 对采供血机构的采供血活动进行监督检查；

4. 对用于传染病防治的消毒产品及其生产单位进行监督检查，并对饮用水供水单位从事生产或者供应活动以及涉及饮用水卫生安全的产品进行监督检查；

5. 对传染病菌种、毒种和传染病检测样本的采集、保藏、携带、运输、使用进行监督检查；

6. 对公共场所和有关单位的卫生条件和传染病预防、控制措施进行监督检查。

(二) 卫生行政监督检查时的权利

1. 有权进入被检查单位和疫情现场调查取证，查阅或者复制有关的资料和采集样本。被检查单位应当予以配合，不得拒绝、阻挠。

2. 发现被传染病病原体污染的公共饮用水源、食品以及相关物品，有可能导致传染病传播、流行的，可以采取封闭、封存或者暂停销售的临时控制措施，并予以检验或者进行消毒。经检验，属于被污染的食品，应当予以销毁；对未被污染的则解除控制措施。

七、保障措施

传染病防治是一项长期的系统性的工程,也是政府应当管理的公共事务之一。为此新《传染病防治法》增设了"保障措施"一章,主要对政府的职责作出详细规定。同时本章还规定,对从事传染病预防、医疗、科研、教学、现场处理疫情的人员,以及在生产、工作中接触传染病病原体的其他人员,应采取有效的卫生防护措施和医疗保健措施,并给予适当的津贴。对因参与传染病防治工作致病、致残、死亡的人员,按照有关规定给予补助、抚恤。对被决定临时隔离的人员,政府应提供生活保障;被隔离人员有单位的,所在单位不得停发薪酬。

八、法律责任

新修订的《传染病防治法》加重了违反该法行为的法律责任,由原《传染病防治法》的 5 条增加到 13 条。其中,对政府、政府卫生和有关行政部门、医疗卫生专业机构及公民和法人的违法行为所应承担的责任,都做出了具体规定。

(一)行政责任

1. 政府及政府卫生行政部门的责任　各级人民政府和卫生行政部门不履行本法规定的职责,由上级人民政府或卫生行政部门责令改正,通报批评;造成传染病传播、流行或者其他严重后果的,对负有责任的主管人员,依法给予行政处分。

2. 专业卫生机构的责任　疾病预防控制机构、医疗机构、采供血机构及生物实验机构不履行本法规定的职责和义务的,由县级以上人民政府卫生行政部门责令限期改正,通报批评,给予警告;对负有责任的主管人员和其他直接责任人员,依法给予降级、撤职、开除的处分,并可以依法吊销有关责任人员的执业证书或专业机构的执业许可证书。

3. 国境卫生检疫机关、动物防疫机构的责任　未依法履行传染病疫情通报职责的,由有关部门在各自职责范围内责令改正,通报批评;造成传染病传播、流行或者其他严重后果的,对负有责任的主管人员和其他直接责任人员依法给予降级、撤职、开除的处分。

4. 其他生产经营单位的责任　该法规定,凡生产经营不符合卫生标准的饮用水、涉水产品、消毒产品、血液制品及被污染物品的,导致或者可导致传染病传播、流行的,由县级以上人民政府卫生行政部门责令限期改正,没收违法所得,可以并处 5 万元以下的罚款;已取得许可证的,原发证部门可以依法暂扣或者吊销许可证。

5. 铁路、交通、民用航空经营单位的责任　未依照本法的规定优先运送处理传染病疫情的人员以及有关药品、医疗器械的,由有关部门责令限期改正,给予警告;造成严重后果的,对负有责任的主管人员和其他直接责任人员,依法给予降级、撤职、开除的处分。

6. 贩卖野生动物的责任　未经检疫出售、运输与人畜共患传染病有关的野生动物、家畜家禽的,由县级以上地方人民政府畜牧兽医行政部门责令停止违法行为,并依法给予行政处罚。

7. 建设单位的责任　在国家确认的自然疫源地兴建水利、交通、旅游、能源等大型建设项目,未经卫生调查进行施工的,或者未按照疾病预防控制机构的意见采取必要的传染病预防、控制措施的,由县级以上人民政府卫生行政部门责令限期改正,给予警告,处

5 000元以上3万元以下的罚款；逾期不改正的，处3万元以上10万元以下的罚款，并可以提请有关人民政府依据职责权限，责令停建、关闭。

(二) 刑事责任

本法明确规定，因上述各种违法行为造成传染病暴发、流行及其他严重后果，构成犯罪的，依法追究刑事责任。

(三) 民事责任

新修订的《传染病防治法》第七十七条还规定，单位和个人违反本法，导致传染病传播、流行，给他人人身、财产造成损害的，应当依法承担民事责任。

第三节 国境卫生检疫法律制度

一、国境卫生检疫法律制度概述

(一) 国境卫生检疫法的概念

从一定意义上讲，国境卫生检疫法是传染病防治法律制度的组成部分，因为其立法根本目的是防止传染病的传入或传出，只不过该法的实施场所比较特殊，是位于国境口岸。

国境卫生检疫法是指由国家制定并颁布的，由国家强制力保证实施的，通过对出入境检验检疫机关及其行政管理相对人规定权利义务来调整国境卫生检疫行政法律关系的法律规范的总称。主要包括1986年12月2日由第六届全国人大常委会第十八次会议通过并于1987年5月1日起施行的《中华人民共和国国境卫生检疫法》(以下简称《国境卫生检疫法》)、《中华人民共和国国境卫生检疫法实施细则》(以下简称《国境卫生检疫法实施细则》)、《国境口岸卫生监督办法》、《入境、出境集装箱卫生管理规定》、《国境卫生检疫卫生处理办法》等。

(二) 国境卫生检疫的概念

国境卫生检疫是指为防止传染病由国外传入或者由国内传出，保护人体健康，由出入境检验检疫机关在我国国境口岸对入境、出境的人员、交通工具、运输设备以及可能传播传染病的行李、货物、邮包等物品实施传染病检疫、监测、卫生监督和卫生处理，以及对进出口食品进行卫生监督检验的行政执法活动。

国境卫生检疫可以分为入境卫生检疫和出境卫生检疫；按口岸的位置可分为海港检疫、空港检疫和陆地边境检疫；按检疫性质可以分为常规检疫和特殊检疫，其中特殊检疫包括非口岸检疫、临时检疫、随交通工具检疫及赴国外检疫等。国境卫生检疫所涉及的传染病主要有三类：第一类为检疫传染病，包括鼠疫、霍乱和黄热病；第二类为监测传染病，包括流行性感冒、疟疾、脊髓灰质炎、回归热、流行性斑疹伤寒和登革热；第三类为限制外国人入境的传染病，包括艾滋病、性病、麻风病、精神病和开放性肺结核。

(三) 国境卫生检疫机关的概念

国境卫生检疫机关是指在国境口岸设立的，依法实施对传染病检疫、监测、卫生监督和卫生处理，以及对进出口食品进行卫生监督检验等活动的卫生执法机构。

1998年国务院体制改革，将原国境卫生检疫、进出境动植物检疫和进出口商品检验"三检"合并组建为原国家出入境检验检疫局，各地出入境检验检疫局属其管辖。2001年

4月，为适应加入世界贸易组织的需要，原国家出入境检验检疫局和原国家质量技术监督局合并组建国家质量监督检验检疫总局（简称国家质检总局），但其所属出入境检验检疫局的性质和职责不变。

二、传染病检疫和监测

传染病检疫是指通过检疫查验发现染疫人和染疫嫌疑人，给予隔离、留验、就地诊验和必要的卫生处理，从而控制传染源，切断传播途径，防止传染病传入或传出。"染疫人"是指正在患检疫传染病的人，或者经检验检疫机关初步诊断，认为已经感染检疫传染病或者已经处于检疫传染病潜伏期的人。"染疫嫌疑人"是指接触过检疫传染病的感染环境，并且可能传播检疫传染病的人。

传染病监测是指对特定环境、人群进行流行病学、血清学、病原学、临床症状以及其他有关影响因素的调查研究、预测有关传染病的发生、发展和流行。

（一）入出境人员的传染病检疫和监测

入出境人员包括入出境的交通员工和旅客。

1. 入出境交通员工的传染病检疫和监测
2. 入出境旅客传染病检疫和监测

（1）入境旅客的传染病检疫和监测：乘交通工具入境的旅客由交通工具负责人申报旅客运输、总体健康状况，提供旅客名单；徒步入境旅客则可在检疫通道上接受检疫查验。入境旅客应认真填写《旅客健康申明卡》，逐项具实申报。外籍人员来华居留1年以上、华侨、港、澳、台同胞入境定居或工作的人员、在国外居住3个月以上回国的本国公民需要持有有效的健康证书。不能出示的，检验检疫机关可以给予实施健康体检或签发体检通知书，在入境后1个月内到就近的检验检疫机关指定的医疗机构进行包括性病和艾滋病在内的全面健康体检。

（2）出境旅客的传染病检疫和监测：在检疫中发现检疫传染病染疫人或染疫嫌疑人，应阻止其出境。但对入境时受就地诊验的染疫嫌疑人可收回就地诊验记录簿准予出境。

对前往国外传染病流行地区的旅客，建议进行免疫接种。前往国外居留1年以上的中国公民，出境前需进行健康体检，出境时需出示有效健康体检证书。

（二）入出境交通工具的传染病检疫和监测

1. 入出境船舶的传染病检疫和监测
2. 入出境飞机的传染病检疫和监测
3. 入出境列车的传染病检疫和监测
4. 入出境汽车及其他交通工具的传染病检疫和监测

（三）货物、集装箱、邮包、行李及其他物品的传染病检疫和监测

1. 入出境货物和集装箱的传染病检疫和监测
2. 入出境行李和邮包的传染病检疫和监测
3. 入出境特殊物品的传染病检疫和监测

特殊物品主要包括微生物类、人体组织类、生物制品类以及血液及其制品类。特殊物品到达口岸时，其携带人、托运人、邮递人必须向出入境检验检疫机关申报和接受检疫。对有国家批件的这些特殊物品，予以放行；对没有国家批件的予以封存，待国家批件

补办以后放行，不能补办的予以收缴，统一处理。未经出入境检验检疫机关许可，不准入境、出境，海关凭出入境检验检疫机关签发的特殊物品审批单放行。

4. 入出境尸体、棺柩、骸骨的传染病检疫和监测　运输尸体、棺柩、骸骨入出境的交通工具到达国境口岸后，应停留在出入境检验检疫机关指定的处所接受传染病检疫和监测。主要是核查与申报文件是否相符，了解死亡原因、死亡地点和死亡日期等有关资料，了解其处理、存放的方法和过程，核查其包装容器是否符合卫生要求。

对有因检疫传染病染疫或染疫嫌疑及炭疽而死亡的尸体，必须就近火化，不准入出境；对不符合卫生要求的，给予必要的消毒、熏蒸及其他必要的卫生处理；禁止尸体、棺柩、骸骨与食品混载。

三、国境卫生监督和卫生处理

国境卫生监督和卫生处理的内容包括：
1. 监督和指导传染病的预防、管理、疫情报告和疫情处理。
2. 对国境口岸所有非因意外伤害而致死的尸体检疫、监督和卫生处理。
3. 对原因不明的自毙鼠的死亡原因进行调查、卫生处理和鼠情监测。
4. 监督和指导国境口岸负责人对病媒昆虫和啮齿动物进行防除。
5. 监督和检验食品、饮用水，并对从业人员实施健康检查。
6. 监督检查食品生产、加工、运输、储存和销售等，对食品行业签发《卫生许可证》。
7. 监督国境口岸负责人对垃圾、粪便、污物污水等无害化的处理情况。
8. 对检疫传染病和监测传染病的环境实施卫生监督、卫生处理。
9. 对劳动环境中各种粉尘、毒物、物理因素及不良气象条件进行监督。
10. 对口岸及其周围环境中病媒昆虫和啮齿动物的种类和消长实施监督。
11. 对染疫或染疫嫌疑入出境人员实施隔离、留验和就地诊验等卫生处理。
12. 对入出境交通工具、货物及物品实施消毒、除鼠、除虫等卫生处理。

四、法律责任

本法规定的法律责任包括行政责任和刑事责任，而未提及民事责任。

（一）行政责任

1. 任何单位和个人违反上述有关法律的规定，出入境检验检疫机关可以根据情节轻重，给予警告或者罚款。如：擅自上下人员，装卸行李、货物、邮包等物品的，拒不接受卫生处理的，不如实申报疫情的，逃避查验的，擅自排放压舱水、移下垃圾、污物等控制物品的，擅自移运尸体、骸骨的，旧物品、废旧交通工具擅自入境、出境或者使用、拆卸的。瞒报携带禁止进口的微生物、人体组织、生物制品、血液及其制品或者其他可能引起传染病传播的动物和物品的及未经检查，从交通工具上移下传染病病人造成传染病危险的。

2. 出入境检验检疫机关工作人员，对入境、出境的交通工具和人员，不及时进行检疫，违法失职的，给予行政处分。

(二) 刑事责任

《刑法》第三百三十二条规定，违反国境卫生检疫规定，引起检疫传染病传播或者有引起检疫传染病传播严重危险的，处 3 年以下有期徒刑或拘役，并处或单处罚金。单位犯罪的，对单位判处罚金，并对其直接负责的主管人员和其他直接责任人员，依照上述规定处罚。

出入境检验检疫工作人员违法失职，情节严重构成犯罪的，依法追究刑事责任。

为适应世界各国共同应对重大传染病等突发公共卫生事件的迫切需求，第五十八届世界卫生大会于 2005 年 5 月 23 日通过了新修订的《国际卫生条例》。该《条例》增加了全球应对突发传染病跨境蔓延的新机制和措施，还增加了强调对"非典"、"禽流感"、艾滋病等全球流行的传染病如何进行检疫与控制的内容。《条例》于 2007 年 6 月 15 日正式实施，我国已决定新条例适用于我国全境，因此，目前我国正根据新《条例》的精神和要求，对《中华人民共和国国境卫生检疫法》进行修订。

第四节 病原微生物实验室生物安全管理法律制度

2004 年 11 月 27 日国务院批准通过了《病原微生物实验室生物安全管理条例》（以下简称《条例》）。

一、总则

该《条例》的立法目的是保证实验人员和公众健康。同时也规定了《条例》的适用范围，即所有从事病原微生物实验活动的生物实验室。所谓实验活动是指实验室从事与病原微生物菌（毒）种、样本有关的研究、教学、检验、诊断等活动。

二、病原微生物的分类与管理

（一）病原微生物分类

按病原微生物的传染性及感染后对个体或群体的危害程度共分为四类，其中第一、二类为高致病性病原微生物。第一类：使人或动物发生非常严重疾病的微生物；我国尚未发现或已消灭的微生物。第二类：使人或动物发生严重疾病，较易在人－人、人－动物、动物－动物间传播的微生物。第三类：能引起人或动物发生疾病，但一般不构成严重危害，传播风险有限，实验室感染后很少引起严重疾病，具有有效治疗和预防措施的微生物。第四类：通常不会引起人或动物发生疾病的微生物。

（二）实验室的分级

生物实验按生物安全防护水平分为四级，其中一、二级实验室不得从事高致病性微生物实验活动；三、四级实验室从事高致病性实验活动应具备以下条件：① 实验目的、实验活动符合主管部门规定；② 必须经国家认可，证书有效期为 5 年；③ 具有相应技术人员。

《条例》规定，凡从事高致病性微生物实验的实验室，在从事实验项目前必须报省级主管部门批准。

三、实验室及实验活动的管理

实验室设立单位必须制定具体管理制度，加强安全管理；生物安全第一责任人是实验室负责人；实验活动必须遵守有关规章制度与技术规范；实验室必须有防盗、防丢失、防泄漏等安全保卫措施；实验人员每年要经培训考核合格后方可上岗。高致病性实验室每半年进行一次培训考核；从事高致病性实验者应同时有2人，并配备防护用品，每年都要进行体检，建立健康档案。高致病实验室不得进行交叉实验；必须有警示标志和应急处置预案；必须有效处理废气、废水、废物。

四、高致病性菌（毒）种或样本（品）的运输

高致病性菌（毒）种的运输应首选陆路，并应有2人护送；所用容器应密闭、防水、防损、防漏、耐高（低）温、耐高压，并须标有警示标志，不得使用城市公共交通工具运送，在省内运输应经省级主管部门批准，跨省区的需报国务院主管部门备案，使用民航空运的需国家民航局批准，出入境的应由国家国境卫生检疫机关批准。

五、菌（毒）种保藏

菌（毒）种的保藏必须是国务院主管部门指定专门机构。保藏高致病性菌（毒）种应有专库或专柜，保藏机构应有严格制度和专人负责，有专门的进出记录档案。对高致病性菌（毒）种，保藏机构凭批准文件供应，且不收取费用。实验活动结束后，应将菌（毒）种和样本销毁，或送回保藏机构保藏。在运输、保藏过程中发生被盗、被抢、丢失、泄漏等情况，都必须在2小时内报告有关部门。

六、特别规定

1. 对我国尚未发现或已消灭的病原微生物，只有经国务院主管部门指定的实验室进行实验研究；
2. 凡用新方法、新技术研究高致病性微生物的，必须经国家专家委员会进行论证；
3. 凡高致病性微生物的动物实验，必须在三级以上生物安全的动物实验室进行；
4. 高致病性微生物实验活动应在公安机关备案，并接受公安部门的监督检查；
5. 高致病性微生物实验活动档案应保存≥20年，以备查询。

七、实验室感染控制

1. 设立实验室的单位，应有专门机构或人员负责感染控制、安全检查、督导等；
2. 实验人员发生有关感染症状时，实验室负责人应立即报告感染控制专门机构（或人员），并派人护送就诊；
3. 高致病性微生物发生泄漏时，应立即采取控制措施，同时报告感染控制专门机构或人员；
4. 发生实验室感染或高致病性微生物泄漏时，应启动应急预案，进行流行病学调查，进行消毒、扑杀、隔离、封闭和治疗；
5. 医疗机构、兽医机构发现实验人员（或动物）感染患病、可疑患病的，应在2小

时内报告所在地县以上主管部门，主管部门应及时相互通报，并尽快采取防控措施。

八、监督管理

县以上政府的有关行政主管部门负责监督管理菌（毒）种和样本的采集、运储、储存，同时对高致病性微生物实验室活动进行监督检查；县以上卫生、兽医、环保主管部门有权进入实验室调查取证、采集样品、查阅复制资料；国务院认证认可的监督管理部门，依照《认证认可条例》，可对实验室监督检查；三、四级实验室应在环保部门备案，环保部门有权对其"三废"处理进行监督检查。

九、法律责任

（一）实验室及实验人员的法律责任

一切从事病原微生物实验的实验室及实验人员，凡违反本《条例》的有关规定，一般情形的，责令停止、予以警告；造成传播流行严重情节的，予以相关人员撤职、开除行政处分，并吊销资格证书；构成犯罪的，追究刑事责任。

（二）运输、保藏单位的法律责任

1. 未经批准就运输菌（毒）种或样本，或承运单位未履行保护义务，致使高致病性菌（毒）种被盗、泄漏、丢失、被抢等严重后果，又不报告的，责令改正、予以警告；造成传播流行严重后果的，对相关人员予以撤职、开除行政处分；构成犯罪的，追究刑事责任。

2. 保藏机构不按规定储存和提供菌（毒）种的，责令改正、收回样本、予以警告；造成传播流行严重后果的，对相关责任人予以撤职、开除行政处分；构成犯罪的，追究刑事责任。

（三）行政机关及人员的法律责任

主管行政机关和有关人员失职、渎职、滥用职权的，责令改正，通报批评，造成传播流行严重后果的，对相关人员予以撤职、开除行政处分；构成犯罪的，追究刑事责任。

实验室认可机构应认可而不认可，或不应认可而认可的，由国务院认证认可监督管理部门责令改正、予以警告；造成传播流行严重后果的，撤销其认可资格，并对相关责任人员予以撤职、开除行政处分；构成犯罪的，追究刑事责任。

第五节 疫苗流通和预防接种管理法律制度

为了加强对疫苗流通和预防接种的管理，预防、控制传染病的发生、流行，保障人体健康和公共卫生，2005年3月16日国务院批准通过了《疫苗流通和预防接种管理条例》，并于2005年6月1日开始施行。

一、疫苗分类

第一类疫苗，是指政府免费向公民提供、公民应当依照政府的规定受种的疫苗。包括：① 国家免疫规划确定的疫苗；② 省、自治区、直辖市人民政府在执行国家免疫规划时增加的疫苗；③ 以及县级以上人民政府或者其卫生主管部门组织的应急接种或者群体

性预防接种所使用的疫苗。接种第一类疫苗由政府承担费用。

第二类疫苗,是指由公民自费并且自愿受种的其他疫苗,接种第二类疫苗由受种者或者其监护人承担费用。

二、行政监督管理

(一) 卫生部门的职责

国务院卫生主管部门负责全国预防接种的监督管理工作。县级以上地方人民政府卫生主管部门负责本行政区域内预防接种的监督管理工作。

经县级人民政府卫生主管部门指定的医疗卫生机构(以下称"接种单位"),承担责任区域的预防接种工作。

(二) 药监部门的职责

国务院药品监督管理部门负责全国疫苗的质量和流通的监督管理工作。省级药品监督管理部门负责本行政区域内疫苗的质量和流通的监督管理工作。

药品监督管理部门依照药品管理法及其实施条例的有关规定,对疫苗在生产、储存、运输、供应、销售、分发和使用等环节中的质量进行监督检查,并将检查结果及时向同级卫生主管部门通报。

药品监督管理部门在监督检查中,对有证据证明可能危害人体健康的疫苗及其有关材料可以采取查封、扣押的措施,并在7日内作出处理决定;疫苗需要检验的,应当自检验报告书发出之日起15日内作出处理决定。

三、疫苗流通

《条例》规定,药品批发企业经批准后方可经营疫苗。药品零售企业不得从事疫苗经营活动。

(一) 第一类疫苗的流通管理

1. 省级疾病预防控制机构制定本地区第一类疫苗的"使用计划",并报告负责采购第一类疫苗的部门,同时报同级人民政府卫生主管部门备案。

2. 负责采购第一类疫苗的部门应当依法与疫苗生产企业或者疫苗批发企业签订政府采购合同。

3. 疫苗生产企业或者疫苗批发企业应当按照政府采购合同的约定,向省级疾病预防控制机构或者其指定的其他疾病预防控制机构供应第一类疫苗,不得向其他单位或者个人供应。

4. 省级疾病预防控制机构按照"使用计划"将第一类疫苗分发到设区的市或县级疾病预防控制机构。县级疾病预防控制机构也将按照"使用计划"将第一类疫苗分发到接种单位和乡级医疗卫生机构。乡级医疗卫生机构再分发到承担预防接种工作的村医疗卫生机构。医疗卫生机构不得向其他单位或者个人分发第一类疫苗;分发第一类疫苗,不得收取任何费用。

5. 传染病暴发、流行时,县级以上地方人民政府或者其卫生主管部门需要采取应急接种措施的,设区的市级以上疾病预防控制机构可以直接向接种单位分发第一类疫苗。

（二）第二类疫苗的流通管理

疫苗生产企业可以向疾病预防控制机构、接种单位、疫苗批发企业销售本企业生产的第二类疫苗。疫苗批发企业也可以向疾病预防控制机构、接种单位、其他疫苗批发企业销售第二类疫苗。

县级疾病预防控制机构可以向接种单位供应第二类疫苗；设区的市级以上疾病预防控制机构不得直接向接种单位供应第二类疫苗。

（三）流通记录保存

生产企业、批发企业应提供药检机构批次检验证明；疾病预防控制机构、接种单位在分发、供应、接受、购入疫苗时都应有详细记录。记录资料保留至超过疫苗有效期 2 年。

四、疫苗接种

（一）接种单位的认可与条件

县级以上人民政府卫生行政部门指定医疗卫生机构为"接种单位"的，应当具备下列条件：① 具有医疗机构执业许可证件；② 具有经过县级人民政府卫生主管部门组织的预防接种专业培训并考核合格的执业医师、执业助理医师、护士或者乡村医生；③ 具有符合疫苗储存、运输管理规范的冷藏设施、设备和冷藏保管制度。

接种单位应当承担责任区域内的预防接种工作，并接受所在地的县级疾病预防控制机构的技术指导。

（二）疫苗接种

1. 疫苗计划。接种单位根据需要，制定第一类疫苗的"需求计划"和第二类疫苗的"购买计划"，并向县级卫生部门和县级疾病预防控制机构报告。

2. 接种公示。接种单位应当遵守预防接种工作规范、免疫程序、疫苗使用指导原则和接种方案，并公示第一类疫苗的品种和接种方法。

3. 告知义务。医疗卫生人员在实施接种前，应当告知受种者或者其监护人所接种疫苗的品种、作用、禁忌、不良反应以及注意事项，询问受种者的健康状况以及是否有接种禁忌等情况，并如实记录告知和询问情况。

4. 儿童预防接种证制度。在儿童出生后 1 个月内，接种单位为其办理预防接种证。儿童离开原居住地期间，由现居住地接种单位负责对其实施接种。

5. 报告与补种。儿童入托、入学时，托幼机构、学校应当查验预防接种证，发现未依照国家免疫规划受种的儿童，应当向所在地的县级疾病预防控制机构或者儿童居住地承担预防接种工作的接种单位报告并补种。

（三）接种费用

接种单位接种第一类疫苗不得收取任何费用。

接种单位接种第二类疫苗可以收取服务费、接种耗材费。收费标准由省、自治区、直辖市人民政府价格主管部门核定。

（四）群体接种的规定

县（区）范围内群体接种的，由卫生行政部门报县（区）级政府决定，并报省级卫生行政部门备案；省（区）范围内群体接种的，由省级卫生厅（局）报省级政府决定，并报卫生部备案；全国范围或跨省（区）的群体接种由卫生部决定。

任何单位或者个人不得擅自进行群体性预防接种。

五、预防接种异常反应的处理

(一) 异常反应与一般反应的规定

1. 异常反应。是指合格的疫苗在实施规范接种过程中或者实施规范接种后造成受种者机体组织器官、功能损害，相关各方均无过错的药品不良反应。

2. 一般反应。是指在免疫接种后发生的，由疫苗本身所固有的特性引起的，对机体只会造成一过性生理功能障碍的反应，主要有发热和局部红肿，同时可能伴有全身不适、倦怠、食欲不振、乏力等综合症状。

3. 异常反应的排除事项　① 因疫苗本身特性引起的接种后一般反应；② 因疫苗质量不合格给受种者造成的损害；③ 因接种单位违反预防接种工作规范、免疫程序、疫苗使用指导原则、接种方案给受种者造成的损害；④ 受种者在接种时正处于某种疾病的潜伏期或者前驱期，接种后偶合发病；⑤ 受种者有疫苗说明书规定的接种禁忌，在接种前受种者或者其监护人未如实提供受种者的健康状况和接种禁忌等情况，接种后受种者原有疾病急性复发或者病情加重；⑥ 因心理因素发生的个体或者群体的心因性反应。

(二) 异常反应的处理程序及原则

1. 报告。疾病预防控制机构和接种单位及其医疗卫生人员发现预防接种异常反应、疑似预防接种异常反应或者接到相关报告的，应当依照预防接种工作规范及时处理，并立即报告所在地的县级人民政府卫生主管部门、药品监督管理部门。

2. 处理。接到报告的卫生主管部门、药品监督管理部门应当立即组织调查处理，并将处理的情况分别逐级上报至国务院卫生主管部门和药品监督管理部门。

3. 争议处理申请。对预防接种异常反应发生争议后，接种单位或者受种方都可以请求接种单位所在地的县级人民政府卫生主管部门处理。

4. 重大异常反应的移送处理。因预防接种导致受种者死亡、严重残疾或者群体性疑似预防接种异常反应，卫生主管部门应当采取必要的应急处置措施，及时向本级人民政府报告，并移送上一级人民政府卫生主管部门处理。

5. 重大异常反应的处理原则。① 预防接种异常反应的鉴定参照《医疗事故处理条例》执行，具体办法由国务院卫生主管部门会同国务院药品监督管理部门制定。② 因预防接种异常反应造成受种者死亡、严重残疾或者器官组织损伤的，应当给予一次性补偿。③ 因接种第一类疫苗引起预防接种异常反应的补偿费由省级人民政府财政部门在预防接种工作经费中安排。因接种第二类疫苗引起预防接种异常反应需要对受种者予以的补偿费由相关的疫苗生产企业承担。

6. 其他责任处理　因疫苗质量不合格给受种者造成损害的，依照药品管理法的有关规定处理；因接种单位违反预防接种工作规范、免疫程序、疫苗使用指导原则、接种方案给受种者造成损害的，依照《医疗事故处理条例》的有关规定处理。

六、法律责任

(一) 政府与政府有关部门的法律责任

县级以上人民政府及其卫生主管部门、药品监督管理部门违反本条例有关规定，由上级政府及其上级主管部门或本级政府责令改正、通报批评；造成受种者人身损害，传染病传播、流行或者其他严重后果的，对直接负责的主管人员和其他直接责任人员依法给予行政处分；构成犯罪的，依法追究刑事责任。

(二) 疾病控制机构与接种单位的法律责任

疾病预防控制机构或接种单位违反本条例的，由县级以上人民政府卫生主管部门责令改正，通报批评，给予警告；有违法所得的，没收违法所得；拒不改正的，对主要负责人、直接负责的主管人员和其他直接责任人员依法给予警告、降级的处分。

对负有责任的医疗卫生人员责令暂停3个月以上6个月以下的执业活动。情节严重造成受种者人身损害或者其他严重后果的，对主要负责人、直接负责的主管人员依法给予撤职、开除的处分，并由原发证部门吊销负有责任的医疗卫生人员的执业证书。

(三) 疫苗生产批发企业的法律责任

疫苗生产企业、疫苗批发企业违反本《条例》有关规定，根据违法情节，由药品监督管理部门责令改正，给予警告，责令停产停业整顿、没收违法所得，情节严重的，依法吊销疫苗生产资格、疫苗经营资格。

(四) 其他公民与法人的法律责任

1. 未经卫生主管部门批准擅自从事接种工作的，由县级人民政府卫生主管部门责令改正，给予警告；没收违法持有的疫苗及违法所得；拒不改正的，对主要负责人、直接负责的主管人员和其他直接责任人员依法给予警告、降级的处分。

2. 儿童入托、入学时，托幼机构、学校未依照规定查验预防接种证，或者发现未依照规定受种的儿童后未向疾病预防控制机构或者接种单位报告的，由县级以上地方人民政府教育主管部门责令改正，给予警告；拒不改正的，对主要负责人、直接负责的主管人员和其他直接责任人员依法给予处分。

3. 不具有疫苗经营资格的单位或者个人经营疫苗的，由药品监督管理部门依照《药品管理法》第七十三条的规定处罚。

4. 未经政府批准，擅自决定进行群体性预防接种的，由县级以上人民政府卫生主管部门责令立即改正，没收违法持有的疫苗，并处违法持有的疫苗货值金额2倍以上5倍以下的罚款；有违法所得的，没收违法所得。

第六节 《艾滋病防治条例》与《血吸虫病防治条例》

根据当前传染病发病形势和对社会的危害，国务院于2006年1月29日和2006年4月1日分别批准通过了《艾滋病防治条例》与《血吸虫病防治条例》，以作为《传染病防治法》的配套行政法规。

一、《艾滋病防治条例》

(一) 总则

1. **立法宗旨与防治原则** 为预防控制艾滋病发生和传播流行，保障人体健康和公共卫生而制订本《条例》。其防治原则为：预防为主，防治结合；政府领导，部门负责；全社会共同参与，加强宣传教育；采取行为干预和关怀救助等措施，实行综合防治。

2. 关于权利义务的规定　任何单位与个人不得歧视感染者、患者及家属；感染者、患者及家属的婚姻、就业、就医、入学等受法律保护。

3. 政府的责任　建立协调机制、制定防治计划、考核监督有关部门。

4. 特别政策　因工作或公务而感染、患病或死亡人员，应予以补助和抚恤；国家鼓励工会、共青团、妇联、红十字会等社会团体及单位、个人、居（村）委会参与有关工作。

（二）宣传教育

由于艾滋病的传播流行主要由个人行为所致，同时从病毒感染到发病一般有较长潜伏期，易被忽视，而多数人不知其传播途径及危害，因而一方面存在麻痹思想，同时又会产生恐"艾"症和歧视思想。为此，《条例》规定：

1. 政府和有关部门应组织宣传防护知识及非歧视政策，尤其应对易感人群或重点人群进行教育。

2. 卫生部门应走在宣传教育前列，首先对医务人员教育；医疗卫生机构应设咨询电话服务。

3. 教育、计划生育、劳动、国境卫生检疫等部门及妇联、红十字会都应按管理特点参与宣教；广播、电视、报刊、互联网应进行公益宣传；机关、团体、企事业单位、个体经济组织也要组织宣传教育。

（三）预防与控制

1. 建立国家艾滋病监测网，由疾病预防控制机构负责；出入境人员的监测由国境卫生检疫局负责；国家实行艾滋病自愿免费的检测、咨询制度，并由医疗卫生机构负责；对易感人群的危险行为要按规定进行干预：吸毒人群的药物治疗、针具交换，公共场所安全套提供与服务人员的健康体检。

2. 第三十一条特别规定：公安、司法行政机关对被依法逮捕、拘留和在监执行刑罚以及被依法收容教育、强制戒毒、劳动教养人员中的艾滋病病毒感染者及患者，应采取必要的防治措施，防止传播。政府应予经费保障，疾病预防控制机构应予以技术指导。

3. 医疗卫生机构预防医源性感染：严格消毒，术前检测，紧急临时采血、输血也应检测；血站、单采血浆站对采集的血液、血浆必须检测；血液制品单位必须对每份血浆检测；医疗机构采集或使用人体细胞、组织、器官、骨髓等必须检查。

4. 进口上述物品及血液和血液制品须卫生部批准，进口血液制品须经药监局批准，进口时国境卫生检疫局进行检疫。卫生行政机关和国境卫生检疫局对上述有艾滋病病毒感染或被污染的物品有权封存与处理。

5. 为预防控制艾滋病，感染者与患者必须履行以下义务：① 接受疾病预防控制机构及国境卫生检疫局的调查与指导，并如实提供有关情况；② 如实告知性关系者；③ 如实告知接诊医生；④ 采取措施防传他人，禁止以任何方式故意传播他人。

（四）治疗与救助

1. 诊断与治疗。治疗和治愈艾滋病，是消除传染源的手段之一，为此《条例》规定医疗机构应为艾滋病病人和艾滋病病毒感染者提供咨询、诊断、治疗服务，不得拒绝推诿；诊断后应告知本人或监护人。同时对孕产妇进行有关检测，对发现的阳性者提供全程有关服务，包括对婴儿的追踪。

2. 关怀与救助

(1) 政府应采取措施向城乡贫困患者免费提供抗病毒治疗药物；对城乡贫困感染者及患者适当减免抗机会感染治疗药物的费用；免费咨询、检测与筛查；对孕产妇及婴儿患者免费咨询与治疗。

(2) 对贫困艾滋病死亡者遗留的孤儿、感染艾滋病病毒的未成年人，减免其学前教育、义务教育或高中教育的学杂费、书本费或学费；对生活困难者予以生活补助。扶持有一定劳动能力者开展生产生活自救。

(五) 保障措施

1. 各级政府应将防治计划纳入社会经济发展规划；建立与完善防治网络；做好药品、试剂等物资储备。对用于宣传、监测、检验、流病调查、医疗救治、应急处理及监督检查的经费应有预算保障。

2. 中央财政支持：对流行严重地区、贫困地区。

3. 特别政策：个人和组织参与该公益事业者，依法享受税收优惠。

(六) 法律责任

1. 地方政府失职、渎职的，由上级政府责令改正、通报批评、予以行政处分。

2. 县以上卫生行政部门、其他政府有关部门失职、渎职的，由政府或上一级主管部门责令改正、通报批评、予以行政处分。

3. 医疗卫生专业机构不履行职责的，即：① 不进行监测的；② 不免费咨询和初筛的；③ 临时采血不检测、临床用血不核对、已检测为阳性仍用于临床的；④ 不严格消毒而发生医源性感染的；⑤ 推诿、拒绝治疗的；⑥ 已诊断而不进行随访的；⑦ 对阳性孕产妇、婴儿不采取规定措施的，由卫生行政机关责令改正、通报批评、予以行政处分。

4. 医疗卫生机构、计划生育机构、国境卫生机构泄漏患者个人隐私的，责令改正、通报批评、警告，情节严重的吊销单位《执业许可证》。

5. 血站、单采血浆站违反规定的，及违法进口血液制品的，按《献血法》和《药品管理法》处理。

6. 违法进口血液、血浆、器官、组织、骨髓等，没收其物品并处 3~5 倍罚款。

7. 公共场所经营单位不进行体检的或不放置安全套的，由卫生行政机关责令改正，并处 500~5000 元的罚款；情节严重的吊销《卫生许可证》和《营业执照》。

8. 艾滋病毒感染者或艾滋病患者故意传播艾滋病的，应承担民事赔偿责任，情节严重者应承担刑事责任。

二、《血吸虫病防治条例》

(一) 总则

1. 立法宗旨与指导思想　为了预防、控制和消灭血吸虫病，保障人体健康、动物健康和公共卫生，促进经济社会发展，根据传染病防治法、动物防疫法，制定本条例。国家对血吸虫病防治实行预防为主的方针，坚持防治结合、分类管理、综合治理、联防联控，人与家畜同步防治，重点加强对传染源的管理。

2. 国务院卫生、农业、水利、林业主管部门制订全国血吸虫病防治规划，并按各自职责制定专项工作计划并组织实施。县级以上地方人民政府卫生等有关部门依照规定的职责，负责辖区内的血吸虫病防治及其监督管理工作。

3. 血吸虫病防治地区村民委员会、居民委员会应当协助、参与地方各级人民政府及其有关部门开展血吸虫病防治的宣传教育，组织村民、居民参与防治工作。国家鼓励共青团等积极参与血吸虫病防治的有关活动。

(二) 预防

1. 国务院卫生主管部门会同国务院农业主管部门制定血吸虫病预防控制标准，划分为重点防治地区和一般防治地区。

2. 血吸虫病防治地区县级以上地方人民政府应当组织各种形式的宣传教育，教育部门应组织所有学校开展防治知识教育。机关、团体、企业事业单位、个体经济组织应当组织本单位人员学习血吸虫病防治知识。

3. 处于同一水系或者同一相对独立地理环境的血吸虫病防治地区各地方人民政府应当开展血吸虫病联防联控机制，如：农、水、林等工程项目的防控措施；人和家畜的血吸虫病筛查、治疗和管理；流行病学调查和疫情监测；调查钉螺分布，实施药物杀灭钉螺；防止未经无害化处理的粪便直接进入水体等。

4. 血吸虫病重点防治地区县级以上地方人民政府应当在渔船集中停靠地设点发放抗血吸虫基本预防药物；修建规范的公共厕所；推行在船上安装、使用粪便收集器，并集中无害化处理。

5. 血吸虫病重点防治地区，应组织实施农业机械化推广、农村改厕、沼气池建设以及人、家畜饮用水设施建设等项目。调整农业种植结构、养殖结构。

6. 国务院卫生行政部门制定药物杀灭钉螺工作规范。地方政府及其卫生主管部门应当根据有关规范，组织实施本行政区域内的药物杀灭钉螺工作。乡（镇）政府应当在有钉螺地带设立警示标志，任何单位或者个人不得损坏或者擅自移动警示标志。

7. 医疗机构、疾病预防控制机构、动物防疫监督机构和植物检疫机构应当根据防治技术规范，在各自的职责范围内，开展监测、筛查、预测、流行病学调查、疫情报告和处理工作，开展杀灭钉螺、血吸虫病防治技术指导，并定期对其工作人员进行血吸虫病防治知识、技能的培训和考核。

8. 建设单位在血吸虫病防治地区兴建水利、交通、旅游、能源等大型建设项目，应当事先提请省级以上疾病预防控制机构对施工环境和防控措施进行"三同时"调查与审查。

(三) 疫情控制

1. 县级以上地方人民政府应根据有关法律、法规等国家规定，结合实际，制定血吸虫病应急预案。当有急性血吸虫病暴发、流行时，应紧急：① 组织医疗机构救治急性血吸虫病病人；② 组织疾病预防控制机构和动物防疫监督机构分别对接触疫水的人和家畜实施预防性服药；③ 组织有关部门和单位杀灭钉螺和处理疫水；④ 组织乡（镇）人民政府在有钉螺地带设置警示标志，禁止人和家畜接触疫水。

2. 疾病预防控制机构在发现或者接到急性血吸虫病暴发、流行报告时，应当及时：① 进行现场流行病学调查；② 提出疫情控制方案，明确有钉螺地带范围、预防性服药的人和家畜范围，以及采取杀灭钉螺和处理疫水的措施；③ 指导医疗机构和下级疾病预防控制机构处理疫情等措施。

3. 有关单位对因生产、工作必须接触疫水的人员应当按照疾病预防控制机构的要求采取防护措施，并定期组织进行血吸虫病的专项体检。因防汛、抗洪抢险必须接触疫水的人员，应当按照疾病预防控制机构的要求采取防护措施，并及时组织专项体检。

4. 血吸虫病防治地区的卫生、农业或者兽医主管部门应当根据有关技术规范，组织本地村民、居民和流动人口血吸虫病以及家畜血吸虫病的筛查、治疗和预防性服药，并组织对晚期血吸虫病病人的治疗。

5. 血吸虫病防治地区的动物防疫监督机构、植物检疫机构应当加强对家畜和植物的血吸虫病检疫。对发现的患血吸虫病的家畜应实施药物治疗，对发现的携带钉螺的植物，应当实施杀灭钉螺。凡患血吸虫病的家畜、携带钉螺的植物，未经检疫一律不得出售、外运。

（四）保障措施

1. 血吸虫病防治地区县级以上地方人民政府应当根据血吸虫病防治规划、计划，安排血吸虫病防治经费和基本建设投资，纳入同级财政预算。国家、省级和设区的市级人民政府，对经济困难的地区和县给予适当补助。

2. 国家为农民免费提供抗血吸虫基本预防药物，对经济困难农民的血吸虫病治疗费用予以减免。因工作原因感染血吸虫病的，依照《工伤保险条例》的规定，享受工伤待遇。对未参加工伤保险、医疗保险的人员因防汛、抗洪抢险患血吸虫病的，按照县级以上地方人民政府的规定解决所需的检查、治疗费用。

3. 国家对家畜免费实施血吸虫病检查和治疗及基本预防药物。县级以上地方人民政府应当储备血吸虫病防治药物、杀灭钉螺药物和有关防护用品。加强血吸虫病防治网络建设，防治机构基本建设投资列入基本建设计划。

4. 防治经费应当专款专用，严禁截留或者挪作他用。严禁倒买倒卖、挪用国家免费供应的防治血吸虫病药品和其他物品。防治经费应当依法接受审计监督。

（五）监督管理（参照《传染病防治法》）

（六）法律责任

1. **政府的法律责任** 县级以上地方各级人民政府违反本条例上述有关规定，渎职失职的，由上级人民政府责令改正，通报批评；造成血吸虫病传播、流行或者其他严重后果的，对负有责任的主管人员，依法给予行政处分；负有责任的主管人员构成犯罪的，依法追究刑事责任。

2. **政府有关部门的法律责任** 县级以上人民政府有关主管部门违反本条例规定，渎职失职的，由本级人民政府或者上级人民政府有关主管部门责令改正，通报批评；造成血吸虫病传播、流行或者其他严重后果的，对负有责任的主管人员和其他直接责任人员依法给予行政处分；负有责任的主管人员和其他直接责任人员构成犯罪的，依法追究刑事责任。

3. **有关专业机构的法律责任** 医疗机构、疾病预防控制机构、动物防疫监督机构或者植物检疫机构违反本条例规定，不履行或不完全履行本条例规定的职责的，由县级以上人民政府卫生主管部门、农业或者兽医主管部门依据各自职责责令限期改正，通报批评，给予警告；逾期不改正，造成血吸虫病传播、流行或者其他严重后果的，对负有责任的主管人员和其他直接责任人员依法给予降级、撤职、开除的处分，并可以依法吊销有关责任人员的执业证书；负有责任的主管人员和其他直接责任人员构成犯罪的，依法追究刑事责任。

4. 建设单位的法律责任　建设单位在血吸虫病防治地区兴建水利、交通、旅游、能源等大型建设项目，不向卫生行政部门申请进行"三同时"审查的，由县级以上人民政府卫生主管部门责令限期改正，给予警告，处 5000 元以上 3 万元以下的罚款；逾期不改正的，处 3 万元以上 10 万元以下的罚款，并可以提请有关人民政府依据职责权限，责令停建、关闭；造成血吸虫疫情扩散或者其他严重后果的，对负有责任的主管人员和其他直接责任人员依法给予处分。

5. 有关单位和个人的法律责任　单位和个人损坏或者擅自移动有钉螺地带警示标志的，由乡（镇）人民政府责令修复或者赔偿损失，给予警告；情节严重的，对单位处 1000 元以上 3000 元以下的罚款，对个人处 50 元以上 200 元以下的罚款。

6. 违反本条例规定的法律责任　① 不对因生产、工作接触疫水的人员采取防护措施，或者未定期组织进行血吸虫病专项体检的；② 对政府有关部门采取的预防、控制措施不予配合的；③ 使用国家明令禁止使用的药物杀灭钉螺的；④ 引种在有钉螺地带培育的芦苇等植物或者农作物的种子、种苗等繁殖材料的；⑤ 在血吸虫病防治地区施用未经无害化处理粪便的。有上述违法情形之一的，由县级以上人民政府卫生、农业或者兽医、水利、林业主管部门依据各自职责责令改正，给予警告，对单位处 1000 元以上 1 万元以下的罚款，对个人处 50 元以上 500 元以下的罚款，并没收用于违法活动的工具和物品；造成血吸虫病疫情扩散或者其他严重后果的，对负有责任的主管人员和其他直接责任人员依法给予处分。

思考题

1. 按《传染病防治法》规定，传染病分几类？属甲类的是哪几种？
2. 应按甲类传染病处理的乙类传染病是哪些？
3. 防治传染病的指导思想是什么？
4. 简述疾病预防控制机构在预防传染病工作中的职责。
5. 简述疫情报告与疫情通报的内容。
6. 医疗机构在疫情控制中的职责有哪些？
7. 《国境卫生检疫法》规定的传染病检疫和传染病监测的含义分别是什么？
8. 病原微生物分几类？各自定义是什么？
9. 如何控制实验室感染？
10. 疫苗分几类？分别如何规定？
11. 简述预防接种异常反应的处理程序。
12. 《艾滋病防治条例》规定的艾滋病防治原则有哪些？
13. 《血吸虫病防治条例》规定的血吸虫病防治指导思想是什么？

（宋文质　杨　健）

第五章 职业病防治与放射卫生法律制度

本章同时论述职业卫生与放射卫生法律制度，是因为放射性危害也是一种特殊的职业病危害因素，因此，在《职业病防治法》第十八条规定"国家对从事放射、高毒等作业实行特殊管理。"

第一节 职业病与职业病防治法

一、职业卫生法律制度的形成与发展

生产劳动是人类生存发展、推动社会进步的基本活动。生产劳动过程中，尤其是工业生产过程中，存在着各种有害身体健康的因素，有些还可引发职业病。职业病有广义、狭义之分，广义的职业病是指人们通常认为的一切与职业有关的疾病，包括"工作有关疾病"；狭义的职业病仅指由政府主管部门规定的，具有一定法律意义的"法定职业病"，现已规定了"职业中毒"、"尘肺"、"物理因素职业病"、"职业性传染病"、"职业性皮肤病"、"职业性耳鼻喉疾病"、"职业性眼病"、"职业性肿瘤"、"职业性放射病"及"其他职业病"，共十大类115种。凡诊断为"法定"职业病的患者享受国家规定的工伤保险待遇。

我国十分重视职业病防治工作，自20世纪50年代至80年代，国家有关部门已颁发了上百份有关规范性文件。1987年国务院又发布了《中华人民共和国尘肺病防治条例》，翌年又专门颁布了《女职工劳动保护规定》。1987年针对乡镇企业职业卫生问题的日渐突出，卫生部、农业部还颁布了《乡镇企业劳动卫生管理办法》等。2001年10月27日，第九届全国人大常委会第二十四次会议批准通过了《中华人民共和国职业病防治法》，并于2002年5月1日开始实施。2002年5月12日，国务院又颁布了《使用有毒物品作业场所劳动保护条例》。同时，卫生部制订了一系列配套规章：《国家职业卫生标准管理办法》、《职业病危害项目申报管理办法》、《建设项目职业病危害分类管理办法》（2006年6月15日重修订）、《职业健康监护管理办法》、《职业病诊断与鉴定管理办法》、《职业病危害事故调查处理办法》及《职业卫生技术服务机构管理办法》（2002年7月31日）。而90年代末还公布了《放射工作人员健康管理规定》（1997年6月5日）。至此，涉及不同生产企业、不同职业人群、不同职业危害的有关法律、行政法规和行政规章的职业卫生法律体系已初步形成。

二、《职业病防治法》简介

（一）总则

主要说明立法目的、适用范围、用人单位责任、劳动者权利、政府和有关部门的职责及职业病防治的原则等。

1. 目的。总则中第一条规定："为了预防、控制和消除职业病危害，防治职业病，保护劳动者健康及其相关权益，促进经济发展，根据宪法，制定本法"。在该立法目的中还

提及"相关权益",主要是指职业病患者享有工伤保险待遇和其他职业病待遇,获得赔偿权利及单位发生分立、合并、破产时应按国家有关规定予以妥善安置。与其他卫生法的立法目的相比,该立法目的中还加有"促进经济发展",这是因为《职业病防治法》主要保护的是劳动力人口的健康,尤其是工业企业职工的健康。

2. 劳动者的权利。总则中第四条规定:"劳动者依法享有职业卫生保护的权利",包括对职业病危害的知情权,接受职业卫生培训权,获得职业健康检查与职业病诊治康复权,要求用人单位提供防护设施和个人防护用品权,对没有防护措施的有关作业的拒绝操作权,对违反职业病防治法以及危害生命健康行为有批评、检举、控告权等。

3. 用人单位的责任。总则中第四条规定:"用人单位应当为劳动者创造符合国家职业卫生标准和卫生要求的工作环境和条件,并采取措施保障劳动者获得职业卫生保护"。为此,"用人单位应当建立、健全职业病防治责任制,加强对职业病防治的管理,……"同时,"用人单位必须依法参加工伤社会保险"。

4. 政府和政府有关部门的职责。总则中第八条规定:"国家实行职业卫生监督制度"。

(1) 卫生行政部门。卫生部统一负责全国职业病防治的监督管理工作,地方各级卫生行政部门在本辖区内负责监督管理工作。① 卫生部负责制定国家职业卫生标准、职业危害项目申报办法、职业危害分类目录和管理办法、职业病诊断标准、职业病诊断与鉴定办法等;② 省级卫生行政部门审查批准职业病诊断医疗机构;③ 县以上卫生行政部门负责职业病统计报告和职业健康教育。

(2) 政府有关部门。国务院有关部门和县以上地方政府有关部门在各自的职责范围内负责职业病防治的有关监督管理工作;国务院和地方政府的劳动保障部门负责与职业病有密切关系的工伤社会保险的监督管理。

(3) 各级人民政府。总则中第九条规定:"国务院和县级以上地方人民政府应当制定职业病防治规划,将其纳入国民经济和社会发展计划,并组织实施。""乡、民族乡、镇的人民政府应当认真执行本法,支持卫生行政部门依法履行职责"。对乡镇政府的规定的要求,主要基于乡镇企业的职业病危害现状,需要乡镇政府支持乡镇企业的职业病防治工作。

(4) 工会组织。该项内容是在"劳动过程中的防护与管理"一章中出现,对工会组织的职责规定为:① 督促、协助用人单位开展职业健康教育与培训;② 对用人单位职业病防治工作提出意见和建议;③ 与用人单位就有关问题进行协调;④ 要求用人单位纠正违法行为;⑤ 发生重大职业病危害时有权要求采取防护措施,或向政府建议采取强制性措施;⑥ 参与职业危害事故调查,有权建议劳动者立即撤离危险现场。

5. 职业病防治工作的方针与原则:"坚持预防为主,防治结合的方针,实行分类管理、综合治理"。

(二) 前期预防

所谓前期预防是指用人单位在设立单位时,应当预先配备卫生防护设施,以使工作场所的职业病危害因素浓度(或强度)达到国家职业卫生标准和要求,同时还要求其生产布局应将有害与无害作业分开,应配有更衣间、洗浴间、孕妇休息间等卫生设施。对使用的设备、工具、用具等也应符合劳动者的生理、心理健康要求等。

为达到前期预防的目的,《职业病防治法》规定:① 用人单位向卫生行政部门的"职业病危害项目申报制度";② 新建、扩建、改建项目和技术改造、技术引进项目(以下统称建设项目）有可能产生职业病危害的，在论证阶段应向卫生行政部门提出"职业病危害预评价报告"制度；③ 建设项目中的职业病防护设施的所需经费应纳入整体项目预算，并与主体工程同时设计、同时施工、同时投产使用；④ 对职业病危害严重的建设项目的防护设施的设计和竣工验收时的卫生防护控制效果的评价，都应经卫生行政部门审查和评价，符合国家职业卫生标准和要求的，方可施工或正式投产使用，此即常说的"三同时审查"制度。但本法中未明确强调施工过程中的审查。

（三）劳动过程中的预防与管理

该部分内容是对用人单位应履行的义务和责任的具体规定。

1. 用人单位应采取以下职业病防治管理措施：

（1）设置或指定职业卫生管理机构或组织，配备专职或兼职职业卫生专业人员。

（2）制定职业病防治计划和实施方案。

（3）建立健全职业卫生管理制度和操作规程。

（4）建立健全工作场所职业病危害因素监测及评价制度。

（5）建立健全职业卫生档案和劳动者健康监护档案。

（6）建立健全职业病危害事故应急救援预案。

2. 应为劳动者采取有效的防护设施，提供符合要求的防护用品，并应经常维护和检修。

3. 应设置公告栏，公布有关规章制度、操作规程、急救措施及环境监测结果；职业病危害严重的岗位应有警示说明；有可能发生急性损伤的有毒有害岗位应设置报警装置，并配置现场急救用品、设备和撤离通道。

4. 用人单位应有专门人员负责日常环境监测，聘请有资质的职业卫生服务机构进行定期环境监测和评价，其结果应存入职业卫生档案，并报告当地卫生行政部门，同时还要向劳动者公布。

对监测结果不符合国家标准和要求的，用人单位应立即采取防治措施，经采取措施仍达不到国家标准和要求的，应停止该有害作业。

5. 用人单位在签订劳动合同或变更工作岗位时，应向劳动者告知并写明职业病危害及其后果、防护措施和有关待遇，不得隐瞒和欺骗；违反上述规定，劳动者有权拒绝，用人单位也不得因此终止或解除劳动合同。

6. 用人单位负责人应接受职业卫生和有关法律、法规的培训，同时要对劳动者进行培训，包括对劳动者遵守操作规程、正确使用防护设施和个人防护用品的培训。

7. 对劳动者应在上岗前、在岗期间及离岗时进行职业健康检查，并建立职业健康监护档案。同时还应将结果如实告知劳动者。健康检查中发现有与工作有关的健康损害者，应予调离原工作。不进行岗前健康检查的，不得安排劳动者从事有职业病危害的作业。不进行离岗前职业健康检查的，不得终止或解除劳动合同。劳动者离开时，有权索取本人健康监护档案的复印件。

8. 用人单位不得安排未成年人从事有毒有害作业；不得安排孕期、哺乳期女工从事对本人、胎儿和婴儿有危害的作业；不得安排有职业禁忌者从事有关作业。

9. 发生或可能发生职业病危害事故时，应立即采取救援控制措施，并立即报告卫生行政部门；对已遭受或可能遭受职业病危害的劳动者应及时组织救治、进行健康检查或医学观察。

10. 向用人单位提供可能产生职业病危害的设备，应有中文说明书，设置警示标识和中文警示说明；向用人单位提供可能产生职业病危害的化学品、放射性同位素或含有放射性物质材料的，应有载明产品特性、主要成分、危害因素、可能危害后果、注意事项及防护急救措施的中文说明书，其产品包装上应有警示标识、警示说明；存贮场所也应有警示标识。

11. 国内首次使用或首次进口的化学品应经国务院有关部门批准，然后向国务院卫生行政部门报送毒性鉴定材料和经有关部门登记注册或批准进口的文件。

12. 任何单位和个人不得生产、经营、进口、使用国家已明令禁止的，可能产生职业病危害的设备和材料。

13. 任何单位和个人不得将有职业病危害的作业转嫁给不具有防护条件的单位和个人；接受单位或个人也不得随意接受有职业病危害的作业。

14. 用人单位用于职业病危害预防和控制、环境监测、健康检查、职业卫生知识培训等的费用，据实在生产成本中列支。对接触职业病危害的劳动者应给予适当的岗位津贴。

15. 用人单位在受到卫生行政部门的监督检查时，应予支持配合，不得拒绝和阻碍。

（四）职业病诊断与职业病病人保障

《职业病防治法》规定，职业病的诊断由省级以上人民政府卫生行政部门批准的医疗卫生机构承担，诊断时应由三名以上具有诊断资格的医师集体诊断，并共同签字，同时由进行诊断的医疗机构审查并盖章。

职业病的诊断可在用人单位所在地，或在劳动者本人居住地的法定诊断机构进行诊断。当事人对诊断有异议的，可向做出诊断的医疗机构所在地的地方人民政府卫生行政部门申请鉴定。鉴定由设区的市以上人民政府卫生行政部门组织职业病鉴定委员会进行。若对设区的市级鉴定委员会做出的鉴定不服，可向省级卫生行政部门申请再鉴定。

鉴定委员会由相关专家组成。由当事人或受当事人委托卫生行政部门从省级卫生行政部门设立的专家库中随机抽取组成鉴定委员会，然后按国务院卫生行政部门制定的职业病诊断标准和职业病诊断、鉴定办法进行鉴定。鉴定费用由用人单位承担。

《职业病防治法》对鉴定委员会成员的条件、工作程序提出了具体规定。同时规定人民法院在受理有关案件时，也应从省级卫生行政部门设立的专家库中选取专家。

《职业病防治法》规定用人单位在劳动者的职业病诊断过程中和诊断为职业病以后，应当履行以下义务：

1. 职业病诊断、鉴定需要用人单位提供有关职业卫生和健康监护等材料时，用人单位应如实提供。劳动者和有关机构也应如实提供。

2. 及时安排疑似职业病病人进行诊断。在诊断或医学观察期间不得解除和终止劳动合同。诊断费用由用人单位承担。

3. 被诊断为职业病的病人依法享有国家规定的职业病待遇。用人单位应安排进行治疗、康复和定期检查。对不宜在原岗位工作的病人应予调离，妥善安排。

4. 职业病病人的诊断、康复费用，伤残及丧失劳动能力后的社会保障，按国家工伤社会保险的规定执行。若用人单位没有参加工作保险，则由最后的用人单位承担。若最后用人单位能证明该职业病是先前用人单位的职业病危害所致，则由先前用人单位承担。

5. 职业病病人工作单位变动，依法享有的职业病待遇不变。

《职业病防治法》还规定，用人单位和医疗机构发现职业病病人或疑似职业病病人时，应及时向所在地卫生行政部门报告。诊断为职业病的，用人单位还应向劳动保障部门报告。医疗机构发现的疑似职业病病人，应告知本人和通知用人单位。

（五）监督检查

监督检查是指卫生行政部门依法对辖区内用人单位的职业病防治工作、环境检测与评价和健康监护等所进行的监督检查活动。

1. 卫生行政部门在监督检查活动中，有权采取以下措施：

(1) 进入现场、了解情况、调查取证。

(2) 查阅或复制与违法行为有关的资料和采集样品。

(3) 责令单位和个人停止违法行为。

2. 对已发生或有证据证明可能发生职业病危害事故时，卫生行政部门有权采取以下临时控制措施：

(1) 责令暂停导致职业病危害事故的作业。

(2) 封存已造成或可能造成职业病危害事故的材料和设备。

(3) 组织控制职业病危害事故的现场。

3.《职业病防治法》对监督执法人员的资格、条件、要求及禁止的行为也有详细规定。其中为用人单位保密的义务是其他卫生法所没有的。

（六）法律责任

《职业病防治法》的法规责任规定共有15条，其中对行政法律责任的规定比其他卫生法更加严厉和严格，例如，① 对行政管理相对人的行政罚款最多可达50万元；② 有22种情形，情节严重的可责令停业或关闭；③ 对职业卫生服务机构的罚款可达5万元，且明确规定对情节严重的要追究刑事责任。

1. 行政法律责任

(1) 建设单位有下列违法行为之一的，给予警告，责令改正；逾期不改的，处10万～50万元罚款；情节严重的，责令停止作业，或提请政府责令停建或关闭：

1) 未作职业病危害预评价，或未提交预评价报告，或虽提交但未经同意就擅自开工的；

2) 职业病防护设施未与主体工程同时投产、使用的；

3) 职业病危害严重的项目，其防护设施设计不符合国家职业卫生标准和要求就施工的；

4) 对防护设施的效果不评价，或未经验收，或验收不合格就擅自投入使用的；

(2) 用人单位有下列违法行为之一的，责令限期治理，并处5万～30万元罚款；情节严重的，责令停止作业，或提交政府责令关闭：

1) 隐瞒技术、工艺、材料所产生的职业病危害而使用的；

2) 隐瞒单位职业卫生实情的；

3) 可能发生急性职业损伤的有毒有害场所、放射工作场所，未有警报装置和未设置急救用品和设备的；或放射性同位素的运输、贮存不符合规定要求的；

4) 使用国家明令禁止使用的有害材料和设备的；

5) 将有害作业转嫁给没有防护条件的单位和个人，或没有防护条件就接受职业病危害作业的；

6) 擅自拆除、停止使用防护设备或应急救援设施的；

7) 安排未进行体检、有职业禁忌的劳动者，或安排未成年人、孕妇、哺乳女工从事职业病危害作业或禁忌作业的；

8) 违章指挥和强令劳动者进行没有防护措施的作业的。

(3) 因违法行为使劳动者生命健康造成严重损害的，责令停止作业，或提请政府责令关闭，并处 10 万～30 万元罚款。

(4) 用人单位有下列违法行为之一的，给予警告，责令改正，逾期不改的，处 5 万～20 万元罚款；情节严重的，责令停止作业，或提交政府责令关闭：

1) 作业场所职业病危害因素超过国家职业卫生标准的；

2) 不提供防护设施和个人防护用品，或提供但不符合国家职业卫生标准和要求的；

3) 对提供的防护设备、应急设施、个人防护用品，不进行维护、检修、检测，或不能正常运行、使用的；

4) 不对作业场所进行检测、评价的；

5) 对作业场所的职业病危害因素虽进行治理，但仍达不到国家职业卫生标准和要求时，应停止作业而不停止的；

6) 未按照规定安排职业病病人、疑似职业病病人进行诊治的；

7) 发生或可能发生急性职业病危害事故时，未立即采取救援控制措施或不及时报告的；

8) 有严重职业病危害的岗位不设置警示标志和警示说明的；

9) 拒绝卫生行政部门监督检查的。

(5) 用人单位有下列违法行为之一的，予以警告，责令改正，并处 2 万～5 万元罚款。

1) 不及时、如实申报产生职业病危害项目的；

2) 无专人负责日常作业环境监测，或监测系统不能正常运行的；

3) 订立或变更劳动合同时，不如实告知职业病危害实情的；

4) 不组织健康检查，不建立健康监护档案，不告知劳动者健康检查结果的。

(6) 用人单位有下列违法行为之一的，给予警告，责令改正，逾期不改的处 2 万元以下罚款：

1) 作业环境检测评价结果不存档、不上报、不公示的；

2) 不制定职业病防治管理计划措施的；

3) 不公布有关规章制度、操作规程、事故应急措施的；

4) 违反国内首次使用或首次进口有职业病危害材料规定的。

(7) 向用人单位提供的有职业病危害的材料、设备时，违反有关规定的，予以警告，责令改正，并处 5 万～20 万元罚款。

(8) 用人单位和医疗卫生机构不按规定报告职业病、疑似职业病的，予以警告，责令改正，可以并处 1 万元以下罚款；有弄虚作假的，并处 2 万～5 万元罚款。

(9) 未取得资质认证批准就从事职业卫生技术服务、职业健康检查、职业病诊断的，责令停止违法行为，没收非法所得；违法所得在 5000 元以上的，并处 2～10 倍罚款；违法所得不足 5000 元的，并处 0.5 万～5.0 万元罚款。

（10）对超出资质认证批准范围而开展职业卫生技术服务、职业健康检查、职业病诊断的，或不履行法定职责的，或有出具虚假证明文件的医疗卫生机构，予以警告，责令停止违法行为，没收违法所得；违法所得在 5000 元以上的，并处 2～5 倍罚款；没有或非法所得不足 5000 元的，并处 0.5 万～2.0 万元罚款。情节严重的，取消其资格。

（11）职业病鉴定委员会成员收受当事人财物或其他好处的，予以警告，没收财物，可以并处 0.3 万～5.0 万元罚款，并取消其资格。

（12）卫生行政部门不按规定报告职业病和职业病事故的，上级部门责令改正、予以警告；有虚报、瞒报的，对单位负责人，直接主管人员和直接责任人，给予行政处分。对上述［（9）、（10）］有违法行为的职业卫生服务机构、医疗卫生机构，也有行政处分的规定。

2. 民事法律责任

《职业病防治法》中规定的民事法律责任，是在有关职业病病人保障的规定中出现，即第五十二条规定："职业病病人除依法享有工伤社会保险外，依照有关民事法律，尚有获得赔偿权利的，有权向用人单位提出赔偿要求。"

3. 刑事法律责任

（1）用人单位有关人员的刑事责任。《职业病防治法》第七十一条规定："用人单位违反本法规定，造成重大职业病危害事故或者其他严重后果，构成犯罪的，对直接负责的主管人员和其他直接责任人员，依法追究刑事责任。"

（2）职业卫生服务机构有关人员的刑事责任。上述行政责任的第十项违法行为，构成犯罪的，对其直接负责的主管人员和其他直接责任人员，依法追究刑事责任。

（3）行政部门有关人员的刑事责任。根据《职业病防治法》第七十六条规定，卫生行政部门及其职业卫生监督执法人员，由于失职、渎职，导致职业病事故的发生，构成犯罪的，依法追究刑事责任。

第二节　其他职业卫生行政法规

一、《尘肺病防治条例》

1987 年 12 月 3 日针对我国尘肺病防治问题，国务院发布了《尘肺病防治条例》（以下简称《条例》）。

《条例》根据尘肺病危害的特点，重点突出"防尘"的有关规定。例如，强调凡有粉尘作业的企事业单位应采取综合防尘措施，使用无尘或低尘的新工艺、新技术，必须有防尘设备，不得随意转嫁、外包粉尘作业，中小学校办工厂禁止学生从事粉尘作业，禁止未成年人从事粉尘作业，必须使用合格的防护用品等。而要从源头上消除或减少粉尘危害，必须对新建、改建、扩建的工程项目进行"三同时"审查等。

《条例》还规定，对从事粉尘作业的工人，必须定期进行健康检查，离职的也应进行定期健康检查。凡确认为"尘肺"的在岗职工，必须调离粉尘作业，予以治疗或疗养，并获得社会保障待遇。

二、《女职工劳动保护规定》

1988年6月28日,国务院第十一次常务会议通过了《女职工劳动保护规定》(以下简称《规定》),并于同年9月1日起施行。

《规定》的立法目的是维护女职工的合法权益,减少和解决女职工因生理特点在劳动或工作中造成的特殊困难,同时也为保护后代的身体健康而制定该办法。《规定》的适用范围包括一切国家机关、人民团体、企业事业单位的女职工。

该行政法规规定,不得在女工孕期、产期、哺乳期降低其基本工资,更不得解除劳动合同,女工产假为90天,其中产前为15天;难产的增加15天;多胞胎每增加生育一个婴儿,其产假相应增加15天。

禁止女工从事矿山井下、四级体力劳动强度及其他女工禁忌的劳动。

女工经期不得安排从事高空、低温、冷水及三级体力劳动强度的劳动。

女工孕期不得安排从事三级体力劳动强度的劳动及孕期禁忌的劳动;不得在正常劳动日以外延长劳动时间;不能胜任原劳动的由医务部门证明,减轻其劳动量或安排其他工作。

怀孕7个月以上的女工,一般不得安排其从事夜班劳动;劳动中间应有一定休息时间;怀孕女工进行产前检查应算作劳动时间。

有不满周岁婴儿的女工,每天给予两次哺乳时间,每次30分钟。多胞胎的,每多一个婴儿其哺乳时间增加30分钟,哺乳时间和往返路程算作劳动时间。哺乳期不得安排三级体力劳动,不得安排从事禁忌的劳动,不得延长劳动时间,也不得安排从事夜班劳动。

女工较多的单位,可按国家规定自办女工卫生室、孕妇休息室、哺乳室、托儿所、幼儿园等。

当女工认为自己的合法权益受到损害时,有权向主管部门或劳动部门提出申诉,受理部门应在30日内作出决定。女工对决定不服时,可在收到处理决定15日向人民法院提起诉讼。

劳动部门、卫生部门、妇联组织都有权对《办法》执行情况进行监督检查。对违反规定的单位,由所在单位的主管部门根据情节轻重,对单位负责人或直接责任人予以行政处分,责令对受侵害女工予以经济补偿;构成犯罪的,由司法机关追究刑事责任。

三、《使用有毒物品作业场所劳动保护条例》

2002年春,河北保定市30余名外地女工苯中毒事件的暴露,促使国务院在5月12日迅速制定和发布了《使用有毒物品作业场所劳动保护条例》(以下简称《条例》),该《条例》是根据《职业病防治法》的规定,针对有毒作业生产特点而作出的进一步规定,因此可以认为该《条例》是《职业病防治法》的实施办法或细则的一部分,其特点如下:

(一)总则部分

1. 立法目的。除《职业病防治法》规定的有关内容外,更强调"保护劳动者健康及其相关权益",这是因为高浓度化学品的急性中毒可以造成中毒死亡事故。

2. 分类管理。因化学毒品种类繁多,因此按照危害性质和程度将其分为一般有毒物品、高毒物品。对高毒物品国家实行特殊管理。

3. 特别规定。再次强调：① 禁止使用国家已明令禁止使用的有毒物品；② 禁止使用童工，不得安排未成年人和孕期、哺乳期女工从事有毒物品的作业。

（二）预防措施

1. "三同时"审查。凡新建、改建、扩建工程项目可能产生职业中毒的，应进行"三同时"审查。尤其存在高毒作业的工程项目，其设计阶段必须经卫生行政部门审查，符合国家卫生标准和要求的方可施工。

2. 隔离措施。有毒作业场所与生活场所必须分开；有毒作业与无毒作业必须分开；高毒作业与低毒作业必须分开。

3. 通风排毒。有毒作业场所应设置有效通风装置，可能发生泄漏造成中毒的岗位必须有自动报警装置和事故通风设施，高毒作业场所应设有应急撤离通道及泄险区。

4. 警示措施。《条例》规定，对一般有毒作业场所应设有黄色警示线及说明；高毒作业场所警示线应为红色。

5. 应急措施。凡有高毒作业的单位，应配备应急救援人员、器材、设备等，应制定应急预案并定期组织演练。以上有关资料需报卫生行政部门、生产安全监管部门及公安部门备案。

（三）作业过程中的防护

《职业病防治法》对劳动过程中的职业危害防护已有详细规定，但《条例》对高毒作业又进一步作出规定。

1. 配备职业卫生人员。凡有高毒作业的单位，应配备专职或兼职的职业卫生医师或护士；不具备条件的可聘用有资质的职业卫生专业机构的人员。

2. 特别防护。在维修、检修高毒作业生产装置时：① 必须制定维护、检修方案；② 必须按操作规程进行维修、检修；③ 现场应设置警示标志，并有专人监管；④ 进入存在高毒物品的容器、设备或封闭场所时，作业者必须佩戴有效防护用品，现场应设有紧急救援人员和设备。

3. 环境检测与评价。凡高毒作业场所，每月应进行一次检测，每半年对作业环境危害进行一次评价。

4. 个人卫生措施。凡有高毒作业的场所，应设有沐浴和更衣室，现场劳动服装应单独存放，不得带出高毒作业区，防止污染。

5. 转换制度。对高毒作业人员，应按规定进行定期轮换。

（四）职业健康监护

与《职业病防治法》规定相同。

（五）劳动者的权利和义务

《条例》对劳动者的权利和义务的规定基本与《职业病防治法》相同，但对于患有职业病的劳动者，详细规定了能够享有的工伤保险待遇：① 医疗费；② 住院伙食补助费；③ 康复费；④ 残疾用具费；⑤ 停工但留薪，即原工资、福利不变；⑥ 伤残生活护理补助费；⑦ 一次性伤残补助金；⑧ 伤残津贴；⑨ 死亡补助金；⑩ 丧葬补助金；⑪ 供养亲属抚恤金；⑫ 其他。

（六）监督管理与罚则

《条例》中对监督和法律责任的规定与《职业病防治法》相似。这是因为卫生行政部门的监督管理职能已经确定，但随着卫生部机构改革和职能的调整，对作业场所的监督管理将移交给国家生产安全监督管理部门。同时由于《条例》是《职业病防治法》的下位法，其行政处罚条款规定不会超出法律的规定。

第三节 放射卫生防护的法律规定

为加强放射卫生管理，1979年2月24日由卫生部、公安部、国家科委就发布了《放射性同位素工作卫生防护管理办法》。1989年10月24日，卫生部又会同有关部门并经国务院批准，正式颁布了《放射性同位素与射线装置放射防护条例》。卫生部同时还制定了《放射性同位素及射线事故管理规定》、《放射工作人员健康管理规定》（1997年6月5日）、《射线防护器材防护质量管理规定》、《放射防护器材与含放射性产品卫生管理办法》（2002年1月4日）、《放射诊疗管理规定》（2006年1月24日）等一系列规范性文件。2005年8月，国务院重新修订了上述1989年的《条例》，并更名为《放射性同位素与射线装置安全和防护条例》。新《条例》与原《条例》相比在内容有较大变化，主要是行政管理主体由卫生行政部门改为环境保护部门。根据《条例》中职责分工的规定，2007年3月23日卫生部通过了《放射工作人员职业健康管理办法》，并于2007年11月1日起施行，原《放射工作人员健康管理规定》同时作废。有关《放射性同位素与射线装置安全和防护条例》的主要内容如下。

一、总则

（一）立法宗旨

为了加强对放射性同位素、射线装置安全和防护的监督管理，促进放射性同位素、射线装置的安全应用，保障人体健康，保护环境。

（二）适用范围

凡在中华人民共和国境内生产、销售、使用放射性同位素和射线装置，以及转让、进出口放射性同位素的，都应当遵守本《条例》。

（三）主管单位

国务院环境保护主管部门对全国放射性同位素、射线装置的安全和防护工作实施统一监督管理（原由卫生行政部门统一监督管理）。国务院公安、卫生等部门按照职责分工对有关安全和防护工作实施监督管理。

县级以上政府环保部门和其他有关部门，按照职责分工在本行政区域实施监督管理。

（四）国家对放射源和射线装置实行分类管理

根据对人体健康和环境的潜在危害程度，从高到低将放射源分为Ⅰ类、Ⅱ类、Ⅲ类、Ⅳ类、Ⅴ类；将射线装置分为Ⅰ类、Ⅱ类、Ⅲ类。

二、许可和备案

1. 凡生产、销售、使用放射性同位素和射线装置的单位都必须从环保部门取得许可证。其中：① 生产放射性同位素、销售和使用Ⅰ类放射源和Ⅰ类射线装置的单位许可证，由国务院环境保护主管部门审批颁发。② 前款规定之外的单位的许可证，由省级人民政府环境保护主管部门审批颁发。颁发许可证的情况同时通报同级公安部门、卫生主管部门。

2. 申请许可证的单位应当具备：① 有与所从事的生产、销售、使用活动规模相适应的，具备专业知识和防护知识及健康条件的专业技术人员；② 有符合国家环境保护与职业卫生标准及安全防护要求的场所、设施和设备；③ 有专门管理机构或者专、兼职安全和防护管理人员，并配备必要的防护用品和监测仪器；④ 有健全的安全和防护管理规章制度、辐射事故应急措施；⑤ 有处理放射性"三废"的能力或者可行的处理方案；⑥ 医疗卫生机构还应当获得放射源诊疗技术和医用辐射机构许可。

3. 环境保护部门应自受理申请之日起 20 日内完成审查。许可证有效期为 5 年。其间凡情况发生变化的，都需重新审查并予以许可、变更或注销；有效期届满，应提前 30 日内向原发证机关提出延续申请。

4. 国务院对外贸易部门会同环保、海关、质检和生产主管部门制定限制和禁止进出口放射性同位素目录。凡进口限制性放射性同位素的，应当有：① 与所从事活动相符的许可证；② 使用期满后的处理方案，其中，进口Ⅰ、Ⅱ、Ⅲ类放射源的，应当具有原出口方负责回收的承诺文件；③ 进口的放射源应当有明确标号和必要说明文件。对出口限制性放射性同位素，应当提供进口方持有的合法证明材料，并由国务院环境保护主管部门依照有关法律和我国缔结或者参加的国际条约、协定的规定，办理有关手续。

三、安全和防护

1. 一切生产、销售、使用放射性同位素和射线装置的单位，应当：① 对本单位安全和防护工作负责，并依法对其造成的放射性危害承担责任。② 对其直接工作人员进行安全防护知识教育、培训与考核。③ 对直接工作人员进行个人剂量监测和职业健康检查，建立个人剂量档案和职业健康监护档案。④ 对本单位放射性危害的安全和防护状况进行年度评估。放射性同位素和射线装置需要终止的单位，应对放射性同位素和放射性废物进行清理登记，作出妥善处理。

2. 生产、进口Ⅰ类、Ⅱ类、Ⅲ类放射源给其他单位使用的，应签订废旧放射源返回协议，使用后交回生产方或原出口方处理；使用后的Ⅳ类、Ⅴ类废旧放射源应送交有相应资质的放射性废物集中贮存单位贮存。

3. 一切有放射性的场所、容器、装置等，都应设置明显的放射性标志，其入口处应当设置安全和防护设施以及必要的防护安全联锁、报警装置或者工作信号。

4. 放射性同位素应当单独存放，不得与易燃、易爆、腐蚀性物品等一起存放，并专人负责保管。应当防火、防水、防盗、防丢失、防破坏、防射线泄漏。贮存、领取、使用、归还时，应予登记、检查。

5. 使用放射性同位素和射线装置进行放射诊疗的医疗卫生机构，应当依据国务院卫生主管部门有关规定和国家标准，遵守医疗照射正当化和辐射防护最优化的原则，并事先告知患者和受检者辐射对健康的潜在影响。

四、辐射事故应急处理

1. 辐射事故分级。根据事故性质、严重程度、可控性和影响范围等因素，从重到轻分为四级：

（1）特别重大辐射事故，是指Ⅰ类、Ⅱ类放射源丢失、被盗、失控造成大范围严重辐射污染后果，或者放射性同位素和射线装置失控导致3人以上（含3人）急性死亡。

（2）重大辐射事故，是指Ⅰ类、Ⅱ类放射源丢失、被盗、失控，或者放射性同位素和射线装置失控导致2人以下急性死亡（含2人）或者10人以上（含10人）急性重度放射病、局部器官残疾。

（3）较大辐射事故，是指Ⅲ类放射源丢失、被盗、失控，或者放射性同位素和射线装置失控导致9人以下（含9人）急性重度放射病、局部器官残疾。

（4）一般辐射事故，是指Ⅳ类、Ⅴ类放射源丢失、被盗、失控，或者放射性同位素和射线装置失控导致人员受到超过年剂量限值的照射。

2. 辐射事故应急预案。县级以上人民政府环境保护主管部门应会同同级公安、卫生、财政等部门编制辐射事故应急预案，报本级人民政府批准。预案应包括：应急机构和职责分工；人员组织、培训以及应急和救助的装备、资金、物资准备；事故分级与应急响应措施；事故调查、报告和处理程序。

一切有放射危害的单位应评估本单位的辐射事故风险，并制定本单位应急方案。

3. 发生辐射事故时，单位应当立即采取应急措施，并报告当地环保、公安、卫生部门。三部门接到报告后，应当立即派人赶赴现场，进行现场调查，采取措施，同时报告本级人民政府和上一级环保、公安、卫生主管部门。特别重大和重大辐射事故，省级政府和国务院有关部门应当在4小时内报告国务院。特殊情况下，事故发生地政府及其有关部门可以直接向国务院报告。

禁止缓报、瞒报、谎报或者漏报辐射事故。

4. 辐射事故发生后，县级以上政府应当按照辐射事故的等级，启动、实施相应的应急预案。环保、公安、卫生部门，按照职责分工做好事故应急工作：① 环保部门负责辐射事故的应急响应、调查处理和定性定级工作，协助公安部门监控追缴丢失、被盗的放射源；② 公安部门负责丢失、被盗放射源的立案侦查和追缴；③ 卫生主管部门负责辐射事故的医疗应急。

5. 发生事故的单位应立即将可能受到辐射伤害的人员送至当地卫生门指定的医院或者有条件救治辐射损伤病人的医院，进行检查和治疗，或者请求医院立即派人赶赴事故现场，采取救治措施。

五、监督检查

县级以上人民政府环境保护主管部门和其他有关部门应当按照各自职责对生产、销售、使用放射性同位素和射线装置的单位进行监督检查。被检查单位应当予以配合，如实反映情况，提供必要的资料，不得拒绝和阻碍。

任何单位和个人有权向环保和有关部门检举违反本条例的行为，有权向本级政府或上级政府有关部门检举环保和其他有关部门不履行监督管理职责的行为。

六、法律责任

（一）环保部门的法律责任

县级以上人民政府环保部门，违反本条例规定，渎职、失职、滥用职权的，对直接负责的主管人员和其他直接责任人员，依法给予行政处分；构成犯罪的，依法追究刑事责任。

(二) 管理相对人的法律责任

1. 县级以上人民政府环保部门和有关部门渎职、失职、滥用职权的，或缓报、瞒报、谎报、漏报辐射事故的，或不编制应急预案，或不依法履行辐射事故应急职责的，对直接负责的主管人员和其他直接责任人员，依法给予行政处分；构成犯罪的，依法追究刑事责任。

2. 凡无许可证、超许可证范围的，或新建、改建或者扩建不重新申请许可证的，或超许可证超期的，或未经批准擅自进口或转让放射性同位素的，由县级以上政府环保部门责令停止违法行为，限期改正；逾期不改正的，责令停产停业或者由原发证机关吊销许可证；有违法所得的，没收违法所得；违法所得10万元以上的，并处违法所得1倍以上5倍以下的罚款；没有违法所得或者违法所得不足10万元的，并处1万元以上10万元以下的罚款。

3. 情况发生变化，应进行许可证变更手续而不办理的，由县级以上人民政府环保部门责令限期改正，给予警告；逾期不改正的，由原发证机关暂扣或者吊销许可证。部分终止或全部终止生产、销售、使用活动，应办理许可证变更或者注销手续而不办理的，责令停止违法行为，限期改正；逾期不改正的，处1万元以上10万元以下的罚款；造成辐射事故，构成犯罪的，依法追究刑事责任。

4. 伪造、变造、转让许可证或放射性同位素进口和转让批准文件的，由县级以上人民政府环保护部门收缴伪造、变造的许可证（或文件），或者由原发证机关吊销许可证（或文件），并处5万元以上10万元以下的罚款；构成犯罪的，依法追究刑事责任。

5. 凡转入、转出放射性同位素未按规定备案的；转移到外省（市、区）使用而不备案的；或将废旧放射源交回、返回、送交集中贮存也不备案的，由县级以上人民政府环保部门责令限期改正，给予警告；逾期不改正的，由原发证机关暂扣或者吊销许可证。

6. 凡在室外、野外使用放射性同位素和射线装置未划出安全防护区和设置明显的放射性标志的；或擅自在野外进行放射性同位素示踪试验的，由县级以上人民政府环保部门责令停止违法行为，限期改正；逾期不改正的，处1万元以上10万元以下的罚款。

7. 未建立放射性同位素产品台账、进行统一编码上报备案、并出厂出售的，由县级以上人民政府环保部门责令限期改正，给予警告；逾期不改正的，收缴其未备案放射性同位素和未编码的放射源，处5万元以上10万元以下的罚款，并可由原发证机关暂扣或者吊销许可证。

8. 凡违反本条例规定，不对废旧放射源进行处理的；或不按照规定对使用Ⅰ类、Ⅱ类、Ⅲ类放射源的场所和生产放射性同位素的场所，以及终结运行后产生放射性污染的射线装置实施退役的，由县级以上人民政府环保部门责令停止违法行为，限期改正；逾期不改正的，由指定单位代为处理或者实施退役，费用由原放射性单位承担，并处1万元以上10万元以下的罚款。

9. 凡对本单位的放射安全和防护状况不进行评估及对隐患不及时整改的；或不设置安全防护设施及标志的，由县级以上环保部门责令停止违法行为，限期改正；逾期不改正的，责令停产停业，并处2万元以上20万元以下的罚款；构成犯罪的，依法追究刑事责任；

10. 违反本条例规定造成辐射事故的，责令限期改正，并处5万元以上20万元以下的罚款；情节严重的，吊销许可证；构成违反治安管理行为的，由公安机关依法予以治安处罚；构成犯罪的，依法追究刑事责任。因辐射事故造成他人损害的，依法承担民事责任。

11. 凡被责令限期整改而逾期不整改或虽整改但仍不符合条件的，由原发证机关暂扣或者吊销许可证。被依法吊销许可证的单位或者伪造、变造许可证的单位，5年内不得申请领取许可证。

思考题

1. 职业病防治的法律、行政法规有哪些？
2. 法定职业病分几类？目前规定有多少种？
3. 工会组织在职业病防治中的职责或作用有哪些？
4. 《职业病防治法》对职业病诊断机构和诊断程序有哪些规定？
5. 被诊断为职业病后，患者有哪些权利？
6. 与其他卫生法律法规相比，《职业病防治法》规定的法律责任有哪些特点？
7. 辐射事故分几级？具体如何规定？
8. 生产、销售、使用放射性同位素和射线装置的单位应具备哪些条件？

（宋文质　杨　健）

第六章 日用健康相关产品卫生法律制度

广义的健康相关产品包括食品、生活饮用水、化妆品及药品、血液制品、医疗器械等。本章所阐述的健康相关产品仅指人们日常生活中所必需的、每天几乎都使用或接触的、借以维护人们正常生理功能的食物、水;若外延扩大,还包括化妆品、保健用品、消毒产品等,因而称为"日用健康相关产品"。而药品、医疗器械、生物制品等,则是在身体器官或功能发生异常,即产生疾病时在医生指导或操作下使用的、用以恢复正常生理功能的产品,因此称为"医用健康相关产品"。由于该类医用健康相关产品在监督管理及相关法律规定方面与食品等日常生活健康相关产品有较大区别,故本书将其单独论述。

第一节 食品安全法律制度概述

2009年2月28日中华人民共和国第十一届全国人民代表大会常务委员会第七次会议通过了《中华人民共和国食品安全法》(以下简称《食品安全法》),并自2009年6月1日起施行,原1995年颁发的《食品卫生法》随之作废。虽在对某些问题论述时用"安全"一词并不顺,但本文仍以"食品安全"一词引用之。

一、食品安全概述

食品是指各种供人食用或饮用的成品和原料,以及按照传统既是食品又是药品的物品,如山药;但不包括以治疗为目的的物品,如人参。

食品安全,在《食品安全法》中定义为"指食品无毒、无害,符合应当有的营养要求,对人体健康不造成任何急性、亚急性或者慢性危害"。可见其含义仍为"卫生"的范畴,而并未涉及食品供应的短缺危机与安全,也未包括因为食品本身物理性状或其他物理因素而对消费者造成伤害的安全因素控制。

据卫生部统计,2007年全国食品卫生合格率接近91.11%(注:此处就不能用"安全合格"),每年上报卫生部的食物中毒有数百起。食物中毒引起的呕吐与腹泻,不仅将食入的食物排出,同时也使体内的大量营养成分丢失;对于儿童、青少年不仅引起身体健康伤害,同时也影响其生长发育。因此从一定意义上讲,搞好食品卫生既能保护健康和生命安全,也能有效地节约粮食"能源"。

二、食品安全管理法律体系

1982年11月19日,第五届全国人大常委会第二十五次会议批准通过的《中华人民共和国食品卫生法(试行)》是我国改革开放后颁布的第一部有关公共卫生的法律。随后,国务院于1983年2月5日及时发布了《城乡集市贸易管理办法》,以规范自由市场秩序。同时卫生部也先后颁布了《扩大使用范围的食品添加剂及新增食品添加剂品种的通知》(1985年6月5日)、《食品工具设备洗涤剂、消毒剂、洗涤消毒剂卫生管理办法》(1985

年8月5日)、《食品安全性毒理学评价程序(试行)》(1985年12月1日)、《辐照食品卫生管理暂行规定》(1986年6月16日)、《食品营养强化剂卫生管理办法》(1986年6月14日)、《禁止食品加药卫生管理办法》(1987年10月22日)及《食品卫生检验单位管理办法》(1987年12月2日)等。进入20世纪90年代,卫生部又先后颁布了《新资源食品卫生管理办法》(1990年7月28日),并对常用食品中的食糖、糖果、食用植物油、冷饮食品、粮食、酒类、食用氢化油、豆制品、酱腌菜、蜂蜜、水产品、调味品、蛋与蛋制品、茶味、肉与肉制品等,规定了一系列卫生管理办法。同年又对食品用塑料制品及原料、食品包装用纸、食品用橡胶制品、防止黄曲霉毒素污染食品、食品容器内壁涂料、搪瓷食具容器、铝制食具容器及陶瓷食具容器的卫生,也制定了一系列管理办法。

至1995年10月30日,第八届全国人大常委会第十六次会议,正式批准通过了《中华人民共和国食品卫生法》(以下简称《食品卫生法》),该法规定了我国食品卫生的基本原则和基本制度,其调整范围包括食品、食品添加剂、食品容器、包装材料和食品用工具、设备、洗涤剂、消毒剂,以及食品的生产经营场所、设施和环境等一切与食品卫生有关的事项,并对违反食品卫生的行为规定了行政、民事、刑事责任。为贯彻执行《食品卫生法》,卫生部于20世纪90年代后期又先后颁布了《保健食品卫生管理办法》(1996年3月15日)、《辐照食品卫生管理办法》(1996年4月5日)、《学生用集体餐卫生监督办法》(1996年8月27日)、《食物中毒事故处理办法》(1999年12月24日)、《餐饮业食品卫生管理办法》(2000年1月16日)、《食品添加剂管理办法》(2002年3月28日)及《转基因食品卫生管理办法》(2002年4月8日)。

近年来由于"豆奶中毒事件"、"空壳奶粉事件",尤其"三聚氰胺奶粉事件"等广泛引起社会各方的关注,为此2009年2月28日,第十一届全国人民代表大会常务委员会第七次会议将原《食品卫生法》修订并改称为《食品安全法》,并于当年6月1日开始实施。以此为基础的食品安全法律体系和行政执法体系将逐步完善。

第二节 食品安全法中的几项重要新规定

《食品安全法》首先在总则中表明了立法宗旨,即:为保证食品安全,保障公众身体健康和生命安全,制定本法。同时规定了本法的适用范围,即:食品生产和加工(以下称食品生产),食品流通和餐饮服务(以下称食品经营);食品添加剂的生产经营;用于食品的包装材料、容器、洗涤剂、消毒剂和用于食品生产经营的工具、设备(以下称食品相关产品)的生产经营;食品生产经营者使用食品添加剂、食品相关产品;对食品、食品添加剂和食品相关产品的安全管理。

同时在总则和第二、三、四、五章中,对国家食品安全委员会、食品安全风险监测和评估制度、食品安全标准、食品召回制度及食品检验都作出了详细规定,这些规定主要是针对国家有关政府部门高层次管理职责,是原《食品卫生法》欠缺或不足的。

一、关于国家食品安全委员会

《食品安全法》总则第四条规定:国务院设立食品安全委员会,其工作职责由国务院规定。并对国务院相关部门职责予以规定,即:国务院卫生行政部门承担食品安全综合协调职责，负责食品安全风险评估、食品安全标准制定、食品安全信息公布、食品检验机构的资质认定条件和检验规范的制定，组织查处食品安全重大事故。国务院质量监督、工商行政管理和国家食品药品监督管理部门依照本法和国务院规定的职责，分别对食品生产、食品流通、餐饮服务活动实施监督管理。并以此为依据规定了县级以上地方政府和相关部门的职责。

二、关于食品安全风险监测和评估

为保证食品安全，《食品安全法》第二章规定了两项国家制度。

1. 国家建立食品安全风险监测制度，对食源性疾病、食品污染以及食品中的有害因素进行监测。国务院卫生行政部门会同国务院有关部门制定、实施国家食品安全风险监测计划。省、自治区、直辖市人民政府卫生行政部门根据国家食品安全风险监测计划，要制定、实施本行政区域的相关风险监测方案。

国务院农业行政、质量监督、工商行政管理和国家食品药品监督管理等有关部门获知有关食品安全风险信息后，应当立即向国务院卫生行政部门通报。国务院卫生行政部门会同有关部门对信息核实后，应当及时调整食品安全风险监测计划。

2. 国家建立食品安全风险评估制度，对食品、食品添加剂中生物性、化学性和物理性危害进行风险评估。国务院卫生行政部门负责组织食品安全风险评估工作，成立由医学、农业、食品、营养等方面的专家组成的食品安全风险评估专家委员会进行食品安全风险评估。

对经综合分析表明可能具有较高程度安全风险的食品，国务院卫生行政部门应当及时提出食品安全风险警示，并予以公布。

三、关于食品安全标准

《食品安全法》第三章规定：国务院卫生行政部门负责制定、公布食品安全国家标准，国务院标准化行政部门提供国家标准编号。食品安全标准是强制执行的标准。除食品安全标准外，不得制定其他的食品强制性标准。对已有各相关部门制定的有关标准，由国务院卫生行政部门统一论证、修订，以食品安全标准公布之。食品安全标准应当包括下列内容：①食品、食品相关产品中的致病性微生物、农药残留、兽药残留、重金属、污染物质以及其他危害人体健康物质的限量规定；②食品添加剂的品种、使用范围、用量；③专供婴幼儿和其他特定人群的主辅食品的营养成分要求；④对与食品安全、营养有关的标签、标识、说明书的要求；⑤食品生产经营过程的卫生要求；⑥与食品安全有关的质量要求；⑦食品检验方法与规程；⑧其他需要制定为食品安全标准的内容。

《食品安全法》规定，本法规定的食品安全国家标准公布前，食品生产经营者应当按照现行食用农产品质量安全标准、食品卫生标准、食品质量标准和有关食品的行业标准生产经营食品。

四、关于食品召回制度

《食品安全法》第四章第五十三条规定：国家建立食品召回制度。食品生产者发现其生产的食品不符合食品安全标准，应当立即停止生产，召回已经上市销售的食品，通知相关生产经营者和消费者，并记录召回和通知情况。

食品经营者发现其经营的食品不符合食品安全标准，应当立即停止经营，通知相关生产经营者和消费者，并记录停止经营和通知情况。食品生产者认为应当召回的，应当立即召回。

食品生产者应当对召回的食品采取补救、无害化处理、销毁等措施，并将食品召回和处理情况向县级以上质量监督部门报告。

食品生产经营者未依照本条规定召回或者停止经营不符合食品安全标准的食品的，县级以上质量监督、工商行政管理、食品药品监督管理部门可以责令其召回或者停止经营。

五、关于食品检验

《食品安全法》第五章专门对食品检验进行了规定。第五十七条规定：食品检验机构按照国家有关认证认可的规定取得资质认定后，方可从事食品检验活动。但本法施行前经国务院有关主管部门批准设立或者经依法认定的食品检验机构，可以依照本法继续从事食品检验活动。此外，法律另有规定的除外。

《食品安全法》规定。食品检验机构的资质认定条件和检验规范，由国务院卫生行政部门规定。食品检验由食品检验机构指定的检验人独立进行。食品检验实行食品检验机构与检验人负责制。

《食品安全法》第六十条特别规定：食品安全监督管理部门对食品不得实施免检。

《食品安全法》还规定：县级以上质量监督、工商行政管理、食品药品监督管理部门应当对食品进行定期或者不定期的抽样检验。进行的抽样检验，应当购买抽取的样品，不收取检验费和其他任何费用。在执法工作中需要对食品进行检验的，应当委托符合本法规定的食品检验机构进行，并支付相关费用。对检验结论有异议的，可以依法进行复检。

食品生产经营企业可以自行对所生产的食品进行检验。生产经营企业、食品行业协会等组织、消费者需要委托食品检验机构对食品进行检验的，都应当委托符合本法规定的食品检验机构进行。

第三节 食品生产经营行为的规定

《食品安全法》第三章对食品生产经营行为进行了规定，这些规定与原《食品卫生法》基本相同。

一、食品生产经营者应当履行的义务

食品生产经营应当符合食品安全标准，并符合下列要求：

1. 具有与生产经营的食品品种、数量相适应的食品原料处理和食品加工、包装、贮存等场所，保持该场所环境整洁，并与有毒、有害场所以及其他污染源保持规定的距离；

2. 具有与生产经营的食品品种、数量相适应的生产经营设备或者设施，有相应的消毒、更衣、盥洗、采光、照明、通风、防腐、防尘、防蝇、防鼠、防虫、洗涤以及处理废水、存放垃圾和废弃物的设备或者设施；

3. 有食品安全专业技术人员、管理人员和保证食品安全的规章制度；

4. 具有合理的设备布局和工艺流程，防止待加工食品与直接入口食品、原料与成品交叉污染，避免食品接触有毒物、不洁物；

5. 餐具、饮具和盛放直接入口食品的容器，使用前应当洗净、消毒，炊具、用具用后应当洗净，保持清洁；

6. 贮存、运输和装卸食品的容器、工具和设备应当安全、无害，保持清洁，防止食品污染，并符合保证食品安全所需的温度等特殊要求，不得将食品与有毒、有害物品一同运输；

7. 直接入口的食品应当有小包装或者使用无毒、清洁的包装材料、餐具；

8. 食品生产经营人员应当保持个人卫生，生产经营食品时，应当将手洗净，穿戴清洁的工作衣、帽；销售无包装的直接入口食品时，应当使用无毒、清洁的售货工具；

9. 用水应当符合国家规定的生活饮用水卫生标准；

10. 使用的洗涤剂、消毒剂应当对人体安全、无害；

11. 法律、法规规定的其他要求。

二、食品生产经营者特别要履行以下禁止性义务

《食品安全法》第二十八条特别规定，禁止生产经营下列食品：

1. 用非食品原料生产的食品或者添加食品添加剂以外的化学物质和其他可能危害人体健康物质的食品，或者用回收食品作为原料生产的食品；

2. 致病性微生物、农药残留、兽药残留、重金属、污染物质以及其他危害人体健康的物质含量超过食品安全标准限量的食品；

3. 营养成分不符合食品安全标准的专供婴幼儿和其他特定人群的主辅食品；

4. 腐败变质、油脂酸败、霉变生虫、污秽不洁、混有异物、掺假掺杂或者感官性状异常的食品；

5. 病死、毒死或者死因不明的禽、畜、兽、水产动物肉类及其制品；

6. 未经动物卫生监督机构检疫或者检疫不合格的肉类，或者未经检验或者检验不合格的肉类制品；

7. 被包装材料、容器、运输工具等污染的食品；

8. 超过保质期的食品；

9. 无标签的预包装食品；

10. 国家为防病等特殊需要明令禁止生产经营的食品；

11. 其他不符合食品安全标准或者要求的食品。

三、食品生产经营者的其他义务

1. 食品生产经营企业应当建立健全食品安全管理制度，加强对职工食品安全知识的培训，配备专职或者兼职食品安全管理人员，做好对所生产经营食品的检验工作。

2. 食品生产者采购食品原料、食品添加剂、食品相关产品，应当查验供货者的许可证和产品合格证明文件，并建立进货查验记录制度，进货查验记录应当真实，保存期限不得少于二年。对无法提供合格证明文件的食品原料，应当依照食品安全标准进行检验。

3. 食品生产企业应当建立食品出厂检验记录制度，依照食品安全标准查验出厂食品的检验合格证和安全状况，并如实记录食品的名称、规格、数量、生产日期、生产批号、

检验合格证号、购货者名称及联系方式、销售日期等内容。食品出厂检验记录应当真实，保存期限不得少于二年。

4. 食品经营者采购食品，应当查验供货者的许可证和食品合格的证明文件；应当建立食品进货查验记录制度，如实记录食品的名称、规格、数量、生产批号、保质期、供货者名称及联系方式、进货日期等内容。食品进货查验记录应当真实，保存期限不得少于二年。

5. 食品经营者应当按照保证食品安全的要求贮存食品，定期检查库存食品，及时清理变质或者超过保质期的食品。所贮存散装食品，应当在贮存位置标明食品的名称、生产日期、保质期、生产者名称及联系方式等内容。

专供婴幼儿和其他特定人群的主辅食品，其标签还应当标明主要营养成分及其含量。

第四节 食品生产经营许可制度的规定

一、关于生产经营实行许可制度

《食品安全法》第三章第二十九条规定：国家对食品生产经营实行许可制度。从事食品生产、食品流通、餐饮服务，应当依法取得食品生产许可、食品流通许可、餐饮服务许可。县级以上质量监督、工商行政管理、食品药品监督管理部门应当依照《中华人民共和国行政许可法》的规定，审核申请人提交的本法第二十七条第一项至第四项规定要求的相关资料，必要时对申请人的生产经营场所进行现场核查；对符合规定条件的，决定准予许可；对不符合规定条件的，决定不予许可并书面说明理由。

为适应我国实际情况，《食品安全法》规定生产厂家厂内自售、餐饮单位自加工的食品、农民自产自销的农产品，不需办理经营、生产或流通许可证，但要符合食品安全卫生条件。

二、关于食品从业人员健康管理的规定

食品生产经营者应当建立并执行从业人员健康管理制度。患有痢疾、伤寒、病毒性肝炎等消化道传染病的人员，以及患有活动性肺结核、化脓性或者渗出性皮肤病等有碍食品安全的疾病的人员，不得从事接触直接入口食品的工作。食品生产经营人员每年应当进行健康检查，取得健康证明后方可参加工作。

三、关于食品添加剂许可制度

《食品安全法》第三章第四十三规定：国家对食品添加剂的生产实行许可制度。申请食品添加剂生产许可的条件、程序，按照国家有关工业产品生产许可证管理的规定执行。

凡申请利用新的食品原料从事食品生产或者从事食品添加剂新品种、食品相关产品新品种生产活动的单位或者个人，应当向国务院卫生行政部门提交相关产品的安全性评估材料。国务院卫生行政部门应当自收到申请之日起六十日内组织对相关产品的安全性评估材料进行审查；对符合食品安全要求的，依法决定准予许可并予以公布；对不符合食品安全要求的，决定不予许可并书面说明理由。

食品添加剂应当在技术上确有必要且经过风险评估证明安全可靠，方可列入允许使用的范围。国务院卫生行政部门应当根据技术必要性和食品安全风险评估结果，及时对食品添加剂的品种、使用范围、用量的标准进行修订。

食品生产者应当依照食品安全标准中关于食品添加剂的品种、使用范围、用量的规定使用食品添加剂；不得在食品生产中使用食品添加剂以外的化学物质和其他可能危害人体健康的物质。食品添加剂应当有标签、说明书和包装。载明"食品添加剂"字样及食品添加剂的使用范围、用量、使用方法。

第四十八条规定：食品和食品添加剂的标签、说明书，不得含有虚假、夸大的内容，不得涉及疾病预防、治疗功能。生产者对标签、说明书上所载明的内容负责。生产经营的食品中不得添加药品，但是可以添加按照传统既是食品又是中药材的物质。

四、关于保健食品的规定

《食品安全法》第四章第五十一条规定：国家对声称具有特定保健功能的食品实行严格监管。有关监督管理部门应当依法履职，承担责任。具体管理办法由国务院规定。

声称具有特定保健功能的食品不得对人体产生急性、亚急性或者慢性危害，其标签、说明书不得涉及疾病预防、治疗功能，内容必须真实，应当载明适宜人群、不适宜人群、功效成分或者标志性成分及其含量等；产品的功能和成分必须与标签、说明书相一致。

五、关于食品进出口的规定

（一）进口食品

《食品安全法》第六章规定：进口的食品、食品添加剂以及食品相关产品应当符合我国食品安全国家标准。若我国尚无国家标准的，或者首次进口食品添加剂新品种、食品相关产品新品种，进口商应当向国务院卫生行政部门提出申请并提交相关的安全性评估材料。国务院卫生行政部门依照本法四十四条的规定，作出是否准予许可的决定，并及时制定相应的食品安全国家标准。

进口的食品应当经出入境检验检疫机构检验合格后，海关凭出入境检验检疫机构签发的通关证明放行。

境外发生的食品安全事件可能对我国境内造成影响，或者在进口食品中发现严重食品安全问题的，国家出入境检验检疫部门应当及时采取风险预警或者控制措施，并向国务院卫生行政、农业行政、工商行政管理和国家食品药品监督管理部门通报。接到通报的部门应当及时采取相应措施。

向我国境内出口食品的出口商或者代理商应当向国家出入境检验检疫部门备案。向我国境内出口食品的境外食品生产企业应当经国家出入境检验检疫部门注册。

进口的预包装食品应当有中文标签、中文说明书。标签、说明书应当符合本法以及我国其他有关法律、行政法规的规定和食品安全国家标准的要求，载明食品的原产地以及境内代理商的名称、地址、联系方式。

进口商应当建立食品进口和销售记录制度，如实记录食品的名称、规格、数量、生产日期、生产或者进口批号、保质期、出口商和购货者名称及联系方式、交货日期等内容。食品进口和销售记录应当真实，保存期限不得少于二年。

(二) 出口食品

出口的食品由出入境检验检疫机构进行监督、抽检,海关凭出入境检验检疫机构签发的通关证明放行。出口食品生产企业和出口食品原料种植、养殖场应当向国家出入境检验检疫部门备案。

国家出入境检验检疫部门应当收集、汇总进出口食品安全信息,并及时通报相关部门、机构和企业。

国家出入境检验检疫部门应当建立进出口食品的进口商、出口商和出口食品生产企业的信誉记录,并予以公布。对有不良记录的进口商、出口商和出口食品生产企业,应当加强对其进出口食品的检验检疫。

六、关于危害分析与关键控制点体系认证

《食品安全法》第三十三条规定:国家鼓励食品生产经营企业符合良好生产规范要求,实施危害分析与关键控制点体系,提高食品安全管理水平。对通过良好生产规范、危害分析与关键控制点体系认证的食品生产经营企业,认证机构应当依法实施跟踪调查;对不再符合认证要求的企业,应当依法撤销认证,及时向有关质量监督、工商行政管理、食品药品监督管理部门通报,并向社会公布。认证机构实施跟踪调查不收取任何费用。

七、关于食品广告

《食品安全法》第五十四条规定:食品广告的内容应当真实合法,不得含有虚假、夸大的内容,不得涉及疾病预防、治疗功能。食品安全监督管理部门或者承担食品检验职责的机构、食品行业协会、消费者协会不得以广告或者其他形式向消费者推荐食品。任何社会团体或者其他组织、个人在虚假广告中向消费者推荐食品,使消费者的合法权益受到损害的,与食品生产经营者承担连带责任。

第五节 食品安全监督管理与食品安全事故处置

一、相关行政部门的职责

食品安全监督管理体制改革与部门职责也是本法最大特点,将在此之前国务院和中编办的部门分工以法律形式予以规定。《食品安全法》第六章规定:县级以上质量监督、工商行政管理、食品药品监督管理部门履行各自食品安全监督管理职责,对食品生产经营者进行监督检查,应当记录监督检查的情况和处理结果。应当建立食品生产经营者食品安全信用档案,记录许可颁发、日常监督检查结果、违法行为查处等情况;根据食品安全信用档案的记录,对有不良信用记录的食品生产经营者增加监督检查频次。对生产经营者的同一违法行为,不得给予二次以上罚款的行政处罚;涉嫌犯罪的,应当依法向公安机关移送。行政执法中有权采取下列措施:

1. 进入生产经营场所实施现场检查;
2. 对生产经营的食品进行抽样检验;
3. 查阅、复制有关合同、票据、账簿以及其他有关资料;

4. 查封、扣押有证据证明不符合食品安全标准的食品，违法使用的食品原料、食品添加剂、食品相关产品，以及用于违法生产经营或者被污染的工具、设备；

5. 查封违法从事食品生产经营活动的场所。

县级以上农业行政部门应当依照《中华人民共和国农产品质量安全法》规定的职责，对食用农产品进行监督管理。县级以上卫生行政、质量监督、工商行政管理、食品药品监督管理部门接到咨询、投诉、举报，对属于本部门职责的，应当受理，并及时进行答复、核实、处理；对不属于本部门职责的，应当书面通知并移交有权处理的部门处理。

二、关于食品信息的发布

国家建立食品安全信息统一公布制度。下列信息由国务院卫生行政部门统一公布：①国家食品安全总体情况；②食品安全风险评估信息和食品安全风险警示信息；③重大食品安全事故及其处理信息；④其他重要的食品安全信息和国务院确定的需要统一公布的信息。

②项、③项规定的信息，其影响限于特定区域的，也可以由有关省、自治区、直辖市人民政府卫生行政部门公布。县级以上农业行政、质量监督、工商行政管理、食品药品监督管理部门依据各自职责公布食品安全日常监督管理信息。县级以上卫生行政、农业行政、质量监督、工商行政管理、食品药品监督管理部门应当相互通报获知的食品安全信息。

三、目前国务院相关行政部门的机构设置与分工

1. 国家食品药品监督管理局，设：

（1）食品许可司　主要职责是承担保健食品、化妆品、消费环节食品卫生许可管理工作；拟订保健食品、化妆品、消费环节食品卫生许可的有关规范并监督实施；拟订保健食品标准和技术规范并监督实施；拟订化妆品卫生标准和技术规范并监督实施；承担保健食品、化妆品新原料使用、国产特殊用途化妆品生产和化妆品首次进口等的审批工作；承担保健食品、化妆品检验检测机构资格认定和监督管理；承办局交办的其他事项。

（2）食品安全监管司　主要职责是承担消费环节食品安全监督管理工作；拟订消费环节食品安全管理规范并监督实施，承担消费环节食品安全状况调查和监测工作，发布与消费环节食品安全监管有关的信息；组织开展消费环节食品安全事故的处理工作；依法承担有关保健食品、化妆品安全性评审工作；承担保健食品、化妆品卫生监督管理工作；承办局交办的其他事项。

2. 国家质量检验检疫总局，设：

食品生产监管司　主要职责为拟订国内食品、食品相关产品生产加工环节质量安全监督管理的工作制度；承担生产加工环节的食品、食品相关产品质量安全监管、风险监测及市场准入工作；按规定权限组织调查处理相关质量安全事故；承担化妆品生产许可和强制检验工作。

3. 国家工商行政总局，设：

食品流通监督管理司　主要职责为负责流通环节食品安全监督管理，拟定流通环节食品安全监督管理的具体措施、办法；组织实施流通环节食品安全监督检查、质量监测及相

关市场准入制度；承担流通环节食品安全重大突发事件应对处置和重大食品安全案件查处工作；承办总局交办的其他事项。

4. 卫生部，设：

食品安全综合协调与卫生监督局 相关主要职责为负责食品安全综合监督，组织建立食品安全综合协调机制，拟订食品安全综合监管的政策规划、年度计划并组织实施；负责综合协调、检查评估各部门的食品安全检测、监测和监督工作，负责对地方政府食品安全工作的综合评价；组织拟订食品安全监管的法律法规、部门规章草案和食品安全国家标准以及食品生产经营企业的卫生条件和卫生规范；拟订食品安全检验机构资质认定的条件和检验规范；组织开展国家食品安全监测、总膳食调查和食源性疾病监测，负责食品安全风险评估和预警工作；负责新资源食品、食品添加剂、食品包装材料、进口无国家标准的食品及食品相关产品的风险评估和管理，制定按照传统既是食品又是中药材的物质目录；负责重大食品安全事故查处，组织开展食品安全专项督查活动，指导地方开展重大活动食品安全保障工作；制定食品安全事故信息报告制度，组织收集和分析食品安全事故信息，负责重大食品安全信息的统一发布。

四、关于食品安全事故处置

《食品安全法》第七章专门对食品安全事故处置进行了规定：

1. **关于预案** 国务院和县级以上地方人民政府都要制定食品安全事故应急预案。食品生产经营企业也要制定食品安全事故处置方案，定期检查本企业各项食品安全防范措施的落实情况，及时消除食品安全事故隐患。

2. **关于报告与通报** 发生食品安全事故的单位应当立即予以处置，防止事故扩大。事故发生单位和接收病人进行治疗的单位应当及时向事故发生地县级卫生行政部门报告。农业行政、质量监督、工商行政管理、食品药品监督管理部门在日常监督管理中发现食品安全事故，或者接到有关食品安全事故的举报，应当立即向卫生行政部门通报。发生重大食品安全事故的，接到报告的县级卫生行政部门应当按照规定向本级人民政府和上级人民政府卫生行政部门报告。县级人民政府和上级人民政府卫生行政部门应当按照规定上报。

任何单位或者个人不得对食品安全事故隐瞒、谎报、缓报，不得毁灭有关证据。

3. **关于处置** 县级以上卫生行政部门接到食品安全事故的报告后，应当立即会同有关农业行政、质量监督、工商行政管理、食品药品监督管理部门进行调查处理，并采取下列措施，防止或者减轻社会危害：

（1）开展应急救援工作，对因食品安全事故导致人身伤害的人员，卫生行政部门应当立即组织救治；

（2）封存可能导致食品安全事故的食品及其原料，并立即进行检验；对确认属于被污染的食品及其原料，责令食品生产经营者依照本法第五十三条的规定予以召回、停止经营并销毁；

（3）封存被污染的食品用工具及用具，并责令进行清洗消毒；

（4）做好信息发布工作，依法对食品安全事故及其处理情况进行发布，并对可能产生的危害加以解释、说明。

4. **关于事故结果处理** 发生重大食品安全事故，设区的市级以上人民政府卫生行政部门应当立即会同有关部门进行事故责任调查,督促有关部门履行职责,向本级人民政府提出事故责任调查处理报告。

重大食品安全事故涉及两个以上省、自治区、直辖市的,由国务院卫生行政部门依照前款规定组织事故责任调查。

发生食品安全事故,县级以上疾病预防控制机构应当协助卫生行政部门和有关部门对事故现场进行卫生处理,并对与食品安全事故有关的因素开展流行病学调查。

调查食品安全事故,除了查明事故单位的责任,还应当查明负有监督管理和认证职责的监督管理部门、认证机构的工作人员失职、渎职情况。

第六节 违反《食品安全法》的法律责任

一、行政法律责任

1. 未经许可从事食品生产经营活动(含食品添加剂生产),由有关主管部门没收违法所得、产品和和工具设备、原料等物品;货值金额不足一万元的,并处二千元以上五万元以下罚款;货值金额一万元以上的,并处货值金额五倍以上十倍以下罚款。

《食品安全法》还规定:集中交易市场的开办者、柜台出租者、展销会的举办者允许未取得许可的食品经营者进入市场销售食品,或者未履行检查、报告等义务的,由有关主管部门按照各自职责分工,处二千元以上五万元以下罚款;造成严重后果的,责令停业,由原发证部门吊销许可证。

2. 生产经营企业违反前述禁止性义务的,由有关主管部门按照各自职责分工,没收违法所得、违法生产经营的食品和用于违法生产经营的工具、设备、原料等物品;违法生产经营的食品货值金额不足一万元的,并处二千元以上五万元以下罚款;货值金额一万元以上的,并处货值金额五倍以上十倍以下罚款;情节严重的,吊销许可证。

3. 生产经营企业违反本法有关包装的规定,或采购、使用不符合标准的原料、添加剂等,或食品中加入药品,或经营被污染食品的,由有关主管部门按照各自职责分工,没收违法所得、违法生产经营的食品和用于违法生产经营的工具、设备、原料等物品;违法生产经营的食品货值金额不足一万元的,并处二千元以上五万元以下罚款;货值金额一万元以上的,并处货值金额二倍以上五倍以下罚款;情节严重的,责令停产停业,直至吊销许可证;

4. 违反本法规定,事故单位在发生食品安全事故后未进行处置、报告的,由有关主管部门按照各自职责分工,责令改正,给予警告;毁灭有关证据的,责令停产停业,并处二千元以上十万元以下罚款;造成严重后果的,由原发证部门吊销许可证。

5. 违反本法有关进出口规定的,依照上述"3."项给予处罚。

6. 违反本法规定,未按照要求进行食品运输的,由有关主管部门按照各自职责分工,责令改正,给予警告;拒不改正的,责令停产停业,并处二千元以上五万元以下罚款;情节严重的,由原发证部门吊销许可证。

以上被吊销食品生产、流通或者餐饮服务许可证的单位,其直接负责的主管人员自处罚决定作出之日起五年内不得从事食品生产经营管理工作。

7. 第九十三条规定：违反本法规定，食品检验机构、食品检验人员出具虚假检验报告的，由授予其资质的主管部门或者机构撤销该检验机构的检验资格；依法对检验机构直接负责的主管人员和食品检验人员给予撤职或者开除的处分。凡受到刑事处罚或者开除处分的食品检验机构人员，自刑罚执行完毕或者处分决定作出之日起十年内不得从事食品检验工作。食品检验机构聘用不得从事食品检验工作的人员的，由授予其资质的主管部门或者机构撤销该检验机构的检验资格。

8. 违反本法规定，在广告中对食品质量作虚假宣传，欺骗消费者的，依照《中华人民共和国广告法》的规定给予处罚。

9. 食品安全监督管理部门或者承担食品检验职责的机构、食品行业协会、消费者协会以广告或者其他形式向消费者推荐食品的，由有关主管部门没收违法所得，依法对直接负责的主管人员和其他直接责任人员给予记大过、降级或者撤职的处分。

10. 县级以上地方人民政府在食品安全监督管理中未履行职责，本行政区域出现重大食品安全事故、造成严重社会影响的，依法对直接负责的主管人员和其他直接责任人员给予记大过、降级、撤职或者开除的处分。县级以上卫生行政、农业行政、质量监督、工商行政管理、食品药品监督管理部门或者其他有关行政部门不履行本法规定的职责或者滥用职权、玩忽职守、徇私舞弊的，依法对直接负责的主管人员和其他直接责任人员给予记大过或者降级的处分；造成严重后果的，给予撤职或者开除的处分；其主要负责人应当引咎辞职。

二、民事法律责任

1. 《食品安全法》规定：违反本法造成人身、财产或者其他损害的，依法承担赔偿责任。

2. 生产不符合食品安全标准的食品或者销售明知是不符合食品安全标准的食品，消费者除要求赔偿损失外，还可以向生产者或者销售者要求支付价款十倍的赔偿金。

3. 第九十七条还规定：违反本法规定，应当承担民事赔偿责任和缴纳罚款、罚金，其财产不足以同时支付时，先承担民事赔偿责任。

三、刑事法律责任

第九十八条规定：违反本法构成犯罪的，依法追究刑事责任。而在《中华人民共和国刑法》的具体规定为：

1. 第一百四十三条规定：生产、销售不符合卫生标准的食品，足以造成严重食物中毒事故或者其他严重食源性疾患的，处三年以下有期徒刑或者拘役，并处或者单处销售金额百分之五十以上二倍以下罚金；对人体健康造成严重危害的，处三年以上七年以下有期徒刑，并处销售金额百分之五十以上二倍以下罚金；后果特别严重的，处七年以上有期徒刑或者无期徒刑，并处销售金额百分之五十以上二倍以下罚金或者没收财产。

2. 第一百四十四条规定：在生产、销售的食品中掺入有毒、有害的非食品原料的，或者销售明知掺有有毒、有害的非食品原料的食品的，处五年以下有期徒刑或者拘役，并处或者单处销售金额百分之五十以上二倍以下罚金；造成严重食物中毒事故或者其他严重食源性疾患，对人体健康造成严重危害的，处五年以上十年以下有期徒刑，并处销售金额百分之五十以上二倍以下罚金；致人死亡或者对人体健康造成特别严重危害的，依照本法第一百四十一条的规定处罚。

第七节 其他食品卫生安全的规定

以下各项为卫生部根据原《食品卫生法》对有关方面的食品卫生安全所作出的规定。根据目前的部门职责分工，这些有关食品卫生安全的监督管理，包括化妆品卫生的监督管理都已划归食品药品监督管理部门，并正对相关规定进行修订。

一、辐照食品卫生管理的规定

食品辐照处理主要用于食品的灭菌、杀虫、防腐、抑制生芽及食品的改性促熟。常用的放射源为 ^{60}Co 和 ^{137}Cs。现主要用于水果、蔬菜、酒类、肉类等的处理，并都已由卫生部制定出相应的卫生标准和要求。1996 年 4 月 5 日卫生部颁布了《辐照食品卫生管理办法》。该《办法》对从事食品辐照加工的单位和人员的管理作出了如下规定：

1. 新研制的辐照食品，应由辐照加工单位向卫生部提出申请，经批准后发给批准文号。
2. 辐照食品卫生安全评价专家组由卫生部聘请和组织。
3. 辐照加工的食品按辐照加工食品卫生标准实施检验，不符合标准的不得出厂或出售；严禁用辐照加工手段处理劣质不合格的食品；除规定的情形外，食品不得重复照射。
4. 凡辐照食品包装上必须加贴由卫生部统一制定的专门标识。
5. 卫生部设立的辐照食品检测中心是国内最高技术仲裁机构和技术指导中心。

二、转基因食品管理的规定

随着基因工程的开发利用，转基因食品的种类、范围越来越多。为保障消费者的健康权和知情权，2004 年 4 月 8 日卫生部根据原《食品卫生法》和《农业转基因生物安全管理条例》的有关规定，制定并颁布了《转基因食品卫生管理办法》。2007 年 7 月 2 日，卫生部重新颁布了《新资源食品管理办法》，并将《转基因食品卫生管理办法》同时作废。

2004 年 6 月，国家质检总局又颁布了《进出境转基因产品检验检疫管理办法》。该《办法》规定进出境的转基因动植物及产品、微生物及产品、食品均实行申报制度。凡发现转基因成分与批件不符的，或申报为非转基因产品，但检验发现含有转基因成分的，都应退货或销毁。进入境内进行展览用的转基因产品，展览结束后应退回或销毁。

目前对于转基因食品的管理，主要适用于 2003 年 5 月 23 日国务院颁布的《农业转基因生物安全管理条例》。该《条例》对转基因食品的研究与试验、生产与加工、经营、进出口及监督检查都有明确规定。该《条例》规定，农业部门对转基因食品进行监督管理，并规定了 13 条违反该《条例》时所应承担的法律责任。

三、学校集体用餐卫生管理的规定

卫生部于 1996 年 8 月 27 日，专门就学生用餐的营养与食品卫生，制定并颁布了《学生集体用餐卫生监督办法》。

该《办法》适用于中小学校、中等专科学校和技工学校及为其供餐的生产经营者。该

《办法》中所指的集体用餐包括学生普通用餐、学生营养餐及学生课间餐。该《办法》规定：

1. 学生用餐的生产经营者必须获得卫生行政部门颁发的《卫生许可证》。提供"营养餐"的生产经营单位还必须获得"学生营养餐"的许可项目；必须配备专（兼）职的营养师（士）或经过培训合格的营养配餐员；厨师应经食品卫生与营养知识培训，并取得合格证方可上岗。

2. 实行集体用餐的学校应配有专（兼）职人员负责集体用餐管理工作。该管理人员应掌握必要的食品卫生与营养知识。发生食物中毒时应及时报告卫生行政部门，并积极采取控制措施。

3. 学校应设有学生洗手、餐具清洗设备及符合卫生标准要求的饭菜暂存场所。负责分发学生集体用餐的人员，应按有关法律法规的要求，每年定期进行健康查体。

4. 以简单加工自带粮油、蔬菜或以加热饭菜为主的农村学校，也应按此《办法》规定执行。

5. 此《办法》附件对学生集体用餐的营养提出了参考标准，并对学生营养餐各类食物的配比提出了两种方案。

四、餐饮业食品卫生管理的规定

据卫生部统计，每年上报卫生部的食物中毒事故中，集体食堂和餐饮业发生的数量约占50%，但中毒人数约占总中毒人数的60%，餐饮业的食品卫生与安全一直是社会公众关注的重点卫生问题之一。

为更好地加强餐饮业的卫生管理，卫生部于2002年1月16日颁布了专门的《餐饮业食品卫生管理办法》。该《办法》主要强调以下措施：

1. 经营者的自身管理。餐饮经营者必须有完善的管理制度，配有专（兼）职卫生管理人员；做好从业人员的健康体检和培训；保持经营场所内外环境卫生；各种设备设施应保持正常运转；发生食物中毒时应及时报告，并保留造成中毒或可能导致中毒的现场与物品。

2. 对采购与贮存食品的规定。经营者不得采购不符合卫生要求的食品；所采购食品的运送、贮存应具备必要的条件。

3. 对食品加工环境与条件的要求。食品加工的厨房、凉菜间、蛋糕间应符合有关要求，食品加工人员的个人卫生应符合规定。对用于加工的原料、成品、半成品的刀、板、桶、筐、抹布等卫生条件，对食品加工过程的清洗、加温，尤其对凉菜制作过程的卫生措施，都有明确的要求。

4. 餐饮具的卫生要求。该《办法》规定了餐饮具的清洗、消毒要求，并对使用的清洗剂、消毒剂及清洗消毒后的餐饮具的保管也提出了明确要求。该《办法》还对餐饮服务和外卖食品的卫生提出了要求。

第八节 饮水卫生的法律制度

卫生安全的饮水，是保障人体健康和预防肠道传染病的重要措施。目前尚未有专门的关于饮用水卫生与安全的法律或法规。但在《食品卫生法》、《传染病防治法》及《防治水污染法》中都散在有关于饮水卫生的有关规定，如《食品卫生法》第八条第九款规定：食品用水必须符合国家规定的城乡生活饮用水卫生标准；《传染病防治法》规定：传染病爆发流行时，当地政府报上一级政府决定，可封闭被传染病病原体污染的公共饮用水水源。

一、生活饮用水卫生标准及其发展过程

生活饮用水卫生标准是对饮用水中与人群健康的各种因素（物理、化学和生物），以法律形式做的量值规定，以及为实现量值所做的有关行为规范的规定，并经国家有关部门批准，以一定形式发布的法定卫生标准。我国多次发布和修改饮用水卫生标准。1956年、1959年、直至1976年修订的标准分别只有15项、17项、23项，这些标准多为微生物、一般化学和感官性的指标，且未列为强制性卫生标准。1985年卫生部组织有关专家在参照世界卫生组织（WHO）《饮用水质量标准》的基础上，制定了我国新的《生活饮用水卫生标准》，将水质指标由23项增至35项，由卫生部以国家强制性卫生标准发布（GB5749-85）。该标准于1985年8月16日发布，1986年10月10日实施，共5章22条，分为总则、水质标准和卫生要求、水源选择、水源卫生防护和水质检验。该标准包括两大部分内容：一是法定的量的限值，即对各种有害因素所作出的量化阈限值规定；二是法定的行为规范，即为保证生活饮用水各项指标达到法定量的限值，对集中式供水单位生产的各个环节的法定行为规范。

随着经济和工农业的发展，化学物质对水体的污染越来越严重，对此卫生部于2001年6月颁布了《生活饮用水卫生规范》。该《规范》包括生活饮用水水质卫生规范、生活饮用水输配水设备及防护材料卫生安全评价规范、生活饮用水化学处理剂卫生安全评价规范、生活饮用水水质处理器卫生安全与功能评价规范、生活饮用水集中式供水单位卫生规范、涉及饮用水卫生安全产品生产企业卫生规范和生活饮用水检验规范。生活饮用水水质卫生规范中水质指标共96项，常规检测项目34项，非常规检测项目62项，与《生活饮用水卫生标准》（GB5749-85）相比，增加和修改了某些指标，加强了对有机污染的监测，对人体健康危害大的指标限值更加严格。

2006年12月29日，国家标准委和卫生部联合发布了经过修订的《生活饮用水卫生标准》和13项生活饮用水卫生检验方法国家标准，并自2007年7月1日起实施。《生活饮用水卫生标准》（GB5749-2006）属强制性国家标准，指标由原标准的35项增至106项，并对原标准35项指标中的8项进行了修订。《生活饮用水卫生标准》适用于城乡各类集中式供水的生活饮用水，也适用于分散式供水的生活饮用水。

《生活饮用水卫生标准》的检验项目分为常规检验项目和非常规检验项目两类，其中常规检验项目42项，非常规检验项目64项。13项生活饮用水检验方法标准均属推荐性国家标准，包括总则、水样的采集和保存、水质分析质量控制、感官现状和物理指标、无机非金属指标、金属指标、有机物综合指标、有机物指标、农药指标、消毒副产物指标、消毒剂指标、微生物指标、放射性指标等，是《生活饮用水卫生标准》实施的重要保证。

二、《生活饮用水卫生监督管理办法》简介

1996年7月9日，卫生部根据原《传染病防治法》和《城市供水条例》的有关规定，

颁布了《生活饮用水卫生监督管理办法》。该《办法》成为卫生行政部门对生活饮用水进行监督管理的重要法律依据，但当时规定该《办法》主要适用于集中式供水、二次供水及涉水产品的生产经营单位。而 2007 年 7 月 1 日开始实施的《生活饮用水卫生标准》则同时适用于农村饮用水。

（一）供水单位的卫生管理

该《办法》规定：一切供水单位供应的饮用水必须符合国家生活饮用水卫生标准。为此要求：

1. 集中式供水单位必须经县以上卫生行政部门批准许可。城市自来水供水企业及自建设施也对外供水的企业还应取得建设部门的《城市供水企业资质证》。

2. 新建、改建、扩建的饮水工程项目，应有建设部门和卫生行政部门参加的"三同时"审查和验收。

3. 供水单位应建立有关卫生管理制度，配备专（兼）职卫生管理人员。

4. 集中式供水单位必须配备水质净化消毒设施及水质检验设备和人员。日常的检验结果应报告当地卫生行政部门和建设部门。

5. 从事供水、管水的人员在上岗前必须经健康体检合格后方可上岗；上岗后应每年定期体检，凡患有"五病"者应调离岗位。同时从业人员还应接受卫生知识培训。

6. 生产涉水产品的单位也必须取得卫生行政部门的卫生许可。

7. 二次供水设施的选址、设计、施工所用材料，必须经卫生行政部门进行"三同时"审查；从事二次供水设施消毒的单位必须取得卫生行政许可；其消毒人员必须经卫生知识培训和健康体检，合格者方可上岗。

8. 饮用水源地必须设置水源保护区；区内严禁修建可能对水质造成污染的设施；禁止一切可能造成水质污染的行为。当饮用水源被污染、可能危及人体健康时，应及时采取消除污染的措施，并报告当地卫生行政部门和建设部门。

（二）饮用水的卫生监督

1. 监督权限的划分。县以上卫生行政部门负责本辖区内饮用水的卫生监督监测。但供水单位供水范围超出所在地行政区域的，则由该行政区的上一级卫生行政部门负责饮用水的监督监测；供水若超出所在省（市、自治区）的，则由所在地省级卫生行政部门负责监督监测；铁路、交通、民航主管部门设立的卫生监督机构，行使卫生部与有关部门规定的卫生监督职责。

2. 卫生行政部门的职责。负责新建饮水工程的"三同时"审查、批准与许可；负责本辖区内饮用水水源水质的监测与评价；对饮用水污染事故对健康的影响进行调查，并采取预防措施；对涉水产品进行安全性评价和日常监督检查。

3. 凡与饮用水接触的防护涂料、水质处理器及新材料和新化学物质的安全性评价，先由省级卫生行政部门初审，然后报卫生部复审，复查合格后由卫生部发给批准文件；其他涉水产品由省级卫生行政部门审查批准，报卫生部备案。

4. 县以上卫生行政部门设饮水卫生监督员，负责饮水卫生监督工作；县级卫生行政部门可聘任饮水检查员，负责乡镇饮水检查工作；铁路、交通、民航的饮水监督员，由其上级行政主管部门聘任，发给证书。

5. 凡涉及饮用水卫生安全的进口产品，必须经卫生部审批后方可进口和销售。

6. 医疗机构发现因饮水污染出现传染病，或发生化学中毒病例时，应立即报告当地卫生行政部门和卫生防疫机构。

(三) 罚则

1. 凡集中式供水单位安排体检不合格者从事直接供、管水工作的，由县以上卫生行政部门予以责令改正，并处以1000元的罚款。

2. 有下列违法行为之一的，责令改进，并处以20~5000元罚款：
(1) 在水源保护区修建危害水源水质卫生的设施，或进行有碍水源水质卫生作业的；
(2) 新建饮水工程不进行"三同时"审查，擅自供水的；
(3) 未取得卫生许可证擅自供水的；
(4) 供水单位的供水不符合国家卫生标准的；
(5) 未取得卫生行政许可，擅自从事二次供水清洗消毒工作的。

3. 未取得卫生行政许可，擅自生产销售涉水产品的，县以上卫生行政部门责令其改正，并处违法所得3倍以下的罚款（但最高不超过30 000元）或处500~10 000元罚款。

4. 城市自来水供水企业，或自建设施对外供水的企业，有下列行为之一的，由建设行政部门责令改正，并处违法所得3倍以下罚款（但最高不超过30 000元），没有非法所得的可处10 000元罚款：
(1) 新的饮水项目未经建设部门审查和验收而擅自投产使用的；
(2) 不按规定进行日常性水质检验的；
(3) 未取得《城市供水企业资质证书》就擅自供水的。

第九节 化妆品卫生管理法律制度

一、化妆品及其卫生监督管理制度概述

化妆品，是指以涂擦、喷洒或者其他类似的方法，散布于人体表面任何部位（皮肤、毛发、指甲、口唇等），以达到清洁、消除不良气味、护肤、美容和修饰目的的日用化学工业产品及天然植物产品。化妆品已成为广大人民群众的日常生活用品。

我国实行化妆品卫生监督制度。在对化妆品的整个管理体系中，卫生行政部门只负责这一领域的卫生监督管理工作。目前，化妆品卫生的立法主要有：1989年11月13日由卫生部颁布的《化妆品卫生监督条例》；1991年2月由卫生部颁布的《化妆品卫生监督条例实施细则》；国家工商管理局于1993年7月颁布的《化妆品广告管理办法》；以及2000年6月1日重新颁布的《化妆品生产企业卫生规范》等。此外还有散见于其他法律、法规中的相关规定。2007年5月31日，卫生部再次修订与颁布了《化妆品生产企业卫生规范》，该《规范》对化妆品生产的选址、设施和设备，对使用的原料和包装材料，对生产过程及成品贮存与出入库全过程的卫生要求都有具体规定。同时对企业的自身卫生管理，对生产人员的资质和个人卫生条件与管理也作出了具体规定。

二、化妆品卫生标准

化妆品卫生标准是评价化妆品质量的依据。1987年5月，国家正式颁布了《化妆品

卫生标准》。该标准从三个不同的角度对化妆品的质量提出了明确要求。

（一）对化妆品的一般要求

规定化妆品必须外观良好，不得有异臭；不得对皮肤和黏膜产生刺激和损伤作用；必须无感染性，使用安全。

（二）对化妆品的限制性要求

包括对化妆品中的禁用物质、限用物质、限用防腐剂、限用紫外线吸收剂、暂用着色剂等方面的具体要求。

（三）对化妆品的卫生质量要求

包括微生物学质量、有毒物质限量等方面的要求。

思考题

1. 日用健康相关产品有哪些？各有何种法律法规？
2. 《食品安全法》规定的生产、经营食品的卫生要求有哪些？
3. 《食品安全法》规定哪些食品被禁止生产、经营？
4. 《食品安全法》规定患有哪些疾病的人员不得从事直接入口食品的工作？
5. 《食品安全法》规定了哪些重要法律制度？
6. 对于违反《食品安全法》的严重违法行为，《食品安全法》规定了哪些处罚措施？
7. 何为辐照食品？对此国家有何规定？
8. 对于生活饮用水，有哪些法律法规的规定？
9. 对于化妆品，有哪些卫生标准要求？

（宋文质　李晓农）

第七章　环境卫生与学校卫生的法律制度

广义的环境卫生应当包括生活环境、学习环境、工作环境及休闲娱乐环境卫生，其中关于工作环境卫生又称职业卫生，对此已在职业病防治与放射卫生法律制度一章论述；关于生活环境卫生又可分为生活大环境卫生和室内环境卫生，关于生活大环境卫生的有关法律制度的规定主要划归为环境保护法律范畴，如《大气污染防治法》、《固体废物污染防治法》、《环境噪声污染防治法》等。关于室内环境卫生尚无法律、法规的规定，现仅有2003年由卫生部、国家质检总局、环保总局颁布的《室内空气质量标准》和《室内环境质量评价标准》，而在此之前国家质检总局还颁布了室内装饰装修材料有害物质限量国家标准。

因此本章主要论述公共场所卫生、学校卫生的有关法律制度，同时将2003年国务院颁布的《医疗废物管理条例》也在本章进行论述，因为医疗废物的管理不仅涉及医疗机构，同时还涉及医疗垃圾处置单位，仍然属于医院环境的保护及生活大环境的保护。

第一节　公共场所卫生的法律规定

1987年4月1日，国务院发布了《公共场所卫生管理条例》（以下简称《条例》），卫生部1987年还制定了《公共场所卫生监督监测要点》，1991年修订了《公共场所卫生管理条例实施细则》。公共场所卫生的法律规定对预防传染病的传播、流行具有重要意义，为此，2006年3月1日起实施《公共场所集中空调通风系统卫生管理办法》，2007年6月20日卫生部与国家体育总局颁布了《游泳场所卫生规范》，该《规范》对游泳场所定义范围、选址、设计、设施布局、公用卫生间等作出了具体规定；同时对游泳场所的通风、照明、水质、卫生措施等也有具体规定；尤其对游泳场所的消毒、危害事故应急预案与报告、从业人员个人卫生与健康管理等都有明确的要求。目前卫生部正对《公共场所卫生管理条例》进行了修订。

一、公共场所的概念

公共场所是指人群聚集，供公众进行工作、学习、社交、休息、娱乐、体育锻炼、购物、餐饮、旅游和居住部分生活需求所使用的一切公用建筑物、场所及其设施。根据《条例》规定，公共场所主要包括七类28种：① 住宿和交流场所，如宾馆、饭馆、旅店、招待所、车马店、咖啡馆、酒吧、茶座；② 净身与美容场所，如公共浴室、理发店、美容店；③ 文化娱乐场所，如影剧院、录像厅（室）、游艺厅（室）、公园；④ 文化交流场所，如展览馆、博物馆、美术馆、图书馆；⑤ 商业活动场所，如商场（店）、书店；⑥ 就诊和交通场所，如候诊室、候车（机、船）室、公共交通工具；⑦ 体育、休息场所，如体育场（馆）、游泳场（馆）、公园等。此外，邮电局、照相馆、银行营业厅、集贸市场等尚未纳入法定监督管理范围，有待今后在立法上修改完善。

二、公共场所的卫生质量要求

《条例》规定各类公共场所的下列项目应符合国家有关卫生标准，包括：空气、小气候（温度、湿度、风速）、水质、采光、照明、噪声、顾客用具和卫生措施。对于不同的公共场所，上述项目的具体规定各有不同，卫生部对此分别制定了相应的标准：①《旅店业卫生标准（GB9663-1996）》；②《理发店、美容店卫生标准（GB9666-1996）》；③《公共浴室卫生标准（GB9665-1996）》；④《理发店、美容店卫生标准（GB9666-1996）》；⑤《游泳场所卫生标准（GB9667-1996）》；⑥《体育场馆卫生标准（GB9668-1996）》；⑦《图书馆、博物馆、美术馆卫生标准（GB9669-1996）》；⑧《医院候诊室卫生标准（GB9671-1996）》；⑨《公共交通等候室卫生标准（GB9672-1996）》；⑩商场（店）、书店卫生标准（GB9670-1996）；⑪公共交通工具卫生标准（GB9673-1996）、饭馆（餐厅）卫生标准（GB16153-1996）。

三、公共场所的卫生管理

公共场所的卫生管理是指公共场所的主管部门以及经营单位对管辖范围内的公共场所进行的卫生管理工作。《条例》规定经营单位应：①建立卫生管理制度。②进行卫生知识培训。③从业人员持证上岗。公共场所直接为顾客服务的人员，持有"健康合格证"方能从事本职工作，其中旅店、咖啡馆、酒吧、茶座、浴室、理发店、美容店、游泳池等直接为顾客服务的人员每年必须进行一次健康检查；其他场所的可每2年进行一次健康检查；对可疑传染病患者须随时进行健康检查。凡患有痢疾、伤寒、病毒性肝炎、活动期肺结核、化脓性或者渗出性皮肤病以及其他有碍公共卫生的疾病的，必须调离岗位，治愈前不得从事直接为顾客服务的工作。④办理卫生许可证。公共场所实行卫生许可证制度。经营单位在经营前须到所在地卫生行政部门申请卫生许可。⑤事故报告。公共场所因不符合卫生标准和要求造成危害健康事故的，经营单位应妥善处理，并及时报告卫生防疫机构。

四、公共场所的卫生监督

《条例》规定，各级卫生防疫机构负责公共场所卫生监督工作，随着卫生监督体制的改革，现已规定由卫生行政部门设立的卫生监督所承担；民航、铁路、交通、厂（场）矿卫生防疫机构对管辖范围内的公共场所实行卫生监督，并接受当地卫生防疫机构的业务指导。

1. 公共场所卫生监督机构的主要职责。对公共场所进行卫生监测和卫生技术指导；监督从业人员健康检查，指导有关部门对从业人员进行卫生知识的教育和培训；对新建、扩建、改建的公共场所的选址和设计进行卫生审查，并参加竣工验收。对违反《公共场所卫生管理条例》的单位有关部门和个人进行行政处罚。

2. 公共场所卫生监督执法人员的权利和义务。根据《条例》规定，卫生监督员有权对公共场所进行现场检查，索取有关资料，经营单位不得拒绝或隐瞒。但同时也规定公共场所卫生监督员在执行任务时，应佩戴证章、出示证件；必须尽职尽责，依法办事；对提供的技术资料有保密的责任。

五、法律责任

（一）行政责任

1. 行政处罚。公共场所经营单位或者个体经营者，凡有下列行为之一，可以根据情节轻重，给予警告、罚款、停业整顿、吊销《卫生许可证》的行政处罚：① 卫生质量不符合国家卫生标准和要求，而继续营业的；② 未获得"健康合格证"，而从事直接为顾客服务的工作的；③ 拒绝卫生监督的；④ 未取得"卫生许可证"，擅自营业的。

2. 行政处分。公共场所卫生监督机构和卫生监督员必须尽职尽责，依法办事。对玩忽职守、滥用职权、收取贿赂的，由上级主管部门给予直接责任人员行政处分。构成犯罪的，由司法机关依法追究直接责任人员的刑事责任。

（二）民事责任

凡违反规定造成严重危害公民健康的事故或中毒事故的单位或者个人，应当对受害人赔偿损失。

（三）刑事责任

违反《公共场所卫生管理条例》，致人残疾或者死亡，构成犯罪的，由司法机关依法追究直接责任人员的刑事责任。

第二节　《医疗废物管理条例》简介

2003年6月16日，正值全国抗击"非典"的关键时期，国务院发布了《医疗废物管理条例》（以下简称《条例》）。该《条例》不仅涉及医疗机构，还涉及许多实验机构，因此在一定意义上该《条例》属于环境卫生或环境保护的法律规定。

一、总则

（一）立法目的

为加强医疗废物的安全管理、防止疾病传播、保护环境、保障人体健康。

（二）医疗废物的定义范围与分类

1. 定义　医疗卫生机构在医疗、预防、保健及其他相关活动中产生的具有直接或间接感染性、毒性及其他危害性的废物。这里所指的相关活动包括卫生行业、医学院校及其他一切生物实验室和动物实验室的实验活动，所指的医疗废物包括固体、液体和气体，狭义的仅指固体。

2. 医疗废物的分类　2003年10月10日，卫生部、国家环保总局共同发布了《医疗废物分类目录》，将医疗废物分为：

（1）感染性废物。指携带病原微生物具有引发感染性疾病传播危险的医疗废物。包括：① 被病人血液、体液、排泄物污染的物品，包括：棉球、棉签、引流棉条、纱布及其他各种敷料；一次性使用卫生用品、一次性使用医疗用品及一次性医疗器械；废弃的被服；其他被病人血液、体液、排泄物污染的物品。② 医疗机构收治的隔离传染病病人或者疑似传染病病人产生的生活垃圾。③ 病原体的培养基、标本和菌种、毒种保存液。④ 各种废弃的医学标本。⑤ 废弃的血液、血清。⑥ 使用后的一次性使用医疗用品及一次性医疗器械视为感染性废物。

（2）病理性废物。指诊疗过程中产生的人体废弃物和医学实验动物尸体等。包括：① 手术及其他诊疗过程中产生的废弃的人体组织、器官等。② 医学实验动物的组织、尸体。③ 病理切片后废弃的人体组织、病理蜡块等。

（3）损伤性废物。指能够刺伤或者割伤人体的废弃的医用锐器，包括：医用针头、缝合针；各类医用锐器，如解剖刀、手术刀、备皮刀、手术锯等；载玻片、玻璃试管、玻璃安瓿等。

（4）药物性废物。指过期、淘汰、变质或者被污染的废弃的药品。包括：废弃的一般性药品，如：抗生素、非处方类药品等；废弃的细胞毒性药物和遗传毒性药物，如：致癌性药物，如硫唑嘌呤、苯丁酸氮芥、萘氮芥、环孢素、环磷酰胺、美法仑、司莫司汀、他莫昔芬、塞替派等；可疑致癌性药物，如：顺铂、丝裂霉素、多柔比星、苯巴比妥等；免疫抑制剂；废弃的疫苗、血液制品等。

（5）化学性废物。指具有毒性、腐蚀性、易燃易爆性的废弃的化学物品。包括：① 医学影像室、实验室废弃的化学试剂。② 废弃的过氧乙酸、戊二醛等化学消毒剂。③ 废弃的汞血压计、汞温度计。

3.《条例》的适用范围。该《条例》适用于一切医疗卫生机构、生物实验机构的医疗废物的收集、运送、储存、处置及监督管理活动。

医疗机构收治的传染病病人或可疑传染病病人产生的生活垃圾也应按《条例》管理；医疗机构废弃的麻醉、精神、放射性、毒性等药品及相关废物的管理，则按国家有关法律法规的规定和标准执行。

4. 医疗垃圾处理原则。① 分类原则——区别医疗垃圾与生活垃圾；② 谁污染谁治理原则——由医疗废物处置单位向医疗机构收费；③ 全过程严格管理原则；④ 集中处理与无害处理原则。

5. 政府及有关部门的职责。县级以上地方人民政府负责组织建设医疗废物集中处置设施，国家对边远贫困地区给予适当支持；卫生行政主管部门监督管理医疗废物的收集、运送、储存、处置活动中的疾病防治工作；环保部门监督管理收集、运送、储存、处置活动中的环境污染防治工作。

二、对医疗机构的规定

（一）医疗废物管理的条件与建设

1. 建立存放的专用设施、设备暂存点。《条例》规定，医疗废物的暂存必须符合以下条件：① 不露天，存放时间不得超过2天；② 应与生活垃圾区分；③ 能够防鼠、防蝇、防盗，并禁止和防止儿童进入；④ 要定期消毒、清洁；⑤ 使用专用包装袋或容器，并有警示标志。

2. 收集过程中的注意事项：① 包装应防渗漏、防遗撒、防穿漏；② 按规定的时间、线路移送到暂存点；③ 使用的运送工具应定期、定点消毒处理。

3. 在转交给处理单位时的注意事项：① 应及时转交，时间不得超过2天；② 就近转交原则，防路线过长造成污染机会；③ 高危险废弃物（培养基、菌种、毒种、标本等）应先消毒再转交。

4. 医院污水、传染病病人或可疑传染病病人排泄物应先消毒，符合标准再排放。

5. 对农村医疗机构的规定：① 凡一次性用品、有危险性的医疗废物必须先行消毒，同时加以变形处理；② 对可燃性的医疗废物应予焚烧；③ 对不可燃性的医疗废物要予以填埋。

（二）医疗机构管理者的责任

1. 医疗机构的法人代表是医疗废物管理的第一责任人，并设置监控部门或专（兼）职人员负责单位内的医疗废物管理工作。

2. 应制定相应管理制度和意外事故应急方案。

3. 对有关管理人员、工作人员进行知识技术培训、法律法规知识培训、安全防护知识培训及紧急处理知识培训。

4. 应为有关人员配备个人防护用品，定期进行健康查体，必要时进行免疫接种。

（三）管理制度的规定

《条例》规定，医疗机构及废物处置单位必须建立以下管理制度：

1. 废物登记制度，包括：来源、分类、重（数）量、处置方法、交接时间与对象等。该登记资料应保留3年。

2. 危险废物"转移联单"制度。

3. 废物流失、泄漏、扩散报告制度。若发生流失、泄漏或扩散时应做到：① 立即对现场受害者进行紧急救护；② 立即报告卫生、环保部门；③ 立即通报可能受害的单位和居民，采取防护措施。

4. 禁止随意处理医疗废物的制度。包括：① 禁止任何单位和个人转让、买卖医疗废物的管理制度；② 禁止随意丢弃医疗废物的管理制度；③ 禁止在非贮存点倾倒、堆放医疗废物的管理制度。④ 禁止将医疗废物混入生活垃圾的管理制度。

三、医疗废物处置单位的设立与责任

（一）设立与条件

1. 医疗废物处置单位应申请领取县以上环保部门颁发的"营业许可证"。没有许可证不准从事该项工作。

2. 设立条件。《条例》规定，医疗废物处置单位必须具备以下条件，方可取得许可：① 具有贮存、处置的设施、设备；② 配有经过培训的技术人员和工人；③ 能对处置效果进行检测和评价，并每半年报告卫生、环保部门；④ 有相应的规章制度；⑤ 使用有明显标志的专用车辆；⑥ 具有污染物排放在线监控系统。

3. 设置场所的要求。① 运离居（村）民区；② 远离水源保护区和交通干线；③ 与工矿企业等工作场所间应有一定防护距离。

（二）运送过程的法律规定

《条例》对医疗废物的转运有特别规定：① 禁止邮寄、空运医疗废物；② 有陆路通道的，禁止通过水运转运医疗废物，以防止水体污染；③ 无陆路通道时，水运路线需要地（市）环保部门批准；④ 水源保护区绝对禁止水运转运医疗废物；⑤ 陆运时禁止与旅客用同一交通工具转运医疗废物。

对于医疗废物处置单位的一般要求，如规章制度、人员培训、清洁消毒、检测评价等，与对医疗机构的要求相似。

四、行政监督管理

《条例》规定，医疗废物的监督管理由卫生行政主管部门和环保行政主管部门共同负责。

（一）两部门的分工

卫生行政主管部门负责医疗废物收集、运送、储存、处置全过程中的疾病防治和工作人员的防护；环保行政主管部门负责对全过程的环境污染防治。

（二）两部门的合作

1. 定期交换监督检查结果；
2. 都可接受群众的举报、投诉，并处理；
3. 都可进入现场监督检查：① 了解情况、现场监测、调查取证；② 采集样品、查阅与复印有关资料；③ 责令停止违法行为；④ 查封或暂扣违法场所、设备、工具。
4. 在引起或可能引起传染病传播或环境污染时，共同采取临时控制措施：① 遣散人员；② 控制现场；③ 责令暂停造成污染事故的作业。

五、法律责任

（一）行政责任

1. 政府不作为，上级政府给予批评、责令改正，给予主要领导人、主管人员行政处分。
2. 卫生、环保等主管部门不作为，本级政府或上级政府给予批评、责令改正，给予主要负责人、负有责任的主管人员和其他直接责任人员行政处分。
3. 环保行政主管部门随意发放许可证，本级政府或上级政府给予批评、责令改正，给予主要负责人、主管人员和其他直接责任人员行政处分。
4. 医疗机构或处置单位，有下列违法行为的，卫生或环保行政主管部门予以警告、责令改正。逾期不改的，处 2000 元以上 5000 元以下的罚款：① 单位不建立健全有关管理制度，不设置监控机构和专（兼）管人员的；② 不对有关人员进行知识培训的；③ 对从事医疗废物收集、处置的工作人员不采取防护措施的；④ 不对医疗废物进行登记的；⑤ 对环境和工具不进行消毒、清洁的；⑥ 不及时收集和运送医疗废物的；⑦ 不对医疗废物收集、贮存、处置环境定期进行检测、评价的。
5. 医疗机构或处置单位有下列违法行为的，由卫生或环保部门予以警告、责令改正，并处 5 000 元以下罚款。逾期不改的，处 5000 元以上 3 万元以下罚款：① 医疗废物收集、贮存、运输、处置设施设备不符合卫生、环保要求的；② 不对医疗废物进行分类或不使用专用包装的；③ 使用不符合要求的车辆运输医疗废物，或用垃圾车辆运送其他物品的；④ 医疗废物处置设施不设置监控系统，或系统不能正常运转的。
6. 医疗机构或处置单位有下列违法行为的，一般情况由卫生或环保部门予以警告、责令改正，并处 5000 元以上 1 万元以下罚款。逾期不改的处 1 万元以上 3 万元以下罚款。若造成传染病传播或环境污染的，暂扣或吊销《医疗机构执业许可证》或《医疗废物处置经营许可证》：① 运送中丢弃或在非贮存点倾倒、堆放医疗废物或将其混入生活垃圾的；② 未执行"危险废物转移联单"制度的；③ 交给无经营资质者收集、运送、贮存、处置的；④ 处置过程和结果不符合国家卫生、环保标准与规范要求的；⑤ 对传染病病人排泄物的垃圾不消毒，或虽消毒但未达到排放标准的；⑥ 传染病病人生活垃圾管理、处置不符合规定要求的。

7. 医疗机构或处置单位发生医疗废物流失、泄漏、扩散时，若不及时采取措施的，或不及时报告卫生或环保行政主管部门的，一般情况予以警告、责令改正，并处1万元以上3万元以下罚款。造成传染病传播或环境污染的，暂扣或吊销医疗机构执业许可证或医疗废物经营许可证。

8. 医疗机构或处置单位阻碍或拒绝主管部门监督检查的，一般予以警告、责令改正；拒不改正的，暂扣或吊销医疗机构执业许可证或医疗废物经营许可证；违反治安管理的，公安机关予以处罚。

9. 农村医疗机构不按要求处置医疗废物的，一般予以警告、责令改正；逾期不改的，处2000元以上5000元以下罚款；造成传染病传播或环境污染的，暂扣或吊销医疗机构执业许可证或医疗废物经营许可证。

10. 对无经营许可证而从事收集、运送、贮存、处置的，责令停止违法行为，没收非法所得，并处1倍以下罚款。

11. 转让、买卖、邮寄或由铁路、航空运输医疗废物的，环保部门对买卖双方、邮寄人、托运人予以警告，责令停止，没收非法所得并处罚款。其非法所得多于5 000元的，按非法所得2～5倍进行处罚；若非法所得少于5 000元的，则处以5000元以上2万元以下罚款。

对承运人的以上违法行为，或承运人将医疗废物与旅客放在同一交通工具运送的，其行政处罚同上。

（二）民事责任

《条例》规定，医疗卫生机构、医疗废物处置单位，违法造成传染病传播或坏境污染事故，给他人造成伤害的，依法承担民事赔偿责任。

（三）刑事责任

《条例》规定，卫生或环保行政主管部门不作为的，医疗机构或处置单位违反规定的，其违法行为引起传染病传播或环境污染，构成犯罪的，依法追究刑事责任。

第三节 学校卫生工作的法律规定

学校，指普通中小学、农业中学、职业中学、中等专业学校、技工学校及普通高等学校。1990年4月经国务院批准，由国家教育委员会和卫生部共同颁布了《学校卫生工作条例》（以下简称《条例》）。而此前已制定了一系列学校卫生标准，如《中小学校教室采光和照明卫生标准》（GB7793-1987）、《学校课桌椅卫生标准》（GB7792-1987）、《中小学校建筑设计规范》（GBJ99-1986）等。

一、学校卫生工作的任务

《条例》规定，学校卫生工作的主要任务是：① 监测学生健康状况；② 对学生进行健康教育，培养学生良好的卫生习惯；③ 改善学校卫生环境和教学卫生条件；④ 加强对传染病、学生常见病的预防和治疗。

二、学校卫生工作的要求

（一）应建立健全卫生管理制度的规定

学校应当建立卫生管理制度，加强对学生个人卫生、环境卫生以及教室、宿舍卫生的管理。建立健全学生健康管理与指导，对学生群体健康状况实施动态监测，对学生中出现的健康问题采取有针对性的措施，维护学生群体健康。

（二）对教学过程中卫生保健的规定

学校应针对不同年龄组学生的生理、心理特点合理安排教学时间，减轻学生的学习负担。

（三）对参加生产劳动的规定

《条例》规定，学校应当根据学生的年龄组织学生参加适当的生产劳动，并对参加劳动的学生进行安全教育，提供必要的安全和卫生防护措施。中小学生不得参加有毒有害作业或者不安全工种的作业，不得让学生参加夜班劳动。高等学校、中等专业学校等组织学生参加的生产劳动，若接触有毒有害物质的，应按照国家有关规定加强卫生防护、提供保健待遇，并定期进行体格检查。

（四）对体育锻炼的规定

学校体育场地和器材应当符合卫生和安全要求；运动项目和运动强度应当适合学生的生理承受能力和体质健康状况，防止发生伤害事故；学校在安排体育课以及劳动课等体力活动时，应当注意女学生的生理特点，给予必要的照顾。

（五）对学校建筑和设备的规定

对新建、改建、扩建校舍，其选址、设计应当符合国家的卫生标准，并取得当地卫生行政部门的许可。竣工验收应当有当地卫生行政部门参加。

（六）对学校卫生设施的规定

学校是学生集中活动的场所，具备公共场所的特点，应以公共场所卫生的要求作为参考，必须具备良好的卫生设施。学校应当为学生提供充足的符合卫生标准的饮用水。学校应当按照有关规定为学生设置厕所和洗手设施。寄宿制学校应当为学生提供相应的洗漱、洗澡等卫生设施。

（七）对学校卫生保健的规定

学校应当积极做好近视眼、弱视、沙眼、龋齿、寄生虫、营养不良、贫血、脊柱弯曲、神经衰弱等学生常见疾病的群体预防和矫治工作。应根据条件定期进行健康检查，有条件的学校每年对中、小学生作一次全面体检，暂无条件的可在学生进入初小、高小及初中时各进行一次，初中及高中毕业时再进行一次。大学要认真做好新生入学的体检复查工作。学校应建立学生体质健康卡片，纳入学生档案。对体格检查中发现学生有器质性疾病的，应当配合学生家长做好转诊治疗。学校应当按照《传染病防治法》的要求，做好急、慢性传染病及地方病的预防和控制。学校还应当配备可以处理一般伤病事故的医疗用品。

（八）对学生营养与饮食卫生的规定

学校应当认真贯彻执行食品卫生法律、法规，加强饮食卫生管理，办好学生膳食，加强营养指导。

（九）对特殊儿童卫生保健的规定

特殊儿童，指盲童、聋哑儿童、肢体残障儿童、智力低下儿童等。《条例》规定，学校对特殊儿童应当加强医学照顾和心理卫生工作。在开展特殊教育的同时，还需要提供特殊的教学卫生措施。对特殊儿童应每年一次定期体检，根据检查结果，填写健康卡片，并逐年做动态观察。针对特殊儿童的情感问题，更应加强心理卫生，进行行为指导。

（十）对学校健康教育的规定

学校应当把健康教育纳入教学计划。普通中小学必须开设健康教育课，普通高等学校、中等专业学校、技工学校、农业中学、职业中学应当开设健康教育选修课或者讲座，还应开展学生健康咨询活动。对小学生重点是培养良好的卫生习惯，中学的重点在青春期教育，大学的重点是开展心理卫生教育。

三、学校卫生工作的管理

各级教育行政部门应把学校卫生工作纳入学校工作计划和考评内容，学校卫生经费也应纳入教育经费预算。普通高等学校、中等专业学校、技工学校和规模较大的农业中学、职业中学、普通中小学，可以设立卫生管理机构，或根据需要配备专职或兼职卫生保健教师。

四、学校卫生工作的监督

县级以上卫生行政部门对学校卫生工作行使监督职权，包括：① 对新建、改建、扩建校舍的选址、设计实行卫生监督；② 对学校内影响学生健康的学习、生活、劳动、环境、食品等方面的卫生和传染病防治工作实行卫生监督；③ 对学生使用的文具、娱乐器具、保健用品实行卫生监督。

国务院卫生行政部门可以委托国务院其他有关部门的卫生主管机构，在本系统内对上述第一、二项职责行使学校卫生监督职权。

五、法律责任

凡违反《条例》规定者由卫生行政部门给予行政处罚：

1. 未经许可就新建、改建、扩建校舍的，对直接责任单位或者个人给予警告、责令停止施工或者限期改建。

2. 学校教学建筑、环境噪声、室内微小气候、采光、照明等环境质量以及黑板、课桌椅的设置不符合国家有关卫生标准的；学校未按有关规定为学生设置厕所和洗手设施的；寄宿制学校没有为学生提供相应的洗漱、洗澡等卫生设施的；学校体育场地和器材不符合卫生和安全要求或者运动项目和运动强度不适合学生的生理承受能力和体质健康状况，发生伤害事故的，对直接责任单位或者个人给予警告并责令限期改进。情节严重的，可以同时建议教育行政部门给予行政处分。

3. 不根据学生的年龄特点组织参加劳动，或对参加劳动的学生不进行安全教育、不提供必要的安全和卫生防护措施，致使学生健康受到损害的，对直接责任单位或者个人给予警告，责令限期改进。

4. 有关单位供学生使用的文具、娱乐器具、保健用品，不符合国家有关卫生标准的，对直接责任单位或者个人给予警告。情节严重的，可以会同工商行政部门没收其不符合国家有关卫生标准的物品，并处以非法所得两倍以下的罚款。

5. 拒绝或者妨碍卫生行政部门依照本条例实施卫生监督的，对直接责任单位或者个人给予警告。情节严重的，可以建议教育行政部门给予行政处分或者处以 200 元以下的罚款。

思考题

1. 《公共场所卫生管理条例》规定，患哪些疾病的人员不得从事直接为顾客服务的工作？
2. 公共场所卫生监督执法人员有哪些权利和义务？
3. 医疗废物的定义是什么？可分几类？
4. 医疗废物的处理原则有哪些？
5. 医疗机构管理者对本单位医疗废物处置的责任是什么？
6. 学校卫生工作的要求有哪些？
7. 学校卫生工作的任务有哪些？

（宋文质　杨　健）

第八章 突发公共卫生事件应急处理的法律制度

近年来一些急性传染病的爆发流行，吉林和辽宁海城豆奶中毒等食物中毒事件、河北保定市外来女工的急性苯中毒事件等，对人民群众的身心健康造成严重损害，对局部区域的经济发展和社会的稳定也造成不良的影响。尤其2003年"非典"的爆发、流行，不仅严重威胁着人民群众的身心健康和生命安全，同时也引起了社会恐慌，给国民经济和对外交往都造成重大损失。为此在2003年5月7日国务院第七次常务会议通过了《突发公共卫生事件应急条例》（以下简称《条例》）。为贯彻执行《条例》，2004年卫生部成立了卫生应急办公室（突发公共卫生事件应急指挥中心），之后各省（直辖市、自治区）卫生行政部门也相继成立了卫生应急办，同时疾病预防控制机构也设立了应急办公室。2004年8月24日国务院审议通过了卫生部拟订的《突发公共卫生事件应急预案》，卫生部和交通部还联合制定了《突发公共卫生事件交通应急规定》。同时，国家发改委建立了应急物资生产和储备制度，财政部建立了应急经费保障机制，质检、民航、铁路、交通、农业等部门也都建立了疫情监测报告制度。为有效应对各种突发事件，2007年8月30日全国人大常委会通过了《中华人民共和国突发事件应对法》。

第一节 《突发公共卫生事件应急条例》简介

《条例》分为总则、预防与应急准备、报告与信息发布、应急处理、法律责任、附则，共计6章54条。

一、总则

（一）立法宗旨

《条例》的立法宗旨是，为有效预防、及时控制和消除突发公共卫生事件的危害，保障公众身体健康与生命安全，维护正常的社会秩序。《条例》立法宗旨加有"维护正常的社会秩序"，是因为突发公共卫生事件往往会带来社会恐慌和其他社会不稳定因素。

（二）"突发公共卫生事件"的定义

指突然发生，造成或可能造成社会公众健康严重损害的公共卫生问题，包括：① 重大传染病疫情；② 群体性不明原因疾病；③ 重大食物中毒；④ 重大职业中毒；⑤ 其他严重影响公众健康的事件。

（三）各级政府、卫生行政部门、其他有关部门的职责

总则中首先规定了政府的职责。

1. 迅速设立国务院或地方政府应急指挥部。国务院应急指挥部由有关部门和军队组成，国务院主管领导人任总指挥；省级政府应急指挥部也由有关部门组成，政府主要领导人任总指挥。

2. 卫生行政部门的职责。国务院卫生行政部门在职责范围内做好应急处理工作；县以上地方政府卫生行政部门具体负责调查、控制和医疗救治。

3. 其他行政部门的职责。国务院及地方各级政府其他有关部门，在职责范围内做好有关工作。

4. 县级以上人民政府的职责。制定科学研究、流行病学调查、传染源隔离、医疗救护、现场处置、监督检查、监测检验、卫生防护的人、财、物计划。

5. 为有效预防和应对突发公共卫生事件，《条例》规定国务院有关部门，县级以上人民政府和有关部门，都应建立严格的防范与处理责任制，各尽其职。

（四）应急处理原则

根据"非典"防治的经验教训，提出了以下原则：① 预防为主、常备不懈；② 统一领导、分级负责；③ 反应及时、措施果断；④ 依靠科学、加强合作。

（五）特别政策规定

《条例》还规定：① 对边远贫困地区予以特别财政支持；② 鼓励进行国际合作交流，对突发事件监测、预警、反应处理进行研究；③ 对参加事件处理的医疗卫生人员给予适当补助和保健补贴；④ 对有贡献的人员给予奖励；⑤ 对因参与应急处理工作致病、致残、死亡的人员，按国家规定给予补助和抚恤；⑥ 各级政府对因突发事件引起的致病、致残人员要提供及时、有效的救治资金。

二、预防与应急准备

（一）建立应急体系

国家建立统一的预防控制体系；县级以上人民政府要建立和完善监测、预警系统；县以上卫生行政部门要指定专门机构进行监测、预报工作，对监测、预警工作要按事件类别制定计划、科学分析、综合评价，并按规定的程序和时限及时报告；国务院有关部门和地方人民政府及有关部门应有应急物资储备；县级以上人民政府应加强急救网络建设，保证人、财、物等卫生资源储备；设区的市应设有传染病医院或能承担相应任务的医疗机构；县级以上卫生行政部门应定期对医疗机构及人员进行培训与训练。

（二）日常预防

各级人民政府应按法律、法规规定，做好传染病防治和其他公共卫生工作；各级人民政府卫生行政部门和有关部门应开展突发公共卫生事件的知识教育，提高公众的防范意识和能力。

（三）制定应急预案

国务院卫生行政部门应按分类指导的原则迅速制定应急预案，并报国务院批准；省、直辖市、自治区人民政府也要结合实际，制定本地区预案。预案内容应包括：① 组织、指挥、领导及相关部门职责；② 监测与预警措施；③ 信息收集、分析、报告、通报制度；④ 应急处理技术，监测机构及任务；⑤ 事件分级与应急处理方案；⑥ 预防及现场控制措施，包括应急设施设备、救治药品与器械、其他物资和技术等的筹集、储备与调度；⑦ 应急专业队伍的建设与培训措施。应急预案应根据事件变化和问题及时修订。

三、报告、通报、信息发布及举报制度

（一）建立国家应急报告制度

《条例》规定国务院卫生行政部门制定报告规范，建立信息报告系统，同时对报告作出以下规定：

1. 要求省级政府应在1小时内上报卫生部的情形有：① 发生或可能发生传染病爆发、流行的；② 发生或发现不明原因群体性疾病的；③ 发生传染病菌种、毒种丢失的；④ 发生或可能发生重大食物中毒、职业中毒的。

2. 事件监测机构、医疗卫生机构、有关单位，发现有法定规定的报告情形的，应在2小时内报告所在地卫生行政部门。卫生行政部门应在2小时内报告当地政府，同时报告上一级卫生行政部门和国务院卫生行政部门。县级政府接到报告，应在2小时内报市（地）级政府，市（地）级政府应在2小时内报告省级政府。

3. 国务院卫生行政部门对重大公共卫生事件应立即报告国务院。

（二）通报制度

1. 国务院卫生行政部门根据突发事件情况应向国务院其他部门、各省（直辖市、自治区）政府及军队有关部门进行通报。

2. 发生事件的省（直辖市、自治区）卫生行政部门应通报毗邻的省（直辖市、自治区）卫生行政部门。

3. 接到通报的省（直辖市、自治区）卫生行政部门应通报辖区内的所有医疗卫生机构。

4. 县以上人民政府有关部门对发生或可能发生的公共卫生事件，都应及时通报卫生行政部门。

（三）报告与举报制度

1. 任何单位和个人不得隐瞒、缓报、谎报，或授意他人瞒报、缓报、谎报。

2. 任何单位和个人有权向政府及有关部门报告突发事件隐患，有权向上一级政府举报当地政府和有关部门的"不作为"行为。

（四）信息发布制度

国务院卫生行政部门负责公布全国范围内的有关突发公共卫生事件的信息；必要时卫生部可授权省（直辖市、自治区）政府卫生行政部门公布辖区内的有关信息；信息发布应及时、准确、全面。

四、应急处理

（一）评估与判断

在发生或开始发生突发公共卫生事件时，首先应由卫生行政部门组织专家评判是否启动应急预案；凡全国或跨省区的预案的启动应由卫生部报国务院批准后实施；各省（市、自治区）的预案启动应由省级政府决定，并报国务院备案。

（二）应急预案启动

经评估和判断，决定需要启动应急预案时，在启动前县级以上各级人民政府有关部门应做好准备，采取必要应急措施；在启动后，事件发生地的人民政府有关部门应立即到达

规定岗位，各行其责，服从指挥部统一指挥；医疗卫生、监测、科研机构必须服从统一指挥、相互配合协作、集中力量研究。同时国务院及县级以上地方人民政府有关部门必须保障医疗救护物资的产、供、运。

（三）相关专业机构与职责

国务院卫生行政部门及省级卫生行政部门及有关部门指定的专业技术机构，负责对突发公共卫生事件的调查、确认、处置、指导、控制及评价工作。指定机构的人员在进入现场时，任何单位和个人应予配合，不得拒绝。

（四）行政督察与指导

全国指挥部进行的督察，地方各级政府及有关部门应予以配合；省（直辖市、自治区）指挥部在辖区内进行督察、指导时，下级单位也应予以密切配合。指挥部有权紧急调集人员、物资、交通工具；有权对人员疏散、隔离；有权对疫区实行封锁；有权对食物和水源采取控制措施。但对疫区的封锁应按《传染病防治法》的规定执行。

（五）卫生防护措施

县级以上卫生行政部门应采取现场具体控制措施；要宣传防治知识；必要时实行应急接种、预防投药、保护易感人群、实行群体防护。同时要采取必要措施保护参加应急处理的工作人员的生命与健康。

（六）交通检疫

在传染病爆发流行时，若交通工具上发现有传染病病人、疑似病人，应立即报告前方站点及运营单位；运营单位和前方站点应立即报告主管部门和当地政府卫生行政部门；当地卫生行政部门应立即到现场采取医学处置措施。对密切接触者，当地卫生行政部门和交通主管部门都应采取隔离、医学观察等控制措施。涉及出入境的人员、货物、交通工具等，则按《国境卫生检疫法》处理。

（七）医疗救护和现场救援

《条例》规定：① 医疗机构要提供医疗救护和进行现场救援；② 医疗机构必须接诊救治，并规范书写病例记录；③ 若需转诊治疗，则应按规定进行转诊，包括病例复印件；④ 医疗机构必须采取防护措施，防止内部交叉感染和污染；⑤ 医疗机构要负责对传染病人、密切接触者实施医学观察，个人应予配合；⑥ 医疗机构对救治的传染病人、疑似病人应按规定时间和程序报告卫生防疫机构；⑦ 卫生防疫机构应立即对可能受到危害的人群进行调查，并采取防控措施。

（八）基层组织的责任

《条例》规定传染病爆发流行时，街道、乡镇政府、居委会、村委会应协助卫生行政或其他部门及医疗卫生机构做好防护知识宣传、收集报告疫情、实施人员分散隔离、落实防治措施、实行团结协作、开展群防群治。

（九）应急处理的基本原则

根据"非典"防治的成功经验，对于各种突发公共卫生事件，尤其是在发生传染爆发流行时，必须做到：① 对流动人口应就地隔离、就地观察、就地治疗。② 有关部门、医疗卫生机构，都应做到早发现、早报告、早隔离、早治疗，以便早切断传播途径，防止传播、扩散。

(十) 特别规定

对需要隔离治疗和进行医学观察的病人、疑似病人及密切接触者，在卫生行政部门或有关机构采取医学措施时，个人应予以配合。对拒绝配合者，由公安机关协助强制执行。

五、法律责任

(一) 政府及有关部门不履行报告义务时应承担的法律责任

各级政府、政府卫生行政部门，隐瞒、缓报、谎报或授意他人隐瞒、缓报、谎报的，对其主要负责人：① 一般情形的，予以降级、撤职行政处分；② 造成传染病传播、流行或其他公众健康损害的，予以开除的行政处分；③ 构成犯罪的，依法追究刑事责任。

(二) 政府有关部门不履行职责时应承担的法律责任

国务院有关部门、县级以上地方人民政府及有关部门，对突发事件所需物资准备失职的，对其主要负责人的处理同上。

(三) 政府及有关部门不履行协助义务时应承担的法律责任

各级地方政府及有关部门，对上级政府有关部门的调查不配合，甚至干涉、阻碍调查的，对主要负责人：① 一般情形的，予以降级或撤职行政处分；② 构成犯罪的，依法追究刑事责任。

(四) 政府有关部门失职或渎职时应承担的法律责任

各级政府卫生行政部门、其他有关部门在调查、控制、医疗救治中玩忽职守、失职、渎职或拒不履行应急处理职责的，本级政府或上级政府的有关部门责令改正、通报批评，给予警告。对主要负责人、负有责任人员，依法予以降级、撤职的行政处分；造成严重危害后果的予以开除的行政处分；构成犯罪的依法追究刑事责任。

(五) 医疗卫生专业机构不履行义务时的法律责任

有下列行为之一的，由卫生行政部门责令改正，通报批评、给予警告；情节严重的吊销《医疗机构执业许可证》；对主要负责人、负有责任的主管人员及其直接责任者给予降级或撤职；造成传染病传播、流行或对社会公众健康造成严重危害后果，构成犯罪的，依法追究刑事责任：① 隐瞒、缓报、谎报；② 不按规定及时采取控制措施；③ 不履行监测职责；④ 拒绝接受患者诊治的；⑤ 不服从指挥部调度的。

(六) 有关单位和个人不履行义务时应承担的法律责任

在事件处理工作中，有关单位和个人不履行报告职责，隐瞒、缓报、谎报的；或阻碍应急处理工作人员执行职务的；或拒绝国务院卫生行政部门或有关部门指定的专业机构进入现场，或不配合调查、采样、技术分析和检验的，对有关责任人员：① 给予行政处分；② 构成违反治安管理行为的，由公安机关依法处罚；③ 构成犯罪的，依法追究刑事责任。

(七) 其他

在事件期间，散布谣言、哄抬物价、欺骗消费者、扰乱社会市场秩序的，由公安机关或工商部门予以行政处罚；构成犯罪的依法追究刑事责任。

第二节 《传染性非典型肺炎防治管理办法》简介

2003年5月12日，卫生部发布了《传染性非典型肺炎防治管理办法》。《办法》为

2003年抗击"非典"提供了有力的具体的法律保障，也为2004年防治"非典"、"禽流感"和今后防治类似的急性传染病，提供了法律保障。《办法》包括总则、疫情报告、通报和公布、预防与控制、医疗救治、监督管理、罚则、附则等共7章40条。

一、总则

1. 立法目的。为了有效预防和控制传染性非典型肺炎的发生与流行，保障公众的身体健康和生命安全。

2. 防治原则。将传染性非典型肺炎列入法定传染病管理，坚持预防为主，防治结合，分级负责，依靠科学，依法管理的原则。

3. 职责与分工。卫生部对全国传染性非典型肺炎的疾病防治工作实施统一监督管理。县级以上地方卫生行政部门对本行政区域传染性非典型肺炎的疾病防治工作实施监督管理。各级疾病预防控制机构按照专业分工，承担责任范围内的传染性非典型肺炎监测管理工作；各级各类医疗机构承担责任范围内的传染性非典型肺炎防治管理任务。

4. 特别规定：

（1）按照国家规定，对参加传染性非典型肺炎防治工作的医疗卫生人员，给予适当补助和保健津贴；对参加防治工作作出贡献的人员，给予表彰和奖励；对参与防治工作发生疾病、残疾、死亡的人员，给予相应的补助和抚恤。

（2）卫生部及省、自治区、直辖市卫生行政部门应当及时组织开展地区之间、医疗机构之间和疾病预防控制机构之间防治经验的交流；积极开展传染性非典型肺炎防治的科学技术研究工作；鼓励、支持开展传染性非典型肺炎防治的科学研究和技术的国际交流与合作。

（3）任何单位和个人，必须接受疾病预防控制机构、医疗机构、卫生监督机构有关传染性非典型肺炎的查询、检验、调查取证、监督检查以及预防控制措施，并有权检举、控告违反本《办法》的行为。

二、疫情报告、通报和公布

（一）疫情报告

1. 任何单位和个人发现传染性非典型肺炎病人或者疑似传染性非典型肺炎病人（以下简称病人或者疑似病人）时，都应当及时向当地疾病预防控制机构报告。

2. 医疗机构及其医务人员、疾病预防控制机构的工作人员发现病人或者疑似病人，必须立即向当地疾病预防控制机构报告。疾病预防控制机构发现疫情或者接到疫情报告，应当立即报告上级疾病预防控制机构和当地卫生行政部门。卫生行政部门接到报告后应当立即报告本级人民政府，同时报告上级卫生行政部门和国务院卫生行政部门。

3. 任何单位和个人对传染性非典型肺炎疫情，不得隐瞒、缓报、谎报或者授意他人隐瞒、缓报、谎报。

（二）疫情通报

1. 卫生部根据传染性非典型肺炎疫情情况，及时向国务院有关部门和各省、自治区、直辖市卫生行政部门以及军队卫生主管部门通报。传染性非典型肺炎疫情发生地的省、自治区、直辖市卫生行政部门，应当及时向毗邻省、自治区、直辖市卫生行政部门通报。

2. 接到通报的省、自治区、直辖市卫生行政部门，必要时应当及时通知本行政区域内的医疗卫生机构，做好预防控制工作。

（三）疫情公布

卫生部及时、如实向社会公布疫情；省、自治区、直辖市卫生行政部门及时、如实公布本行政区域的疫情。

三、预防与控制

1. 各级疾病预防控制机构履行下列职责：对传染性非典型肺炎疫情进行监测与预警；对疫情报告进行汇总、分析、评估；对病人或者疑似病人及其密切接触者进行流行病学调查；对病人或者疑似病人的密切接触者采取必要的医学观察措施；对医疗机构的消毒、隔离工作进行技术指导；对疫点进行隔离控制和消毒；对医疗机构外死亡的病人或者疑似病人的尸体进行消毒处理；对疾病预防控制人员进行专门的业务培训；对公众开展健康教育和医学咨询服务；依据有关规定实施其他疾病预防控制措施。必要时，向集中收治病人或者疑似病人的医疗机构派驻人员，协助医疗机构开展预防控制工作。

2. 疾病预防控制机构发现传染性非典型肺炎疫情或者接到疫情报告时，应当立即采取以下控制措施：及时到达现场，调查登记病人或者疑似病人的密切接触者；对密切接触者按照有关规定进行流行病学调查，并根据情况采取集中隔离或者分散隔离的方法进行医学观察；对医疗机构外被病人或者疑似病人污染的场所、物品进行卫生处理。

3. 疾病预防控制机构、医疗机构、从事传染性非典型肺炎科学研究机构，必须严格执行有关管理制度、操作规程，防止医源性感染、医院内感染、实验室感染和致病性微生物的扩散。

对从事传染性非典型肺炎预防控制、医疗救治、科学研究的人员，所在单位应当根据有关规定，采取有效的防护措施和医疗保健措施。

4. 有关单位和个人必须按照疾病预防控制机构的要求，对被传染性非典型肺炎病原体污染的污水、污物、粪便进行严密消毒和处理。

5. 公民的协助义务。病人或者疑似病人以及密切接触者及其他有关单位和人员，应当配合疾病预防控制机构和医疗机构采取预防控制措施。拒绝配合的，请公安机关予以协助。

6. 关于尸检的规定。传染性非典型肺炎病人死亡后，尸体处理按照《传染病防治法》第二十八条的有关规定和卫生部、民政部《关于做好传染性非典型肺炎患者遗体处理和丧葬活动的紧急通知》的规定，立即消毒、就地火化。医疗机构、疾病预防控制机构必要时可以对尸体进行解剖查验。

7. 关于交通检疫的规定。交通工具上发现病人或者疑似病人的，以及国境口岸和入出境人员、交通工具、货物、集装箱、行李、邮包等需要采取传染性非典型肺炎应急控制措施的，按照有关规定执行。

四、医疗救治

1. 县级以上地方卫生行政部门应当指定专门的医疗机构负责收治病人或者疑似病人；指定专门机构和车辆负责转运工作，并建立安全的转诊制度。

收治病人或者疑似病人的医疗机构应当符合卫生行政部门规定的隔离、消毒条件，配备必要的救治设备;对病人和疑似病人应当分开隔离治疗;采取有效措施,避免交叉感染。卫生行政部门对定点医疗机构的建设应当给予必要的支持。

2. 县级以上地方卫生行政部门应当指定医疗机构设立发热门诊和隔离观察室,负责收治可疑发热病人,实行首诊负责制。发现病人或者疑似病人时,应当采取应急控制措施,并及时报告当地疾病预防控制机构。

3. 乡(镇)卫生院应当根据县级以上卫生行政部门的要求设立发热病人隔离观察室,发现可疑发热病人时,及时通知县级医疗机构派专门技术人员诊断或者转诊。县级以上地方卫生行政部门应当加强县级医院、乡(镇)卫生院传染病医疗救治设施的改造和建设。

4. 各级各类医疗机构应当设立预防保健组织或者人员,承担本单位和责任地段的传染病预防、控制和疫情管理工作。

5. 医疗机构的具体职责:及时、如实报告疫情;承担责任范围内的传染性非典型肺炎的预防、诊断、治疗任务,改善服务质量,提高治疗水平;对医疗机构内病人或者疑似病人污染的场所、物品、排泄物进行严格的卫生处理;负责对医疗机构内死亡的病人或者疑似病人的尸体进行消毒处理;对医护人员进行专门的业务培训;宣传疾病防治科学知识;依据有关规定开展其他防治工作。

6. 医疗机构在救治中应了解和遵守的规定

(1) 医疗机构应当执行卫生部关于医院感染管理规范、医院消毒卫生标准等有关规定,采取严格的防护措施,使用有效防护用品,防止医务人员感染。医务人员应当增强传染病防治的法律意识,接受专门的业务培训,遵守操作常规,按照有关规定做好个人防护。

(2) 对流动人口中的病人、疑似病人应当按照就地隔离、就地观察、就地治疗的原则,及时送达当地指定的专门收治病人和疑似病人的医疗机构治疗。

(3) 医疗机构收治病人或者疑似病人,实行先收治、后结算的办法,任何医疗机构不得以费用为由拒收病人。对农民(含进城务工农民)和城镇困难群众中的传染性非典型肺炎病人实行免费医疗,所发生救治费用由政府负担,具体办法按国家有关规定执行。

(4) 医疗机构购进医疗防护用品、药品和医用器械,必须按照卫生行政部门规定的渠道和办法进行,确保质量和安全。

五、监督管理

卫生部对全国传染性非典型肺炎防治工作进行督察、指导。省、自治区、直辖市卫生行政部门对本行政区域的传染性非典型肺炎防治工作进行督察、指导。

各级卫生监督机构在卫生行政部门的领导下,对下列事项进行监督检查:

1. 医疗机构和疾病预防控制机构的疫情报告;
2. 医疗机构、留验站(所)的隔离、消毒、防护和医疗废弃物处理;
3. 公共场所的消毒;
4. 密切接触者的医学观察、疫点的环境消毒;
5. 生产、经营和使用单位的消毒产品、防护用品的质量;
6. 依法开展其他监督检查工作。

卫生部和省、自治区、直辖市卫生行政部门建立领导、协调机构,组建预防控制专家组和医疗救治专家组，组织和协调技术攻关。卫生部组织制定传染性非典型肺炎防治的指导原则和技术规范。

卫生部根据需要在全国范围内统筹协调卫生资源，调集医疗卫生人员参加防治工作；县级以上地方卫生行政部门在本行政区域内指定医疗机构承担医疗救治任务，组织医疗卫生人员参加防治工作。

疾病预防控制机构和医疗机构及其人员必须服从卫生行政部门的调遣。

六、罚则

《办法》对卫生行政部门和医疗卫生专业机构在防治"非典"工作中渎职、失职及不按规定报告疫情等违法行为所应承担的法律责任的规定，与《传染病防治法》及《突发公共卫生事件应急条例》的规定相同。但《办法》对其他一些违法行为所应承担的法律责任则规定的更具体。即：有关单位和人员有下列行为之一的，由县级以上卫生行政部门责令改正，可以处 5 000 元以下罚款，情节较严重的，可以处 5 000 元以上 2 万元以下的罚款；对主管人员和直接责任人员，由所在单位或有关部门给予行政处分；构成犯罪的，依法追究刑事责任：

1. 对传染性非典型肺炎病原体污染的污水、污物、粪便不按规定进行消毒处理的；
2. 造成传染性非典型肺炎的医源性感染、医院内感染、实验室感染或者致病性微生物扩散的；
3. 生产、经营、使用消毒产品、隔离防护用品等不符合规定与标准，可能造成传染病的传播、扩散或者造成传染病的传播、扩散的；
4. 拒绝、阻碍或者不配合现场调查、资料收集、采样检验以及监督检查的；
5. 拒绝执行疾病预防控制机构提出的预防、控制措施的；
6. 病人或者疑似病人故意传播传染性非典型肺炎，造成他人感染的。

七、附则（略）

思考题

1. 简述突发公共卫生事件的定义和范围。
2. 突发公共卫生事件应急处理的原则有哪些？
3. 突发公共卫生事件应急预案应包括哪些内容？
4. 处理突发公共卫生事件的"四早"原则是什么？
5. 医疗机构在救治"非典"患者时应遵守哪些具体规定？

（杨　健　宋文质）

第九章 母婴保健及人口与计划生育法律制度

生殖健康是指生殖系统及其功能所涉及的一切身体、精神和社会等方面的健康状态，世界卫生组织将其概括为计划生育、母亲健康、儿童健康和性健康四大要素。生殖权利是人的基本权利，包括性权利、生育权利、计划生育权利和获得生殖保健的权利。为保障公民生殖权利的实现，我国制定了关于母婴保健和计划生育等方面的法律。

第一节 母婴保健法律制度

一、概述

母婴保健既是我国保障母亲和婴儿健康，提高出生人口素质的一项法律制度，也是母亲和婴儿所享有的特殊权利。我国宪法明确规定"婚姻、家庭、母亲和儿童受国家的保护"，据此，早在1988年国务院就发布了《女职工劳动保护规定》，1992年4月3日全国人民代表大会通过了《中华人民共和国妇女权益保障法》，并于2005年8月28日经第十届全国人大常委会第十七次会议进行了修改。1994年10月27日第八届全国人大常委会第十次会议又通过了《中华人民共和国母婴保健法》（简称《母婴保健法》），2001年6月国务院又颁布了《母婴保健法实施办法》和《计划生育技术服务管理条例》。随着《中华人民共和国婚姻法》、《婚姻登记条例》的修订以及卫生部《婚前保健工作规范》等法律文件的实施，我国母婴保健法律制度的内容得以进一步完善。

二、婚前保健

（一）婚前保健服务

包括：① 婚前卫生指导：关于性卫生知识、生育知识和遗传病知识的教育；② 婚前卫生咨询：对有关婚配、生育保健等问题提供医学意见；③ 婚前医学检查：对准备结婚的男女双方可能影响结婚和生育的疾病进行医学检查。

（二）婚前医学检查

包括：① 严重遗传性疾病：指由于遗传因素先天形成，患者全部或者部分丧失自主生活能力，而且后代再现风险高，医学上认为不宜生育的疾病；② 指定传染病：指《中华人民共和国传染病防治法》中规定的艾滋病、淋病、梅毒、麻风病以及医学上认为影响结婚和生育的在传染期内的其他传染病；③ 有关精神病：指精神分裂症、躁狂抑郁型精神病以及其他重型精神病。

（三）婚前医学检查证明和医学意见

经婚前医学检查，医疗保健机构应出具婚前医学检查证明，医师应当向当事人说明情况，提出预防、治疗及采取相应医学措施的建议。对患有指定传染病在传染期内或者有关精神病在发病期内的，医师应当提出医学意见。对患有医学上认为不宜生育的严重遗传性疾病的，医师应当向男女双方说明情况，提出医学意见；经男女双方同意，采取长效避孕措施或者实施结扎手术后不生育的，可以结婚。但《中华人民共和国婚姻法》规定禁止结婚的除外。接受婚前医学检查的人员如果对检查结果持有异议，可以申请医学技术鉴定，并取得医学鉴定证明。

三、孕产期保健

（一）孕产期保健服务

包括：① 母婴保健指导：对孕育健康后代以及严重遗传性疾病和碘缺乏病等地方病的发病原因、治疗和预防方法提供医学意见；② 孕妇、产妇保健：为孕妇、产妇提供卫生、营养、心理等方面的咨询和指导，建立保健手册，进行产前定期检查等医疗保健服务；③ 胎儿保健：为胎儿生长发育进行监护，提供咨询和医学指导；④ 新生儿保健：为新生儿生长发育、哺乳和护理提供医疗保健服务。

（二）医学指导和医学意见

包括：① 对患严重疾病或者接触致畸物质，妊娠可能危及孕妇生命安全或者可能严重影响孕妇健康和胎儿正常发育的，医疗机构应当给予医学指导；② 对发现或者怀疑患严重遗传性疾病的育龄夫妻，应提出医学意见，育龄夫妻应根据医学意见采取相应措施；③ 经产前检查，胎儿可能患严重遗传性疾病或者有严重缺陷，或者因患严重疾病，继续妊娠可能危及孕妇生命安全或严重危害其健康的，医师应说明情况并提出终止妊娠的医学意见。

（三）施行终止妊娠或者结扎手术的原则

《母婴保健法》注重对孕妇和育龄妇女的生育权、知情同意权的保护，该法第十九条规定，实行终止妊娠或者结扎手术应当经本人同意，并签署意见。本人无行为能力的应当经其监护人同意，并签署意见。依照本法实行终止妊娠或者结扎手术的，接受免费服务。

（四）婴儿保健

医疗、保健机构应按规定开展以下婴儿保健服务：① 新生儿先天性、遗传性代谢病的筛查、诊断、治疗和监测；② 新生儿访视，建立儿童保健手册，定期对其进行健康检查，提供有关预防疾病、合理膳食、促进智力发育等科学知识；③ 做好婴儿多发病、常见病防治等医疗保健；④ 按规定对婴儿进行预防接种，为实施母乳喂养提供技术指导，为住院分娩的产妇提供必要的母乳喂养条件。

（五）技术鉴定

《母婴保健法》及其《实施办法》规定，技术鉴定委员会分为省、市、县三级，县级委员会应由主治医师以上的专业技术人员组成，市、省的技术鉴定委员会应由副主任医师以上的专业技术人员组成，每次鉴定时都必须有5人以上的专业技术人员参加。

当事人对婚前医学检查、遗传病诊断、产前诊断结果有异议的，可在收到检查或诊断结果的15日内向县级或市级技术鉴定委员会提出鉴定申请。技术鉴定委员会应当在收到鉴定申请的30内作出鉴定结论，并通知当事人。当事人对鉴定结果仍有异议的，可在收到鉴定意见通知书的15日内，向其上一级技术鉴定委员会提出再鉴定的申请。省级鉴定委员会的鉴定意见为最终鉴定结果。

第二节 母婴保健管理

一、母婴保健工作的管理机构及其职责

中华人民共和国卫生部主管全国母婴保健工作，对母婴保健工作实施监督管理，其主要职责包括：① 制定《母婴保健法》及《实施办法》的配套规章和技术规范；② 按照分级分类指导的原则，制定全国母婴保健工作发展规划和实施步骤；③ 组织推广母婴保健及其他生殖健康的适宜技术；④ 对母婴保健工作实施监督。

县级以上地方人民政府管理本行政区域内的母婴保健工作，其主要职责包括：① 按照《母婴保健法》及其《实施办法》和国务院卫生行政部门规定的条件和技术标准，对从事母婴保健工作的机构和人员实施许可；② 对《母婴保健法》及其《实施办法》的执行情况进行监督检查；③ 对违反《母婴保健法》及其《实施办法》的行为依法给予行政处罚；④ 负责母婴保健工作监督管理的其他事项。

二、医疗保健机构和母婴保健工作人员的管理

《母婴保健法》规定，省级卫生行政部门指定的医疗保健机构负责本行政区域内的母婴保健监测和技术指导。母婴保健监测是指对母婴保健各项业务工作的监测、指导和检查等，如对婚前医学检查、孕产期保健、婴儿保健、产前诊断、遗传咨询等综合服务情况进行监测和指导，对技术标准执行情况、专业人员的业务素质和技术水平、仪器使用情况进行定期检查，了解危害母婴健康主要疾病的发病趋势，发现影响母婴健康的重大问题并及时上报。母婴保健技术指导是指对下级母婴保健机构开展各项母婴保健工作给予技术上的帮助。

依据《母婴保健法》及其《实施办法》，我国对母婴保健机构和母婴保健工作人员实行许可制度，即从事遗传病诊断、产前诊断的医疗保健机构和人员，须经省级人民政府卫生行政部门许可；从事婚前医学检查的医疗保健机构和人员，须经设区的市级人民政府卫生行政部门许可；从事助产技术服务、结扎手术和终止妊娠手术的医疗保健机构和人员及从事家庭接生的人员，须经县级人民政府卫生行政部门许可，并取得相应的证书。

医疗保健机构应根据其从事的业务，配备相应的人员和医疗设备，对从事母婴保健工作的人员加强岗位业务培训和职业道德教育，并定期进行检查、考核。

《母婴保健法》严禁母婴保健机构采取技术手段进行胎儿性别鉴定，除非有医学上的需要。母婴保健工作人员和卫生监督人员有为当事人保密的义务。

第三节 违反母婴保健法的法律责任

一、行政责任

《母婴保健法》规定，任何医疗保健机构或任何人员，未取得母婴保健技术许可，擅自从事婚前医学检查、遗传病诊断、产前诊断、终止妊娠手术和医学技术鉴定或者出具有

关医学证明的，县级以上地方卫生行政部门应当给予制止，并可根据情节给予警告、没收非法所得或罚款的行政处罚。已取得执业证书的母婴保健工作人员，如果出具虚假医学证明，将受到行政处分；有下列情形之一的，撤销其相应的母婴保健技术执业资格或医师执业证书：① 因延误诊治，造成严重后果的；② 给当事人身心健康造成严重后果的；③ 造成其他严重后果的。

违反规定进行胎儿性别鉴定的，由卫生行政部门给予警告，责令停止违法行为，其直接负责的主管人员和其他直接责任人员，将受到吊销母婴保健技术执业资格或医师执业证书的行政处罚。

二、民事责任

母婴保健工作机构及其工作人员在提供母婴保健服务的过程中，由于各种原因可能会对当事人的合法权益造成以下两类损害：一类是确实造成当事人人身损害后果的情况，如造成当事人死亡、残疾；另一类是虽然未给当事人带来伤残、死亡的实际人身损害后果，但对当事人的精神和心理造成一定的损害，例如当事人按照医院的诊断妊娠分娩，却生下残疾儿。当上述损害后果发生，母婴保健工作机构及其工作人员有过失时，应当根据《民法通则》和《医疗事故处理条例》的有关规定，承担民事赔偿责任。

三、刑事责任

违反母婴保健的相关法律规定，予以追究刑事责任的情形有：① 具有母婴保健技术执业证书或医师执业资格的母婴保健工作人员，由于严重不负责任，造成就诊人死亡或者严重损害就诊人身体健康的，依据《刑法》第三百三十五条规定处 3 年以下有期徒刑或拘役。② 未取得国家颁发的有关合格证书，擅自施行终止妊娠手术、节育复通手术、假节育手术或摘取宫内节育器手术，情节严重的，依据《刑法》第三百三十六条规定，处 3 年以下有期徒刑、拘役或管制，并处或单处罚金；严重损害就诊人身体健康的，处 3 年以上 10 年以下有期徒刑，并处罚金；若致人死亡，处 10 年以上有期徒刑，并处罚金。

第四节 人口与计划生育法律制度

一、概述

（一）我国人口状况与计划生育政策

我国的人口增长同国民经济发展的矛盾从 20 世纪 50 年代即开始显露出来，60 年代计划生育工作初步开展，至 20 世纪最后 20 年中，我国明确提出将计划生育作为一项基本国策，1991 年，国务院在《关于加强计划生育工作严格控制人口增长的决定》中，对我国的计划生育政策作出了全面而完整的阐述。计划生育政策在控制人口数量、实现国民生产总值的高增长和增强经济可持续发展中有着重大作用。

（二）计划生育法律制度

我国从 20 世纪 70 年代末开始起草制定统一的计划生育法律。1980 年，广东省人民代表大会首先颁布了《广东省计划生育条例》。至 90 年代初，全国已有近 30 个省、市、自治区颁布了计划生育地方性法规。90年代后期，由于经济发展和社会进步，全国流动人口超过1亿，为适应新的社会经济情况，国务院颁布了《流动人口计划生育工作管理办法》。经过近二十年的实践和总结，2001年12月29日，全国人大常委会颁布了《中华人民共和国人口与计划生育法》（以下称《人口与计划生育法》），自2002年9月1日起开始正式实施。

此外，在近二十年的时间里国务院及有关部门还制定了多部计划生育法规、规章，如国务院制定的《计划生育技术服务管理条例》，国务院侨务办公室和国家计划生育委员会制定的《关于归侨、侨眷计划生育工作的几点意见》，国家计划生育委员会制定的《人口计划管理暂行办法》、《基层人口计划管理实施办法》、《县计划生育服务站管理办法》、《节育并发症管理办法》、《独生子女病残儿鉴定管理办法》，卫生部也制定了《节育手术常规》等。同时在《母婴保健法》及其《实施办法》中，也有与计划生育有关的规定。

二、计划生育法律制度内容

（一）计划生育的法律地位

控制人口与计划生育工作的法律地位是由我国现行《宪法》确立的。《宪法》第二十五条明确规定"国家推行计划生育，使人口的增长同经济和社会发展计划相适应"，第八十九条将计划生育工作列为国务院的职权之一；第一百零七条将计划生育列为县级以上地方各级人民政府的行政工作之一。在宪法中对计划生育的规定，表明计划生育工作是关系到社会与经济发展的重大问题，已经成为我国的基本国策。

（二）计划生育法的内容

1. 人口与计划生育管理机构及其职责　根据《人口与计划生育法》规定，国务院领导全国的人口与计划生育工作，负责编制人口发展规划，并将其纳入国民经济和社会发展计划。国务院计划生育行政部门负责全国计划生育工作和与计划生育有关的人口工作。地方各级人民政府领导本行政区域内的人口与计划生育工作；负责编制本行政区域的人口发展规划，并将其纳入国民经济和社会发展计划；制定人口与计划生育实施方案并组织实施。县级以上地方各级人民政府计划生育行政部门负责计划生育和与计划生育有关的人口工作，负责人口与计划生育实施方案的日常工作。乡、民族乡、镇的人民政府和城市街道办事处负责本管辖区域内的人口与计划生育工作，贯彻落实人口与计划生育实施方案。村民委员会、居民委员会应当依法做好计划生育工作，机关、部队、社会团体、企业事业组织应当做好本单位的计划生育工作。流动人口的计划生育工作由其户籍所在地和现居住地的人民政府共同负责管理，以现居住地为主。县级以上各级人民政府其他有关部门在各自的职责范围内，负责有关的人口与计划生育工作。

2. 国家对计划生育的宣传与支持　《人口与计划生育法》规定，计划生育、教育、科技、文化、卫生、民政、新闻出版、广播电视等部门应当组织开展人口与计划生育宣传教育；大众传媒应当开展人口与计划生育的社会公益性宣传；学校应当根据学生的特点采取适当方式，有计划地开展生理卫生教育、青春期教育或者性健康教育。

为保障人口和计划生育工作的顺利进行，《人口与计划生育法》从物质和科研等方面做如下规定：① 国家逐步提高人口与计划生育经费投入的总体水平，各级人民政府应当保障人口与计划生育工作必要的经费；② 各级人民政府应当对贫困地区、少数民族地区开展人口与计划生育工作给予重点扶持；③ 鼓励社会团体、企业事业组织和个人为人口与计划生育工作提供捐助，任何单位和个人不得截留、克扣、挪用人口与计划生育工作费用；④ 鼓励开展人口与计划生育领域的科学研究和对外交流与合作。

3. 生育调节　公民有生育的权利和实行计划生育的义务，夫妻双方在实行计划生育中负有共同的责任，应当自觉落实计划生育避孕节育措施，接受计划生育技术服务指导。

国家鼓励公民晚婚晚育，提倡一对夫妻生育一个子女，特殊情况要求安排生育第二个子女的，按照各地的计划生育条例具体决定。《人口与计划生育法》还规定，实行计划生育以避孕为主，国家创造条件，保障公民知情选择安全、有效、适宜的避孕节育措施；实行计划生育的育龄夫妻免费享受国家规定的基本项目的计划生育技术服务。

4. 计划生育的社会保障和奖励　国家建立、健全基本养老保险、基本医疗保险、生育保险和社会福利等社会保障制度，鼓励保险公司举办有利于计划生育的保险项目。此外，公民晚婚晚育可以获得延长婚假、生育假的奖励或者其他福利待遇；公民实行计划生育手术，享受规定的休假，地方人民政府可以给予奖励。对自愿终身只生育一个子女的夫妻发给《独生子女父母光荣证》，按照国家和地方有关规定享受独生子女父母奖励；独生子女发生意外伤残、死亡，其父母不再生育和收养子女的，地方人民政府应当给予必要的帮助。

地方各级人民政府对农村实行计划生育的家庭发展经济，给予资金、技术、培训等方面的支持、优惠；对实行计划生育的贫困家庭，在扶贫贷款、以工代赈、扶贫项目和社会救济等方面给予优先照顾。

5. 计划生育技术服务　地方各级人民政府应当合理配置、综合利用卫生资源，建立、健全由计划生育的技术服务机构和从事计划生育技术服务的医疗、保健机构组成的计划生育技术服务网络，改善技术服务设施和条件，提高技术服务水平。计划生育技术服务机构和从事计划生育技术服务的医疗、保健机构应当在各自的职责范围内，针对育龄人群开展人口与计划生育基础知识宣传教育，对已婚育龄妇女开展孕情检查、随访服务工作，承担计划生育、生殖保健的咨询、指导和技术服务。计划生育技术服务人员应当指导实行计划生育的公民选择安全、有效、适宜的避孕措施；应提倡已生育子女的夫妻选择长效避孕措施。

此外，国家鼓励计划生育新技术、新药具的研究、应用和推广，并严禁利用超声技术和其他技术手段进行非医学需要的胎儿性别鉴定，严禁非医学需要的选择性别的人工终止妊娠。

三、违反计划生育法的法律责任

（一）行政责任

1. 专业服务机构及其人员的行政责任　违反《人口与计划生育法》规定，有下列行为之一的，由计划生育行政部门或卫生行政部门依据职权责令改正，并根据情节给予警告、没收违法所得、吊销执业证书或罚款的行政处罚：① 非法为他人施行计划生育手术的；② 利用超声技术和其他技术手段为他人进行非医学需要的胎儿性别鉴定或者选择性别的人工终止妊娠的；③ 实施假节育手术、进行假医学鉴定、出具假计划生育证明的。

2. 国家机关工作人员的行政责任　国家机关工作人员在计划生育工作中，存在违法行为但尚未构成犯罪的，应依法给予行政处分并没收违法所得。这些行为包括：① 侵犯公民人身权、财产权和其他合法权益的；② 滥用职权、玩忽职守、徇私舞弊的；③ 索取、收受贿赂的；④ 截留、克扣、挪用、贪污计划生育经费或者社会抚养费的；⑤ 虚报、瞒报、伪造、篡改或者拒报人口与计划生育统计数据的。

3. 其他单位与个人的行政责任　伪造、变造、买卖计划生育证明，由计划生育行政部门没收违法所得或罚款。以不正当手段取得计划生育证明的，由计划生育行政部门取消其计划生育证明，如果出具证明的单位有过错，对直接负责的主管人员和其他直接责任人员依法给予行政处分。不履行协助计划生育管理义务的，由有关地方人民政府责令改正并通报批评；对直接负责的主管人员和其他直接责任人员依法给予行政处分。

（二）民事责任

计划生育技术服务人员违章操作或者延误抢救、诊治，造成公民人身损害后果的，应依照《民法通则》和《医疗事故处理条例》中的有关规定承担相应的民事赔偿责任。

（三）刑事责任

违反《人口与计划生育法》规定，有下列行为之一，情节严重，构成犯罪的应依据《刑法》的相关规定追究刑事责任：① 非法为他人施行计划生育手术的；② 利用超声技术和其他技术手段为他人进行非医学需要的胎儿性别鉴定或者选择性别的人工终止妊娠的；③ 实施假节育手术、进行假医学鉴定、出具假计划生育证明的；④ 伪造、变造、买卖计划生育证明的；⑤ 计划生育技术服务人员违章操作或者延误抢救、诊治，造成严重后果的。

国家机关工作人员在计划生育工作中，如果存在下列渎职行为并构成犯罪的，应依据《刑法》的有关规定追究刑事责任：① 侵犯公民人身权、财产权和其他合法权益的；② 滥用职权、玩忽职守、徇私舞弊的；③ 索取、收受贿赂的；④ 截留、克扣、挪用、贪污计划生育经费或者社会抚养费的；⑤ 虚报、瞒报、伪造、篡改或者拒报人口与计划生育统计数据的。

拒绝、阻碍计划生育行政部门及其工作人员依法执行公务，构成违反治安管理行为的，依法给予治安管理处罚；构成犯罪的，依法追究刑事责任。

四、计划生育在相关法律中的体现

计划生育作为宪法确立的基本国策，在我国各相关领域的法律中都有具体规定，为其更好地实施提供了明确的法律保障。

（一）婚姻家庭法律制度中的相关规定

我国《婚姻法》第二条第三款将"实行计划生育"规定为中国婚姻家庭制度的基本准则之一；第六条规定"结婚年龄，男不得早于22周岁，女不得早于20周岁。晚婚晚育应予鼓励"；第十六条规定"夫妻双方都有实行计划生育的义务"。这些规定从婚姻家庭方面为计划生育提供了保障。

（二）母婴保健法律制度中的规定

我国《母婴保健法》关于婚检发现的医学上认为不宜生育的严重遗传疾病、产前诊断发现胎儿患有遗传性疾病和严重缺陷提出终止妊娠医学意见，对生育过严重缺陷患儿的妇女再次妊娠前应进行医学检查的规定等，为优生工作提供了法律保障。

（三）妇女权益保障法律制度中的规定

我国《妇女权益保护法》中关于妇女权益保护有如下规定：① 妇女在经期、孕期、产期、哺乳期受特殊保护；② 任何单位不得以结婚、怀孕、产假、哺乳等为理由，辞退女职工或者单方解除劳动合同；③ 女方按照计划生育的要求终止妊娠的，在手术后6个月内男方不得提出离婚；离婚时，女方因实施绝育手术或者其他原因丧失生育能力的，在处理子女抚养问题时，应在有利子女利益的条件下，照顾女方的合理要求；④ 妇女有按照国家有关规定生育子女的权利，也有不生育的自由；育龄夫妻双方按照国家有关规定计划生育，有关部门应当提供安全、有效的避孕药具和技术，保障实施节育手术的妇女的健康和安全。这些规定为计划生育服务工作、妇女实行计划生育的合法权益等方面提供了法律保障。

（四）收养法律制度中的规定

我国《收养法》第三条规定："收养不得违背计划生育的法律、法规"；第十九条规定："送养人不得以送养子女为由违反计划生育的规定再生育子女"。这些规定杜绝了通过合法形式规避计划生育法的行为。

（五）职业病防治法律中的有关规定

我国《职业病防治法》第三十五条及《使用有毒物品作业场所劳动保护条例》都规定，用工单位不得安排孕期、哺乳期女工从事对本人和胎儿、婴儿有危害的作业。而国务院1988年7月21日颁布的《女职工劳动保护规定》也主要是对女工经期、孕期、哺乳期如何进行劳动保护的规定。这些关于女工劳动保护的规定不仅针对女工本人职业健康权益的保护，同时也是对女工生殖生育健康和对后代健康生长发育的保护（详见职业病防治与放射卫生法律制度一章）。

思考题

1. 列举我国母婴保健法律制度的渊源。
2. 简述婚前保健服务与婚前医学检查的内容。
3. 简述孕产期保健服务与医学指导的内容。
4. 《母婴保健法》对母婴保健服务机构和人员的资质与资格是如何规定的？
5. 严重违反《母婴保健法》所应承担的刑事法律责任有哪几种？
6. 简述控制人口与计划生育的法律地位。
7. 对于计划生育，我国法律上规定了哪些保障措施和奖励措施？
8. 非法为他人施行计划生育手术的应承担什么法律责任？

（李晓霓　李晓农）

第十章 医疗机构与人员管理法律制度

第一节 概 述

医疗机构，是以救死扶伤，防病治病，为公民的健康服务为宗旨的社会组织。为加强对医疗机构管理的法制化建设，卫生部早在 1978 年就制定了《综合医院组织编制原则（试行草案）》，1982 年又制定了《全国医院工作条例》和《医院工作制度》等。继 1994 年国务院颁布《医疗机构管理条例》后，卫生部又陆续颁布了《医疗机构管理条例实施细则》(1994 年 8 月 29 日)、《医疗机构基本标准（试行）》(1994 年 9 月 2 日)、《医疗机构设置规划指导原则》(1994 年 9 月 5 日) 等规范性法律文件。2000 年 5 月 15 日卫生部、对外经济合作部还颁布了《中外合资、合作医疗机构管理暂行办法》。

为规范医疗行为，卫生部还制定了《中医人员个体开业管理补充规定》(1989 年 5 月 3 日)，《外国医师来华短期行医暂行管理办法》(1992 年 10 月 7 日) 等规范性法律文件。1998 年，第九届全国人民代表大会常务委员会第三次会议批准通过了《中华人民共和国执业医师法》。之后，卫生部相继颁布了《医师资格考试暂行办法》(1999 年 7 月 16 日)、《医师执业注册暂行办法》(1999 年 7 月 16 日)、《传统医学师承和确有专长人员医师资格考核考试暂行办法》(1999 年 7 月 23 日) 等。对于医疗机构中的护理人员，卫生部早在 1993 年就制定了《护士管理办法》。对医疗机构中的其他技术人员，如放射工作人员、大型医疗设备操作人员、药学技术人员等，则分别在《放射性同位素与射线装置放射防护条例》(1989 年 10 月 24 日)、《大型医用设备配置与应用管理暂行办法》(1995 年 7 月 7 日)《执业药师资格制度暂行规定》(1999 年 4 月 1 日) 中提出了一些原则要求。

为加强农村卫生事业的发展和管理，2003 年 8 月 5 日国务院还颁布了《乡村医生从业管理条例》，该条例作为《执业医师法》的配套法规，使我国对卫生技术人员的管理从城镇到乡村、从高层医疗机构的医生到基层医疗机构的医生，都有法可依。

近年来为加强医疗卫生机构的管理，卫生部又相继颁布了《医疗广告管理办法》(2006 年 11 月 10 日)、《处方管理办法》(2006 年 11 月 27 日) 和《医疗机构接受社会捐赠资助管理暂行办法》(2007 年 4 月 6 日) 等规范性文件。同时，根据 2004 年 12 月 9 日卫生部部务会议批准通过的《关于卫生体系建设的若干规定》，对医疗机构的监督检查也成为卫生监督机构行政执法的重点之一。

第二节 医疗机构管理的法律制度

一、医疗机构的设置

（一）医疗机构设置的总体要求

医疗机构设置规划是区域卫生规划的重要组成部分。在我国，医疗机构设置必须符合当地医疗机构设置规划和医疗机构基本标准。县级以上地方人民政府应当把医疗机构设置规划纳入当地的区域卫生发展规划和城乡建设发展总体规划。卫生行政部门应按照《医疗机构设置规划指导原则》制定本行政区域内医疗机构的设置规划。医疗机构的设置应遵循公平性原则、整体效益原则、可及性原则、分级原则、公有制主导原则和中西医并重原则。

单位或者个人设置医疗机构，必须经县级以上地方人民政府卫生行政部门审查批准，并取得设置医疗机构批准书，方可向有关部门办理其他手续。申请设置医疗机构，应当提交设置申请书、设置可行性研究报告、选址报告和建筑设计平面图。不设床位或者床位不满100张的医疗机构，由所在地的县级人民政府卫生行政部门审批；床位在100张以上的医疗机构和专科医院由省级人民政府卫生行政部门审批。

（二）医疗急救机构的设置

医疗急救机构是指在各级卫生行政部门统一领导下实施急诊抢救工作的医疗组织，包括大中城市的各级急救站（中心）和医院的急诊科（室）。根据卫生部《关于加强急救工作的意见》，城市应逐步建立健全以急救中心、急救站、医院急诊科（室）、街道卫生院、群众性基层卫生组织（红十字会卫生站、防治站）相结合的医疗急救网络。大城市可以根据情况在急救中心下设立若干急救分站，可由一两个医院承担中心急救站的指挥调度任务。农村医疗急救工作，主要由县医院急诊科、乡镇卫生院急救室和村卫生室（所）为主体的急救网络负责。县医院急诊科（室）应成为全县医疗急救的基地和技术指导中心。

（三）社会民办医疗机构的设置

社会民办医疗机构是指个体开业行医者所开办的门诊所、康复医院或医院。社会民办医疗机构是我国医疗机构的重要组成部分。1994年，国务院发布的《医疗机构管理条例》、卫生部颁布的《医疗机构管理条例实施细则》和1998年全国人大常委会通过的《中华人民共和国执业医师法》对个体行医的设置以及管理作了明确规定，从而使我国对社会民办医疗机构的管理纳入了法制化轨道。

根据《医疗机构管理条例实施细则》的规定，下列人员不得申请设置医疗机构：① 正在服刑或者不具有完全民事行为能力的个人；② 医疗机构在职、因病退职或者停薪留职的医务人员；③ 发生二级以上医疗事故未满5年的医务人员；④ 因违反有关法律、法规和规章，已被吊销执业证书的医务人员；⑤ 被吊销《医疗机构执业许可证》的医疗机构法定代表人或者主要负责人。同时《医疗机构管理条例实施细则》还规定，在城市设置诊所的个人，必须具备下列条件：经考核合格，取得《医师执业证书》；取得《医师执业证书》或者医师职称后，从事5年以上同一专业的临床工作以及省、自治区、直辖市卫行政部门规定的其他条件。在乡镇和村设置诊所的个人的条件,由省、自治区、直辖市卫生行政部门规定。

(四) 中外合资、合作医疗机构的设置

中外合资、合作医疗机构是指外国(境外)医疗机构、公司、企业和其他经济组织(以下称合资、合作外方),按照平等的原则,经中国政府主管部门批准,在中国境内(香港、澳门及台湾地区除外)与中国的医疗机构、公司、企业和其他经济组织(以下称合资、合作中方)以合资或者合作形式设立的医疗机构。

2000年5月15日卫生部颁布的《中外合资、合作医疗机构管理暂行办法》规定,申请设立中外合资、合作医疗机构的中外双方应是能够独立承担民事责任的法人。中外双方应当具有直接和间接从事医疗卫生投资与管理的经验,并符合下列要求之一:① 能够提供国际先进的医疗机构管理经验、管理模式和服务模式;② 能够提供具有国际领先水平的医学技术和设备;③ 可以补充或改善当地在医疗服务能力、医疗技术、资金和医疗设施方面的不足。该《办法》还规定,设立的中外合资、合作医疗机构应当符合以下条件:① 必须是独立的法人;② 投资总额不得低于2 000万元人民币;③ 中方在中外合资、合作医疗机构中所占的股权比例或权益不得低于30%;④ 合资、合作期限不超过20年;⑤ 省级以上卫生行政部门规定的其他条件。《办法》规定,对在中西部地区或老、少、边、穷地区设置中外合资、合作医疗机构的,上述条件可适当放宽。

设置中外合资、合作医疗机构,应提交《办法》所规定的材料,到当地设区的市级卫生行政部门提出申请,设区的市级卫生行政部门根据规划提出初审意见,报省级卫生行政部门审核,省级卫生行政部门进行审核后报卫生部审批。若为中西医结合医疗机构或民族医医疗机构,则应经国家中医药管理局审批,转报卫生部审批。经卫生部审批同意后,申请人再向外经贸管理部门(即商务部)提出申请,予以批准的发给《外商投资企业批准书》,申请人在1个月内持该批准书到国家工商管理部门办理注册登记,最后回当地省级卫生行政部门申请执业登记,领取《医疗机构执业许可证》。

二、医疗机构的执业

(一) 医疗机构执业的总体要求

任何单位或者个人,未取得《医疗机构执业许可证》,不得开展诊疗活动。医疗机构执业,必须遵守有关法律、法规和医疗技术规范,按照核准登记的诊疗科目开展诊疗活动,不得使用非卫生技术人员从事医疗卫生技术工作。医疗机构在执业过程中应:① 对危重病人应当立即抢救,对限于设备、技术条件不能诊治的病人,应当及时转诊。② 未经医师(士)亲自诊查病人,医疗机构不得出具疾病诊断书、健康证明或者死亡证明书等证明文件。未经医师(士)、助产人员亲自接产,医疗机构不得出具出生证明书或者死产报告书。③ 施行手术、特殊检查或者特殊治疗时,必须征得患者同意,并应当取得其家属或者关系人同意并签字;无法取得患者意见时,应当取得家属或关系人签字;无法取得患者意见又无家属或者关系人在场,或者遇到其他特殊情况时,主治医师应当提出医疗处置方案,在取得医疗机构负责人批准后实施。④ 发生医疗事故,按照国家有关规定处理。⑤ 对传染病、精神病、职业病等患者的特殊诊治和处理,应当按照国家有关法律、法规的规定办理。⑥ 必须按照有关药品管理的法律、法规,加强药品管理。⑦ 必须按照人民政府或者物价部门的有关规定收取医疗费用，详列细项，并出具收据。

医疗机构除开展疾病诊疗以外，还必须承担相应的预防保健工作，承担县级以上人民政府卫生行政部门委托的支援农村、指导基层医疗卫生工作等任务。在发生重大灾害、事故、疾病流行或者其他意外情况时，医疗机构及其卫生技术人员必须服从县级以上人民政府卫生行政部门的调遣。

（二）医疗急救机构的执业

为迅速、有效抢救危急重病人，减少伤亡，必须加强医疗机构在执业中的组织管理，急救中心与医院急诊室应建立有效协调功能的指挥系统和急救网；遇有重大灾难、意外事故时，各级急救组织应迅速报告卫生行政部门，并立即组织现场抢救和护送伤病员；急救站应逐步建立成有比较现代化的交通、通讯设备、急诊装备与布局的系统，采用新设备、新技术，提高抢救成功率；加强救护车辆管理，使分散在各医疗单位的救护车统一管理、调动，提高使用率。

（三）社会民办医疗机构的执业

《医疗机构管理条例》、《医疗机构管理条例实施细则》和《执业医师法》对社会民办医疗机构的执业都做了规定。《执业医师法》明确规定，申请个体行医的执业医师，取得执业医师资格后，经向所在地县以上人民政府卫生行政部门申请注册，取得执业证书。经注册后的医师按照注册的执业地点、执业类别、执业范围从事相应的医疗、预防、保健工作；未经批准，不得行医。

（四）中外合资、合作医疗机构的执业

中外合资、合作医疗机构作为独立法人实体自负盈亏、独立核算、独立承担民事责任。

在执业过程中，中外合资、合作医疗机构应当执行《医疗机构管理条例》和《医疗机构管理条例实施细则》关于医疗机构执业的规定；必须执行医疗技术准入规范和临床诊疗技术规范，遵守新技术、新设备及大型医用设备临床应用的有关规定；发生医疗事故，依照国家有关法律、法规处理。聘请外籍医师、护士，按照《中华人民共和国执业医师法》和《中华人民共和国护士管理办法》等有关规定办理。发生重大灾害、事故、疾病流行或者其他意外情况时也应服从卫生行政部门的调遣。发布本机构医疗广告必须遵守《中华人民共和国广告法》、《医疗广告管理办法》的规定。医疗收费价格、税收政策按照国家有关规定执行。

三、法律责任

（一）《医疗机构管理条例》的规定

1. 未取得《医疗机构执业许可证》擅自执业的，由县级以上人民政府卫生行政部门责令其停止执业活动，没收非法所得和药品、器械，并根据情节处以1万元以下的罚款。

2. 逾期不校验《医疗机构执业许可证》仍从事诊疗活动的，由县级以上人民政府卫生行政部门责令其限期补办手续；拒不校验的，吊销其《医疗机构执业许可证》。

3. 出卖、转让、出借《医疗机构执业许可证》的，由县级以上人民政府卫生行政部门没收非法所得，并可处以5 000元以下的罚款；情节严重的，吊销其《医疗机构执业许可证》。

4. 诊疗活动超出登记范围的，由县级以上人民政府卫生行政部门予以警告、责令其改正，并可以根据情节处以 3 000 元以下的罚款；情节严重的，吊销其《医疗机构执业许可证》。

5. 使用非卫生技术人员从事医疗卫生技术工作的，由县级以上人民政府卫生行政部门责令其限期改正，并可处以 5 000 元以下的罚款；情节严重的，吊销其《医疗机构执业许可证》。

6. 出具虚假证明文件的，由县级以上人民政府卫生行政部门予以警告；对造成危害结果的，可处以 1 000 元以下的罚款，对直接责任人员由所在单位或者上级机关给予行政处分。

(二)《中外合资、合作医疗机构管理暂行办法》的规定

1. 中外合资、合作医疗机构违反国家有关法律、法规和规章，由有关主管部门依法查处。县级以上卫生行政部门和外经贸部门可依据相关法律、法规和规章予以处罚。

2. 地方卫生行政部门和地方外经贸行政部门违反本办法规定，擅自批准中外合资、合作医疗机构的设置和变更的，依法追究有关负责人的责任。

3. 中外各方未经卫生部和外经贸部批准就成立中外合资、合作医疗机构并开展医疗活动的，或以合同方式经营诊疗项目的，都视同非法行医，将按《医疗机构管理条例》和《医疗机构管理条例实施细则》及有关规定进行处罚。

第三节　卫生技术人员管理的法律制度

卫生技术人员是指接受过高等或中等卫生教育或培训，掌握相关的医药卫生知识和技能，经卫生行政部门的考试或考核并登记注册，从事医疗、预防、药剂、护理或其他专业的技术人员。在我国主要在《执业医师法》、《护士条例》、《执业药师资格制度暂行规定》和《执业药师资格考试实施办法》等规范性法律文件中有详细规定。

一、执业医师法

(一) 执业医师管理法律制度概述

1. 执业医师的概念　医师是指取得执业医师或执业助理医师资格，经注册后，在医疗、预防、保健及计划生育技术服务等专业机构中从业的专业技术人员。

早在新中国建立初期，卫生部就相继颁布了《医师暂行条例》、《中医师暂行条例》、《牙医师暂行条例》、《国家卫生技术人员职务名称和职务晋升条例》等规范性文件。1998 年 6 月 26 日，第九届全国人大常委会第三次会议通过了《中华人民共和国执业医师法》，并于 1999 年 5 月 1 日起施行。

2. 执业医师的社会责任　《执业医师法》规定，医师应当具备良好的职业道德和医疗执业水平，发扬人道主义精神，履行防病治病、救死扶伤、保护人民健康的神圣职责。

3. 执业医师工作的管理　《执业医师法》规定，国务院卫生行政部门主管全国的医师工作，县级以上地方人民政府卫生行政部门负责管理本行政区域内的医师工作。

(二) 医师资格考试和注册

1. 医师资格考试制度　《执业医师法》规定，国家实行医师资格考试制度。医师资格考试分为执业医师和执业助理医师资格考试,具体又分为临床医师、口腔医师和公共卫生医师几类资格考试。

(1) 申请执业医师资格考试的条件:① 具有高等学校医学专业本科以上学历,在执业医师指导下,在医疗、预防或者保健机构中试用期满1年的;② 取得执业助理医师执业证书后,具有高等学校医学专科学历,在医疗、预防或者保健机构中工作满2年的;③ 取得执业助理医师执业证书后,具有中等专业学校医学专业学历,在医疗、预防或者保健机构中工作满5年的。满足上述三种条件之一者均可以申请参加执业医师资格考试。

(2) 申请执业助理医师资格考试的条件:具有高等学校医学专科学历或者中等专业学校医学专业学历,在执业医师指导下,在医疗、预防或者保健机构中试用期满1年的。

(3) 以师承方式学习传统医学或确有医术专长的,经县以上卫生行政部门考核推荐可参加执业医师考试,考试内容、办法由国务院卫生行政部门另行规定。

2. 医师执业注册制度 《执业医师法》规定,国家实行医师执业注册制度。取得医师资格的,可以向所在地县级以上人民政府卫生行政部门申请注册。经注册后,方可在医疗、预防、保健机构中按照注册的执业地点、执业类别、执业范围从事相应的医疗、预防、保健业务。

(1) 不予注册的规定。有下列情形之一的,不予注册:① 不具有完全民事行为能力的;② 因受刑事处罚,自刑罚执行完毕之日起至申请注册之日止不满2年的;③ 在执业活动中,受吊销医师执业证书的行政处罚,自行政处罚决定之日起至申请注册之日止不满2年的;④ 有国务院卫生行政部门规定的其他情形的。

(2) 注销注册的规定。医师注册后有下列情形之一的,卫生行政部门应当注销注册,收回医师执业证书:① 死亡或者被宣告失踪的;② 受刑事处罚的;③ 受吊销医师执业证书行政处罚的;④ 因参加医师定期考核不合格暂停执业活动期满,再次考核仍不合格的;⑤ 中止医师执业活动满2年的;⑥ 有国务院卫生行政部门规定的其他情形的。

(3) 变更注册的规定。医师变更执业地点、执业类别、执业范围等注册事项的,应到准予注册的卫生行政部门办理变更注册手续。

(三) 医师的权利和义务

1. 医师的权利 ① 在注册的执业范围内,进行医学诊查、疾病调查、医学处置、出具相应的医学证明文件,选择合理的医疗、预防、保健方案;② 按照国务院卫生行政部门规定的标准,获得与本人执业活动相当的医疗设备基本条件;③ 从事医学研究、学术交流,参加医师协会和专业学术团体;④ 参加专业培训,接受继续医学教育;⑤ 在执业活动中,人格尊严、人身安全不受侵犯;⑥ 获取工资报酬和津贴,享受国家规定的福利待遇;⑦ 对所在机构的医疗、预防、保健工作和卫生行政部门的工作提出意见和建议,依法参与所在机构的民主管理。

2. 医师的义务 ① 遵守法律、法规,遵守技术操作规范;② 树立敬业精神,遵守职业道德,履行医师职责,尽职尽责为患者服务;③ 关心、爱护、尊重患者,保护患者的隐私;④ 努力钻研业务,更新知识,提高专业技术水平;⑤ 宣传卫生保健知识,对患者进行健康教育。

(四) 医师的执业规则

1. 医师实施医疗、预防、保健措施,签署有关医学证明文件,必须亲自诊查、调查,并按照规定及时填写医学文书，不得隐匿、伪造或者销毁医学文书及有关资料。医师不得出具与自己执业范围无关或者执业类别不相符的医学证明文件。

2. 对急危患者，医师应当采取紧急措施进行诊治，不得拒绝急救处置。

3. 医师应当使用经国家有关部门批准使用的药品、消毒药剂和医疗器械。除正当诊断治疗外，不得使用麻醉药品、医疗用毒性药品、精神药品和放射性药品。

4. 医师应当如实向患者或家属介绍病情，但应注意避免对患者产生不利后果。医师进行实验性临床医疗，应当经医院批准并征得患者本人或者家属同意。

5. 医师不得利用职务之便，索取、非法收受患者财物或者牟取其不正当利益。

6. 遇有自然灾害、传染病流行、突发重大伤亡事故及其他严重威胁人民生命健康的紧急情况时，医师应当服从县级以上人民政府卫生行政部门的调遣。

7. 医师发生医疗事故，或发现传染病疫情、发现患者涉嫌伤害事件、发现非正常死亡时，都应当及时向所在机构或政府有关部门报告。

（五）医师考核和培训

国家建立医师工作考核制度。县级以上人民政府卫生行政部门负责指导、检查和监督医师考核工作。受县级以上人民政府卫生行政部门委托的机构或组织，应当按照医师执业标准，对医师的业务水平、工作成绩和职业道德状况进行定期考核。医师考核的结果应当报告准予注册的卫生行政部门备案，并作为医师晋升相应技术职务的条件。对考核不合格的医师，县级以上人民政府卫生行政部门可以责令其暂停执业活动3～6个月，并接受培训和继续医学教育，经考核仍不合格的，则注销注册，收回医师执业证书。

（六）法律责任

1. 行政责任

（1）以不正当手段取得医师执业证书的，卫生行政部门予以吊销；对负有直接责任的主管人员和其他直接责任人员，依法给予行政处分。

（2）医师在执业活动中，有下列行为之一的，由县级以上地方人民政府卫生行政部门给予警告或者责令暂停6个月以上1年以下执业活动，情节严重的，吊销执业证书：①违反卫生行政规章制度或技术操作规范，造成严重后果的；②由于不负责任延误急危患者的抢救和诊治，造成严重后果的；③造成医疗责任事故的；④未经亲自诊查、调查，签署诊断、治疗、流行病学等证明文件或有关出生、死亡等证明文件的；⑤隐匿、伪造或者擅自销毁医学文书及有关资料的；⑥使用未经批准使用的药品、消毒药剂和医疗器械的；⑦不按照规定使用麻醉药品、医疗用毒性药品、精神药品和放射性药品的；⑧未经患者或其家属同意，对患者进行实验性临床医疗的；⑨泄露患者隐私，造成严重后果的；⑩利用职务之便，索取、非法收受患者财物或牟取其他不正当利益的；⑪发生自然灾害、传染病流行、突发重大伤亡事故以及其他严重威胁人民生命健康的紧急情况时，不服从卫生行政部门调遣的；⑫发生医疗事故或发现传染病疫情及患者涉嫌伤害事件或非正常死亡，不按照规定报告的。

（3）未经批准擅自开办医疗机构行医或非医师行医的，由县级以上人民政府卫生行政部门予以取缔，没收其非法所得及其药品、器械，并处10万元以下的罚款，对医师吊销医师执业证书。

（4）阻碍医师依法执业，侮辱、诽谤、威胁、殴打医师或侵犯医师人身自由，干扰其正常工作和生活尚未构成犯罪的，依照《治安管理处罚法》的规定处罚。

（5）医疗、预防保健机构未依照《执业医师法》的有关规定履行报告职责，导致严重后果的，由县级以上人民政府卫生行政部门给予警告，并对该机构的行政负责人依法给予行政处分。

（6）卫生行政部门或者医疗、预防、保健机构的负责人或工作人员违反医师法有关规定，弄虚作假，玩忽职守，滥用职权，徇私舞弊，尚不构成犯罪的，由卫生行政部门或所在机构依法给予行政处分。

2. 民事责任

医师在医疗、预防、保健工作中造成事故的，依照法律或国家有关规定处理。未经批准擅自开办医疗机构行医或非医师行医，给患者造成损害的，依法承担赔偿责任。

3. 刑事责任

《执业医师法》规定，违反执业医师法，构成犯罪的，依法追究刑事责任。

《刑法》第三百三十五条规定，医务人员由于严重不负责任，造成就诊人死亡或者严重损害就诊人身体健康的，处3年以下有期徒刑或者拘役。

《刑法》第三百三十六条规定，未取得医师执业资格的人非法行医，情节严重的，处3年以下有期徒刑、拘役或者管制，并处或者单处罚金；严重损害就诊人身体健康的，处3年以上10年以下有期徒刑，并处罚金；造成就诊人死亡的，处10年以上有期徒刑，并处罚金。未取得医师执业资格的人擅自为他人进行节育复通手术、假节育手术、终止妊娠手术或者摘取宫内节育器，情节严重的，处3年以下有期徒刑、拘役或者管制，并处或者单处罚金；严重损害就诊人身体健康的，处3年以上10年以下有期徒刑，并处罚金；造成就诊人死亡的，处10年以上有期徒刑，并处罚金。该类刑事责任在《母婴保健法》中也有规定。《执业医师法》还规定，阻碍医师依法执业、侮辱、诽谤、威胁、殴打医师或侵犯医师人身自由、干扰其正常工作、生活的，构成犯罪的，依法追究刑事责任。

二、护士管理的法律规定

护士是指依法取得《护士执业证书》并经过注册的护理专业技术人员。

2008年1月23日国务院第206次常务会议通过、2008年5月12日起施行的《护士条例》总则中指出其立法宗旨是：为了维护护士的合法权益，规范护理行为，促进护理事业发展，保障医疗安全和人体健康。同时总则中也首先明确了护士的权利：护士人格尊严、人身安全不受侵犯。护士依法履行职责，受法律保护。全社会应当尊重护士。

（一）护士考试与注册

护士执业，应当经考试合格并注册登记取得护士执业证书。注册应当具备下列条件：①具有完全民事行为能力；②在中等或高等学校完成国家规定的普通全日制3年以上的护理、助产专业课程学习（含8个月以上护理临床实习），并取得相应学历证书；③通过卫生部组织的护士执业资格考试；④符合卫生部规定的健康标准。护士执业注册申请，应当自通过资格考试之日起3年内提出；逾期提出申请的，应当在规定的医疗卫生机构接受3个月临床护理培训并考核合格。

护士执业注册有效期为5年。在有效期内变更执业地点的，应当向拟执业地省级卫生主管部门报告。跨省（区、市）变更执业地点的，收到报告的卫生主管部门还应当向其原执业地省（区、市）人民政府卫生主管部门通报。

注册有效期届满需要继续执业的，应当届满前 30 日向执业地省人民政府卫生主管部门申请延续注册。延续执业注册有效期仍为 5 年。若有应当予以注销执业注册情形的，原注册部门应当依照行政许可法的规定注销其执业注册。

（二）护士的权利和义务

1. 权利。①有按照国家有关规定获取工资报酬、享受福利待遇、参加社会保险的权利；②有获得与其所从事的护理工作相适应的卫生防护、医疗保健服务的权利。从事直接接触有毒有害物质、有感染传染病危险工作的，有接受职业健康监护的权利；患职业病的，有获得赔偿的权利；③有获得与本人业务能力和学术水平相应的专业技术职务、职称的权利；④有参加专业培训、从事学术研究和交流、参加行业协会和专业学术团体的权利；⑤有获得疾病诊疗、护理相关信息的权利和其他与履行护理职责相关的权利；⑥可以对医疗卫生机构和卫生主管部门的工作提出意见和建议。

2. 义务。①遵守法律、法规、规章和诊疗技术规范的规定；②执业活动中发现患者病情危急，应当立即通知医师；在紧急情况下为抢救垂危患者生命，应当先行实施必要的紧急救护；③发现医嘱违反法律、法规、规章或者诊疗技术规范规定的，应当及时向开具医嘱的医师提出；必要时，应当向该科室负责人或者医疗卫生机构负责医疗服务管理的人员报告；④应当尊重、关心、爱护患者，保护患者的隐私；⑤有义务参与公共卫生和疾病预防控制工作。发生自然灾害、公共卫生事件等严重威胁公众生命健康的突发事件，应当服从县级以上人民政府卫生主管部门或者所在医疗卫生机构的调遣。

（三）医疗机构的职责

《条例》规定，医疗卫生机构应当按卫生部的规定，设置专门机构或者配备专（兼）职人员负责护理管理工作。医疗机构不得低于卫生部规定的标准配备护士；不得允许未取得护士执业资格的人员、未办理执业地点变更手续的护士、注册有效期届满的护士从事护理活动。护理临床实习的人员应当在护士指导下开展有关工作。应当为护士提供卫生防护用品、有效卫生防护措施和医疗保健措施。应当制定、实施本机构护士在职培训计划。

医疗卫生机构应执行国家有关工资、福利待遇等规定，应足额缴纳社会保险费用。对在艰苦边远地区工作，或者从事直接接触有毒有害物质、有感染传染病危险工作的，应当按照国家有关规定给予津贴。

（四）法律责任

《条例》首先规定了卫生主管部门的工作人员在监督管理工作中有滥用职权、徇私舞弊、失职、渎职行为的，依法给予处分；构成犯罪的，依法追究刑事责任。

进而规定了医疗卫生机构有违反本《条例》的有关规定，由县级以上地方人民政府卫生主管部门根据违法情节，责令限期改正，给予警告；有些逾期不改正的，则给予核减医疗机构的诊疗科目，或者暂停其 6 个月以上 1 年以下执业活动；对违法情节严重的国家举办的医疗卫生机构，还应当对负有责任的主管人员和其他直接责任人员依法给予处分。

《条例》规定，护士在执业活动中若发现患者病情危急而未立即通知医师、发现医嘱违反有关规定而不提出或者报告的、泄露患者隐私的，或发生自然灾害、公共卫生事件等严重威胁公众生命健康的突发事件而不服调遣的，由县级以上地方人民政府卫生主管部门责令改正，给予警告；情节严重的，暂停其 6 个月以上 1 年以下执业活动，直至吊销其护士执业证书。护士被吊销执业证书的，自执业证书被吊销之日起 2 年内不得申请执业注册。护士在执业活动中造成医疗事故的，依照医疗事故处理的有关规定承担法律责任。

《条例》最后规定，扰乱医疗秩序，阻碍护士依法开展执业活动，侮辱、威胁、殴打护士，或者有其他侵犯护士合法权益行为的，由公安机关依照治安管理处罚法的规定给予处罚；构成犯罪的，依法追究刑事责任。

《条例》还在附则中规定，本条例施行前已经取得护士执业证书或者护理专业技术职称的，经所在地省级卫生主管部门审核合格，换领护士执业证书。本条例施行前，尚未达到护士配备标准的医疗卫生机构，应当自本条例施行之日起 3 年内达到护士配备标准。

三、执业药师管理的法律规定

执业药师是指经全国统一考试合格，取得《执业药师资格证书》并经注册登记，在药品生产、经营、使用单位中执业的药学技术人员。我国从 1994 年开始实行执业药师资格制度。为贯彻《药品管理法》，人事部、国家药品监督管理局于 1999 年重新修订了《执业药师资格制度暂行规定》和《执业药师资格考试实施办法》，2000 年 4 月还专门发布了《执业药师注册管理暂行办法》。

（一）执业药师资格考试和注册

1. 执业药师资格考试制度　对执业药师资格考试成绩合格者，国家发给《执业药师资格证书》，可在全国范围内的药品生产、经营、使用单位执业。

执业药师资格实行全国统一大纲、统一命题、统一组织的考试。报考条件为：① 药学、中药学或相关专业毕业后从事药学或中药学专业工作的技术人员可以申请参加执业药师资格考试；② 不同学历水平其工作年限要求为中专 7 年，大专 5 年，本科 3 年，双学士或硕士研究生 1 年，博士研究生毕业当年即可参加考试。

按照国家有关规定，评聘为高级专业技术职务，并具备下列条件之一者，可免试药学（或中药学）专业知识（一）和（二）两个科目，只参加药学管理与法规、综合知识与技能两个科目的考试：①中药学徒，药学或中药学专业中专毕业，连续从事药学或中药学专业工作满 20 年的；②取得药学、中药学专业或相关专业大专以上学历，连续从事药学或中药学专业工作满 15 年的。

2. 执业药师注册制度　国家药品监督管理局是全国药师注册管理机构，各省级药品监督管理机构为注册机构。《执业药师注册证》中应注明执业类别（药学或中药学）、执业范围（生产、经营、使用）等。执业药师只能在一个省注册，如果要变更执业地区、执业范围，应及时办理变更注册手续。注册有效期为 3 年，有效期满前 3 个月须到注册机构办理再次注册手续，再注册时要有参加继续教育的证明。

（二）执业药师职责

1. 必须严格执行《药品管理法》及国家有关药品研究、生产、经营、使用的各项法规及政策。对违反《药品管理法》及有关规定的行为或决定，有责任提出劝告、制止、拒绝执行并向上级报告；

2. 在执业范围内负责对药品质量的监督和管理，参与制定、实施药品全面质量管理及对本单位违反规定的处理；

3. 负责处方的审核及监督调配，提供用药咨询与信息，指导合理用药，开展治疗药物的检测及药品疗效的评价等临床药学工作。

(三) 继续教育

按《执业药师资格制度暂行规定》要求，执业药师必须接受继续教育。执业药师接受继续教育经考核合格后，由培训机构在证书上登记盖章，并以此作为再次注册的依据。

执业药师继续教育工作由国家药品监督管理局负责制定继续教育的办法，组织拟订、审批继续教育内容；省级药品监督管理局负责组织实施。经国家药品监督管理局批准的培训机构承担培训。

(四) 法律责任

违反《药品管理法》和《执业药师资格制度暂行规定》的，须承担相应的行政责任、民事责任或刑事责任。

1. 对未按规定配备执业药师的单位，应限期配备，逾期将追究单位负责人的责任。
2. 对已在应由执业药师担任工作岗位的，但尚未通过资格考试的人员，要进行强化培训，限期达到要求。对经过培训仍不能通过考试者，必须调离岗位。
3. 对涂改、伪造或以虚假和不正当手段获取《执业药师资格证书》或《执业药师注册证》的人员，发证机构应收回证书，取消其执业药师资格，注销注册。并对直接责任者给予行政处分，直到追究法律责任。

执业药师有违反本规定的，所在单位须如实上报，由药品监督管理部门根据情况给予处分。注册机构对执业药师所受处分，应及时记录在其《执业药师资格证书》中的"执业情况记录"中。

执业药师在执业期间违反《药品管理法》及其他法律法规构成犯罪的，由司法机关依法追究其刑事责任。

第四节 中医药管理法律制度

传统医学是在人类社会发展进程中，与自然和疾病作斗争的经验、知识的积累。任何国家、民族都有自己的传统医学，尤其是中华民族的传统医学更具有特色和影响力，因此需要制定有关法律制度予以保护。本书有关中医药管理的有关法律规定包括藏族医学、蒙古族医学、维吾尔族医学及傣族医学等。

一、传统医学法律规定概述

我国《宪法》明确规定，发展现代医药和我国传统医药，这是制定中医药法律规范的根本法律依据。1988年，国家中医药管理局成立，自此，国家相继颁布了一系列中医药管理的法律规范，确立了中医药的地位、作用和发展方向，以及中医药医疗机构管理、中药生产经营管理、中医药队伍建设和科研管理制度等，同时，国家还批准制定了《中医事业"八五"计划及十年规划设想》、《中医药事业"九五"计划和2010年规划设想》、《国家中医药管理局行政立法暂行规定》等。许多省级人大和地方政府也颁布了中医药管理条例等地方性法规。自1984年全国人大常委会颁布《中华人民共和国药品管理法》之后，国务院又相继颁布了《野生药材资源保护条例》、《中药品种保护条例》、《医疗机构管理条例》等几部与中医药相关的法律法规。1998年《中华人民共和国执业医师法》公布后，卫生行政部门又发布了《传统医学师承和确有专长人员医师资格考核考试暂行办法》。2003年4月2日，国务院又批准通过了《中华人民共和国中医药条例》，并于同年10月1日施行。该《条例》规定，凡在中华人民共和国国境内从事中医医疗、预防、保健、康复服务和中医药教育、科研、对外交流以及中医药事业管理活动的单位或者个人，应当遵守《条例》。《条例》还规定中药的研制、生产、经营、使用和监督管理依照《中华人民共和国药品管理法》执行。《条例》还指出，国家保护、扶持、发展中医药事业，实行中西医并重的方针，鼓励中西医相互学习、相互补充、共同提高，推动中医、西医两种医学体系的有机结合，全面发展我国中医药事业。

《条例》对中医医疗机构和人员、中医药教育与科研以及中医药发展的保障措施都作出了规定。

二、中医医疗机构与从业人员

中医医疗机构与从业人员应遵守《医疗机构管理条例》和《执业医师法》的有关规定。此外，《中医药条例》还有进一步规定。

（一）对中医医疗机构的规定

1. 开办中医医疗机构，应当符合中医医疗机构设置标准和当地区域卫生规划，并按照《医疗机构管理条例》的规定办理审批手续。

2. 中医医疗机构从事医疗服务活动，应当充分发挥中医药特色和优势，遵循中医药自身发展规律，运用传统理论和方法，结合现代科学技术手段，发挥中医药在防治疾病、保健、康复中的作用，为群众提供价格合理、质量优良的中医药服务。

3. 社区卫生服务中心（站）、乡镇卫生院等城乡基层卫生服务机构，应当能够提供中医医疗服务。

（二）对中医药人员的规定

1. 中医从业人员，应当依照有关卫生管理的法律、行政法规、部门规章的规定通过资格考试，并经注册取得执业证书。以师承方式学习中医学的人员以及确有专长的人员，应当按照国务院卫生行政部门的规定，通过执业医师或者执业助理医师资格考核考试，经注册取得医师执业证书后，方可从事中医医疗活动。

2. 中医从业人员应当遵守相应的中医诊断治疗原则、医疗技术标准和技术操作规范。

3. 全科医师和乡村医生应当具备中医药基本知识以及运用中医诊疗知识、技术，处理常见病和多发病的基本技能。

4. 医疗机构发布中医疗广告，应向所在地省级人民政府负责中医药管理的部门申请并报送有关材料。经审核批准，对符合规定要求的，发给中医医疗广告批准文号。

三、中医药教育与科研

《条例》规定，省级人民政府中医药行政管理部门应完善有关继续教育制度，制定有关培训规划；县以上人民政府中医药行政管理部门应按照规划，创造培训条件，对城乡中医药人员进行基本知识和基本技能的培训。同时国家发展中医药科学技术，并将其纳入科学技术发展规划，加强重点中医药科研机构建设；要求县以上人民政府要充分利用中医药资源、重视中医药科学研究和技术开发、推广与利用。

（一）对中医药教育的规定

1. 国家采取措施发展中医药教育事业。各类中医药教育机构应当加强中医药基础理论教学，重视中医药基础理论与中医药临床实践相结合，推进素质教育。

2. 设立各类中医药教育机构，应当符合国家规定的设置标准，并建立符合国家规定标准的临床教学基地。

3. 国家鼓励开展中医药专家学术经验和技术专长继承工作，培养高层次的中医临床人才和中药技术人才。

4. 承担中医药专家学术经验和技术专长继承工作的指导老师应当具备下列条件：

（1）具有较高学术水平和丰富的实践经验、技术专长和良好的职业品德；

（2）从事中医药专业工作30年以上并担任高级专业技术职务10年以上。

5. 中医药专家学术经验和技术专长继承工作的继承人应当具备下列条件：

（1）具有大学本科以上学历和良好的职业品德；

（2）受聘于医疗卫生机构或者医学教育、科研机构从事中医药工作，并担任中级以上专业技术职务。

（二）对中医药研究的规定

1. 中医药科学研究应当注重运用传统方法和现代方法开展中医药基础理论研究和临床研究，运用中医药理论和现代科学技术开展对常见病、多发病和疑难病的防治研究。中医药科研机构、高等院校、医疗机构应当加强中医药科研的协作攻关和中医药科技成果的推广应用，培养中医药学科带头人和中青年技术骨干。

2. 捐献对中医药科学技术发展有重大意义的中医诊疗方法和中医药文献、秘方、验方的，参照《国家科学技术奖励条例》的规定给予奖励。

3. 国家支持中医药的对外交流与合作，推进中医药的国际传播。重大中医药科研成果的推广、转让、对外交流，中外合作研究中医药技术，应当经省级以上人民政府负责中医药管理的部门批准，防止重大中医药资源流失。但属于国家科学技术秘密的中医药科研成果，确需转让、对外交流的，应当符合有关保守国家秘密的法律、行政法规和部门规章的规定。

四、保障措施

1. 县级以上地方人民政府应逐步增加对中医药事业的投入，扶持中医药事业的发展。任何单位和个人不得将中医药事业经费挪作他用。国家鼓励境内外组织和个人通过捐资、投资等方式扶持中医药事业发展。

2. 对非营利性中医医疗机构，依照国家有关规定享受财政补贴、税收减免等优惠政策。

3. 县级以上地方人民政府劳动保障行政部门在确定城镇职工基本医疗保险定点医疗机构时，应当包括符合条件的中医医疗机构。

4. 县级以上各级人民政府应当采取措施加强对中医药文献的收集、整理、研究和保护工作。有关单位和中医医疗机构应当加强重要中医药文献资料的管理、保护和利用。

5. 国家保护野生中药材资源，扶持濒危动植物中药材人工代用品的研究和开发利用。县级以上地方人民政府应当加强中药材的合理开发和利用，鼓励建立中药材种植、培育基地，促进短缺中药材的开发、生产。

6. 中医药专业技术职务任职资格的评审，中医医疗、教育、科研机构的评审、评估，中医药科研课题的立项和成果鉴定，应当成立专门的中医药评审、鉴定组织或者由中医药专家参加评审、鉴定。

五、法律责任

《条例》对中医药行政管理部门人员的违法行为、中医医疗机构的违法行为、擅自开办中医医疗机构的违法行为，以及中医药教育机构的违法行为所应承担的法律责任都有规定，且法律责任与《医疗机构管理条例》、《执业医师法》的规定一致。同时，《条例》还有一些其他法律责任的规定：

1. 违反本条例规定，造成重大中医药资源流失和国家科学技术秘密泄露，情节严重，构成犯罪的，依法追究刑事责任；尚不够刑事处罚的，由县级以上地方人民政府负责中医药管理的部门责令改正，对负有责任的主管人员和其他直接责任人员依法给予纪律处分。

2. 违反本条例规定，损毁或者破坏中医药文献的，由县级以上地方人民政府负责中医药管理的部门责令改正，对负有责任的主管人员和其他直接责任人员依法给予纪律处分；损毁或者破坏属于国家保护文物的中医药文献，情节严重，构成犯罪的，依法追究刑事责任。

第五节　乡村医生从业管理的法律制度

乡村医生，是指取得当地卫生行政部门颁发的《乡村医生》证书，并在村卫生室从事医疗卫生工作的人员，而卫生员则指没有取得"乡村医生"证书的人员。为了提高乡村医生的职业道德和业务素质，加强乡村医生从业管理，保护乡村医生的合法权益，保障村民获得初级卫生保健服务，根据《中华人民共和国执业医师法》，2003 年 7 月 30 日国务院常务会议通过了《乡村医生从业管理条例》，并自 2004 年 1 月 1 日起施行。

一、《条例》适用范围与其他要求

（一）适用范围

《条例》适用于尚未取得执业医师资格或者执业助理医师资格，经注册在村医疗卫生机构从事预防、保健和一般医疗服务的乡村医生。而村医疗卫生机构中的执业医师或者执业助理医师，则依照《执业医师法》的规定管理，不适用《条例》。

（二）医学教育机构和责任

具有学历教育资格的医学教育机构，应当按照国家有关规定开展适应农村需要的医学学历教育，定向为农村培养适用的卫生人员。

（三）鼓励提高学历层次

国家鼓励乡村医生通过医学教育取得医学专业学历；鼓励符合条件的乡村医生申请参加国家医师资格考试。国家鼓励取得执业医师资格或者执业助理医师资格的人员，开办村医疗卫生机构，或者在村医疗卫生机构向村民提供预防、保健和医疗服务。

二、乡村医生的执业注册

（一）国家实行乡村医生执业注册制度
县级人民政府卫生行政主管部门负责乡村医生执业注册工作。

（二）注册条件
1. 已经取得中等以上医学专业学历的；
2. 在村医疗卫生机构连续工作 20 年以上的；
3. 按照省、自治区、直辖市人民政府卫生行政主管部门制定的培训规划，接受培训取得合格证书的。

（三）不予注册的情形
乡村医生有下列情形之一的，不予注册：
1. 不具有完全民事行为能力的；
2. 受刑事处罚，自刑罚执行完毕之日起至申请执业注册之日止不满 2 年的；
3. 受吊销乡村医生执业证书行政处罚，自处罚决定之日起至申请执业注册之日止不满 2 年的。

（四）注销注册的情形
乡村医生有下列情形之一的，由原注册的卫生行政主管部门注销执业注册，收回《乡村医生执业证书》：
1. 死亡或者被宣告失踪的；
2. 受刑事处罚的；
3. 中止执业活动满 2 年的；
4. 考核不合格，逾期未提出再次考核申请或者经再次考核仍不合格的。

（五）证书的更换
乡村医生执业证书有效期为 5 年。有效期满需要继续执业的，应当在期满前 3 个月申请再注册。

三、执业规则

（一）乡村医生在执业活动中享有的权利
1. 进行一般医学处置，出具相应的医学证明；
2. 参与医学经验交流，参加专业学术团体；
3. 参加业务培训和教育；
4. 在执业活动中，人格尊严、人身安全不受侵犯；
5. 获取报酬；
6. 对当地的预防、保健、医疗工作和卫生行政主管部门的工作提出意见和建议。

（二）乡村医生在执业活动中应当履行的义务
1. 遵守法律、法规、规章和诊疗护理技术规范、常规；
2. 树立敬业精神，遵守职业道德，履行乡村医生职责，为村民健康服务；
3. 关心、爱护、尊重患者，保护患者的隐私；
4. 努力钻研业务，更新知识，提高专业技术水平；

5. 向村民宣传卫生保健知识，对患者进行健康教育。

（三）其他执业规则要求

1. 乡村医生应当协助有关部门做好初级卫生保健服务工作；按照规定及时报告传染病疫情和中毒事件，如实填写并上报有关卫生统计报表，妥善保管有关资料。

2. 乡村医生在执业活动中，不得重复使用一次性医疗器械和卫生材料。对使用过的一次性医疗器械和卫生材料，应当按照规定处置。

3. 乡村医生应当如实向患者或者其家属介绍病情，对超出一般医疗服务范围或者限于医疗条件和技术水平不能诊治的病人，应当及时转诊；情况紧急不能转诊的，应当先行抢救并及时向有抢救条件的医疗卫生机构求助。

4. 乡村医生不得出具与执业范围无关或者与执业范围不相符的医学证明，不得进行实验性临床医疗活动。

5. 省、自治区、直辖市人民政府卫生行政主管部门应当按照乡村医生一般医疗服务范围，制定乡村医生基本用药目录。乡村医生应当在乡村医生基本用药目录规定的范围内用药。

四、培训和考核

1. 省级政府组织制定乡村医生培训规划，保证乡村医生至少每 2 年接受一次培训。县级人民政府根据培训规划制定本地区乡村医生培训计划。对承担国家规定的预防、保健等公共卫生服务的乡村医生，其培训所需经费列入县级财政预算。对边远贫困地区，设区的市级以上地方人民政府应当给予适当经费支持。同时国家鼓励社会组织和个人支持乡村医生培训工作。

2. 县级人民政府卫生行政主管部门根据乡村医生培训计划，负责组织乡村医生的培训工作，并每 2 年组织一次对乡村医生的考核，对乡村医生的考核应当客观、公正，充分听取医疗卫生机构、乡村医生本人、所在村村民委员会和村民的意见。

乡、镇人民政府以及村民委员会应当为乡村医生开展工作和学习提供条件，保证乡村医生接受培训和继续教育。

3. 乡村医生经考核合格的，可以继续执业；考核不合格的，在 6 个月之内可以申请进行再次考核。逾期未提出再次考核申请或者经再次考核仍不合格的，原注册部门应当注销其执业注册，并收回乡村医生执业证书。

五、法律责任

（一）乡村医生的法律责任

1. 乡村医生在执业活动中，违反本条例规定，有下列行为之一的，由县级人民政府卫生行政主管部门责令限期改正，给予警告；逾期不改正的，责令暂停 3 个月以上 6 个月以下执业活动；情节严重的，由原发证部门暂扣乡村医生执业证书：

（1）执业活动超出规定的执业范围，或者未按照规定进行转诊的；

（2）违反规定使用乡村医生基本用药目录以外的处方药品的；

（3）违反规定出具医学证明，或者伪造卫生统计资料的；

（4）发现传染病疫情、中毒事件不按规定报告的。

2. 乡村医生在执业活动中，违反规定进行实验性临床医疗活动，或者重复使用一次性医疗器械和卫生材料的，由县级人民政府卫生行政主管部门责令停止违法行为，给予警告，可以并处1 000元以下的罚款；情节严重的，由原发证部门暂扣或者吊销《乡村医生执业证书》。

3. 以不正当手段取得《乡村医生执业证书》的，由发证部门收缴《乡村医生执业证书》；造成患者人身损害的，依法承担民事赔偿责任；构成犯罪的，依法追究刑事责任。

4. 未经注册在村医疗卫生机构从事医疗活动的，由县级以上地方人民政府卫生行政主管部门予以取缔，没收其违法所得以及药品、医疗器械，违法所得5 000元以上的，并处违法所得1倍以上3倍以下的罚款；没有违法所得或者违法所得不足5 000元的，并处1 000元以上3 000元以下的罚款；造成患者人身损害的，依法承担民事赔偿责任；构成犯罪的，依法追究刑事责任。

（二）卫生行政部门的法律责任

1. 县级人民政府卫生行政主管部门未组织乡村医生培训的，由本级人民政府或者上一级人民政府卫生行政主管部门责令改正；情节严重的，对直接负责的主管人员和其他直接责任人员依法给予行政处分。

2. 县级人民政府卫生行政主管部门，对不符合条件的人员发给《乡村医生执业证书》，或者对符合条件的人员不发给《乡村医生执业证书》的，由本级人民政府或者上一级人民政府卫生行政主管部门责令改正，收回或者补发《乡村医生执业证书》，并对直接负责的主管人员和其他直接责任人员依法给予行政处分。

3. 县级人民政府卫生行政主管部门对乡村医生执业注册或者再注册申请，未在规定时间内完成审核工作的，或者未按照规定将准予执业注册、再注册和注销注册的人员名单向村民予以公告的，由本级人民政府或者上一级人民政府卫生行政主管部门责令限期改正；逾期不改正的，对直接负责的主管人员和其他直接责任人员依法给予行政处分。

4. 卫生行政主管部门对村民和乡村医生反映的办理乡村医生执业注册、再注册、注销注册的违法活动未及时核实、调查处理或者未公布调查处理结果的，由本级人民政府或者上一级人民政府卫生行政主管部门责令限期改正；逾期不改正的，对直接负责的主管人员和其他直接责任人员依法给予行政处分。

（三）其他法律责任

寻衅滋事、阻碍乡村医生依法执业，侮辱、诽谤、威胁、殴打乡村医生，构成违反治安管理行为的，由公安机关依法予以处罚；构成犯罪的，依法追究刑事责任。

第六节 关于医疗广告和处方的规定

一、医疗广告

2006年11月10日国家工商行政管理总局和卫生部共同颁发了新的《医疗广告管理办法》（以下简称《办法》），并自2007年1月1日起施行。《办法》规定工商行政管理机关负责医疗广告的监督管理；卫生行政部门、中医药管理部门负责医疗广告的审查，并对医疗机构进行监督管理。

医疗机构发布医疗广告，应当向其所在地省级卫生行政部门申请，并提交医疗广告审查申请表、《医疗机构执业许可证》副本原件和复印件、医疗广告成品样件。电视、广播广告可以先提交镜头脚本和广播文稿。中医、中西医结合、民族医医疗机构发布医疗广告，应当向其所在地省级中医药管理部门申请。

医疗广告内容仅限于：医疗机构名称、地址、类别、所有制形式、诊疗科目、床位数、接诊时间、联系电话。不得含有：① 涉及医疗技术、诊疗方法、疾病名称、药物的；② 保证治愈或者隐含保证治愈的；③ 宣传治愈率、有效率等诊疗效果的；④ 淫秽、迷信、荒诞的；⑤ 贬低他人的；⑥ 利用患者、卫生技术人员、医学教育科研机构及人员以及其他社会社团、组织的名义、形象作证明的；⑦ 使用解放军和武警部队名义的。

《医疗广告审查证明》的有效期为1年，到期后仍需继续发布的，应重新提出审查申请。医疗机构受到停业整顿、吊销《医疗机构执业许可证》的，停业、歇业或被注销的等，由省级卫生行政部门或中医药管理部门收回《医疗广告审查证明》。医疗机构篡改《医疗广告审查证明》内容发布医疗广告的，则撤销其《医疗广告审查证明》，并在1年内不受理该医疗机构的广告审批申请。

医疗机构发布户外医疗广告，应在取得《医疗广告审查证明》后，按照《户外广告登记管理规定》办理登记。禁止利用新闻形式、医疗资讯服务类专题节（栏）目发布或变相发布医疗广告。

工商行政管理机关对违反本《办法》规定的广告主、广告经营者、广告发布者依法予以处罚，对情节严重，造成严重后果的，可以并处1~6个月暂停发布医疗广告、直至取消其医疗广告经营和发布资格的处罚。法律法规没有规定的，由工商行政管理机关给予警告或者处以1万元以上3万元以下的罚款；医疗广告内容涉嫌虚假的，工商行政管理机关可根据需要会同卫生行政部门、中医药管理部门作出认定。

二、关于处方管理的新规定

《处方管理办法》已于2007年5月1日起施行。

（一）处方的定义

处方，是指由注册的执业医师和执业助理医师（以下简称医师）在诊疗活动中为患者开具的、由取得药学专业技术职务任职资格的药学专业技术人员（以下简称药师）审核、调配、核对，并作为患者用药凭证的医疗文书。处方包括医疗机构病区用药医嘱单。《处方管理办法》适用于与处方开具、调剂、保管相关的医疗机构及其人员。

（二）对处方的要求

卫生部负责全国处方开具、调剂、保管相关工作的监督管理。处方应当符合下列规定：

① 患者一般情况、临床诊断填写清晰、完整，并与病历记载一致。② 每张处方限于一名患者的用药。③ 字迹清楚，不得涂改；如需修改，应当在修改处签名并注明修改日期。药品名称应当使用规范的中文名称书写，没有中文名称的可以使用规范的英文名称。④ 药品用法用量应当按照药品说明书规定的常规用法用量使用，特殊情况需要超剂量使用时，应当注明原因并再次签名。药品剂量与数量用阿拉伯数字书写，剂量应当使用法定剂量单位。⑤ 医师、药师经考核合格后，才有麻醉药品和第一类精神药品的处方权

及调剂资格。医疗用毒性药品、放射性药品的处方用量应当严格按照国家有关规定执行。⑥ 处方开具当日有效。特殊情况下需延长有效期的，由开具处方的医师注明有效期限，但有效期最长不得超过3天。处方一般不得超过7日用量；急诊处方一般不得超过3日用量；对于某些慢性病、老年病或特殊情况，处方用量可适当延长，但医师应当注明理由。

（三）药师对处方的审核责任

药师应当对处方用药适宜性进行审核：① 规定必须做皮试的药品，处方医师是否注明过敏试验及结果的判定；② 处方用药与临床诊断的相符性；③ 剂量、用法的正确性；④ 选用剂型与给药途径的合理性；⑤ 是否有重复给药现象；⑥ 是否有潜在临床意义的药物相互作用和配伍禁忌；⑦ 其他用药不适宜情况。

（四）医疗机构对医师处方权的处理

医师出现下列情形之一的，医疗机构可予以取消处方权：① 被责令暂停执业的；② 考核不合格离岗培训期间的；③ 被注销、吊销执业证书的；④ 不按照规定开具处方，造成严重后果的；⑤ 不按照规定使用药品，造成严重后果的；⑥ 因开具处方牟取私利的。

（五）法律责任

《处方管理办法》对医疗机构、医师、药师的法律责任作出了详细规定：

1. 医疗机构有下列情形之一的，由县级以上卫生行政部门责令限期改正，并可处以5 000元以下的罚款；情节严重的，吊销其《医疗机构执业许可证》：① 未有处方权或已被取消处方权的医师开具处方的；② 未取得麻醉药品和第一类精神药品处方资格的医师开具此类处方的；③ 未取得药学专业技术职务任职资格的人员从事处方调剂工作的。

2. 医疗机构未按照规定保管麻醉药品和精神药品处方，或者未依照规定进行专册登记的，由设区的市级卫生行政部门责令限期改正，给予警告；逾期不改正的，处5 000元以上1万元以下的罚款；情节严重的，吊销其印鉴卡；对直接负责的主管人员和其他直接责任人员，依法给予降级、撤职、开除的处分。

3. 医师和药师出现下列情形之一的，由县级以上卫生行政部门按照《麻醉药品和精神药品管理条例》第七十三条的规定予以处罚：① 未取得有关资格的医师擅自开具麻醉药品和第一类精神药品处方的；② 医师虽已取得有关资格，但未按有关照规定开具麻醉药品和第一类精神药品处方的；③ 药师未按照规定调剂麻醉药品、精神药品处方的。

4. 医师出现下列情形之一的，由县级以上卫生行政部门给予警告或者责令暂停6个月以上1年以下执业活动；情节严重的，吊销其执业证书：① 未取得处方权或者被取消处方权后开具药品处方的；② 未按照本办法规定开具药品处方的；③ 违反本办法其他规定的。

5. 药师未按照规定调剂处方药品，情节严重的，由县级以上卫生行政部门责令改正、通报批评，给予警告，并由所在医疗机构或者其上级单位给予纪律处分。

思考题

1. 设置不同规模的医疗机构分别应由哪级卫生行政部门批准？
2. 申请举办中外合资、合作医疗机构除一般条件外，还应符合哪些要求？
3. 简述医疗机构执业的基本要求。

4. 简述不同学历者参加执业医师资格考试的规定。
5. 简述执业医师不予注册和注销注册的几种情形。
6. 《执业医师法》规定的医师权利和义务分别有哪些?
7. 医师的执业规则有哪些?
8. 《中医药条例》对中医药人员有哪些规定?
9. 简述《乡村医生从业管理条例》的适用范围。
10. 乡村医生的权利和义务与执业医师相比,有何异同?

（王　岳　宋文质）

第十一章 药品管理法律制度

第一节 概 述

一、药品的概念

药品,是指用于预防、治疗、诊断人的疾病,有目的地调节人的生理机能并规定有适应证或者功能主治、用法和用量的物质,包括中药材、中药饮片、中成药、化学原料药及其制剂、抗生素、生化药品、放射性药品、血清、疫苗、血液制品和诊断药品等。

二、药品管理的发展

由于药品的上述特殊性,要求国家必须强化对药品的法制管理。新中国成立后,为配合禁止鸦片烟毒工作和解决旧中国遗留的伪劣药品充斥市场的情况,经当时的政务院批准,卫生部在1950年11月就颁布了《麻醉药品管理暂行条例》,这是我国药品管理的第一个行政法规。1963年经国务院批准,卫生部、化工部、商业部联合颁布了我国药品管理的第一个综合性法规《关于加强药政管理的若干规定(草案)》,对药品的生产、经营、使用和进出口管理起到了重要作用。

1984年9月20日,第六届全国人大常委会第七次会议通过了《中华人民共和国药品管理法》(以下简称《药品管理法》),并于1985年7月1日起施行。这是新中国成立以来我国第一部药品管理法律。2001年2月28日第九届全国人大常委会第二十次会议又审议通过了经过修订的《药品管理法》,并自2001年12月1日起施行。

为了保证《药品管理法》的贯彻实施,经国务院批准颁布了《药品管理法实施办法》,而此前也已经颁布了《麻醉药品管理办法》、《医疗用毒性药品管理办法》、《精神药品管理办法》、《放射性药品管理办法》等行政法规,卫生部和原国家药品监督管理局先后制定了20多个配套规章。1998年重新组建的药品监督管理局陆续制定颁布了《新药审批办法》、《新生物制品审批办法》、《新药保护和技术转让的规定》、《仿制药品审批办法》、《进口药品管理办法》、《药品生产质量管理规范(1998年修订)》、《戒毒药品管理办法》、《麻黄素管理办法》、《处方药与非处方药分类管理办法》、《药品流通监督管理办法》等;各省、自治区、直辖市人民政府也相应制定了一系列地方法规。2005年8月3日,国务院将原麻醉药品和精神药品两个管理办法,合并修订为《麻醉药品和精神药品管理条例》,并于2005年11月1日起实施。

此外,《中华人民共和国产品质量法》、《中华人民共和国广告法》、《中华人民共和国价格法》、《中华人民共和国刑法》中涉及药品的法律条款都应当属于广义药品管理法的范畴。所以,广义的药品管理法是指调整药品监督管理,保证药品质量,保障人体用药安全,维护人民身体健康和用药合法权益活动中产生的各种社会关系的法律规范的总称,而

《中华人民共和国药品管理法》则属于狭义的药品管理法。

第二节 药品生产企业管理

一、开办药品生产企业的条件

开办药品生产企业必须具备以下条件：① 具有依法经过资格认定的药学技术人员、工程技术人员及相应的技术工人；② 具有与其药品生产相适应的厂房、设施和卫生环境；③ 具有能对所生产药品进行质量管理和质量检验的机构、人员及必要的仪器设备；④ 具有保证药品质量的规章制度。

开办药品生产企业（包括各种形式的联营、中外合资企业以及外资企业），必须由企业或者企业的上级部门提出申请，经所在省级人民政府药品监督管理部门批准，并发给《药品生产许可证》，凭《药品生产许可证》到工商行政管理部门办理登记注册，领取《营业执照》。《药品生产许可证》有效期为5年，到期重新审查发证。企业破产或者关闭，《药品生产许可证》由原发证部门撤销。

二、药品生产的质量管理

药品生产企业必须按照《药品生产质量管理规范》（Good Manufacturing Practice, GMP）组织生产。药品必须按照国家药品标准和国家药品监督管理局制定的生产工艺进行生产，生产记录必须完整准确。生产企业改变影响药品质量的生产工艺的，必须报原批准部门审核批准。中药饮片必须按照国家或省级药品标准炮制。生产药品所需的原料和辅料必须符合药用要求。药品生产企业必须对其生产的药品进行质量检验，不符合国家药品标准或者不按照省级药品监督管理部门制定的中药饮片炮制规范炮制的不得出厂。

药品GMP认证是国家依法对药品生产企业（车间）和药品品种实施GMP监督检查并取得认可的一种制度，是国际药品贸易和药品监督管理的重要内容，也是确保药品质量稳定性、安全性和有效性的一种科学的先进的管理手段。

三、药品包装的管理

药品包装首先是为了保证药品质量的稳定，其次才是商业的需要。因此，药品管理法规定，直接接触药品的包装材料和容器，必须符合药用要求，符合保障人体健康、安全的标准，并由药品监督管理部门在审批药品时一并审批。药品生产企业不得使用未经批准的直接接触药品的包装材料和容器。

药品包装必须适合药品质量的要求，方便储存、运输和医疗使用。发运中药材必须有包装。在每件包装上，必须注明药品的品名、产地、日期、调出单位，并附有质量合格标志。药品包装必须按照规定印有或者贴有标签并附有说明书。标签或者说明书上必须注明药品的通用名称、成分、规格、生产企业、批准文号、产品批号、生产日期、有效期、适应证或者功能主治、用法、用量、禁忌、不良反应和注意事项。麻醉药品、精神药品、医疗用毒性药品、放射性药品、外用药品和非处方药的标签，必须印有规定的标志。

第三节　药品经营企业管理

一、开办药品经营企业的条件

药品经营企业必须具备下列条件：① 具有依法经过资格认定的药学技术人员；② 具有与所经营药品相适应的营业场所、设备、仓储设施和卫生环境；③ 具有与所经营药品相适应的质量管理机构或者人员；④ 具有保证所经营药品质量的规章制度。

药品批发企业，须经所在地省级药品监督管理部门审核批准，并发给《药品经营许可证》。药品零售企业，须经县级以上地方药品监督管理部门批准并发给《药品经营许可证》。企业凭《药品经营许可证》到工商行政管理部门办理登记注册，领取《营业执照》。《药品经营许可证》有效期为5年，到期重新审查发证。企业破产或者关闭，《药品经营许可证》由原发证部门撤销。

二、经营药品的质量管理

药品经营企业必须按照《药品经营质量管理规范》（Good Supply Practice，GSP）经营药品。所谓"GSP"，即"良好供应规范"，是控制医药商品流通环节所有可能发生质量事故的因素从而防止质量事故发生的一整套管理程序，从根本上保证医药商品质量。

为加强对药品流通环节的监督管理，国家药品监督管理局在《关于加快GSP认证步伐和推进监督实施GSP工作进程的通知》中明确了GSP认证工作的总体目标是：将原设想的5年内结束现有企业的GSP认证时间缩短到3年，并通过对药品经营企业实施GSP改造，强化药品经营领域的结构调整和市场行为的规范，取消一批逾期仍不能符合GSP要求的药品经营企业的经营资格，以达到整顿和规范药品市场经济秩序、保证人民用药安全有效的根本目的。

三、药品流通管理

国家药品监督管理局颁布的《药品流通监督管理办法》（2007年1月31日）规定，药品购销人员必须接受相应专业知识和药事法规培训，并建立培训档案，不得兼职进行药品销售活动。药品生产企业、批发企业销售药品时，必须出示有关证件。派出销售人员销售药品的，还应出示授权书原件及本人身份证原件，供药品采购方核证。企业销售药品时，应开具表明规定内容的销售凭证。不得以展示会、博览会、交易会、订货会、产品宣传会等方式现货销售药品，不得搭售、买药赠药、买商品赠药品等方式赠送处方药或甲类非处方药，不得以邮售、互联网交易等方式直接向公众销售处方药。

《药品流通监督管理办法》还规定，医疗机构设置的药房应具有规定的硬件和人员条件。购进药品时，应索取、查验、保存供货企业的有关证件、资料、票据。医疗机构购进药品必须建立并执行进货检查验收制度，并建立有真实完整的药品购进记录。该记录必须保存至超过药品有效期1年，但不得少于3年。医疗机构不得未经诊疗直接向患者提供药品，不得采用邮售、互联网交易等方式直接向公众销售处方药。

第四节 医疗机构药剂管理

一、医疗机构配制制剂的条件

医疗单位配制制剂的条件是：① 必须配备依法经过资格认定的药学技术人员；② 必须具有能够保证制剂质量的设施、管理制度、检验仪器和卫生条件；③ 必须经过所在地省级卫生行政部门审核同意，由省级药品监督管理部门批准，并发给《医疗机构制剂许可证》。《医疗机构制剂许可证》有效期为5年，到期重新审查发证。

二、医疗机构配制制剂的使用

医疗机构配制的制剂，应当是本单位临床需要而市场上没有供应的品种，配制的制剂必须按照规定进行质量检验。合格的，凭医师处方在本医疗机构使用。特殊情况下，经国务院或省级药品监督管理部门批准，可以在指定的医疗机构之间调剂使用。医疗机构配制的制剂不得在市场销售。

三、医疗机构的药品管理

医疗机构购进药品，必须建立并执行进货检查验收制度，验明药品合格证明和其他标识。医疗机构的药剂人员调配处方必须经过核对，对处方所列药品不得擅自更改或者代用。对有配伍禁忌或者超剂量的处方，应拒绝调配，必要时经处方医生更正或者重新签字方可调配。医疗机构必须制定和执行药品保管制度，保证药品质量。

国家药品监督管理局颁布的《医疗机构制剂配制质量管理规范》、《医疗机构制剂配制监督管理办法（试行）》、《医疗机构制剂注册管理办法（试行）》，对保证医疗机构制剂质量，防止制药差错和污染提出了具体规范要求。

第五节 药品管理

一、药品标准

药品标准，是国家对药品质量规格及检验方法所做的技术性规定，是药品生产、销售、使用和检验单位共同遵守的法定依据。《药品管理法》规定，我国的药品标准只有国家标准。

国家药品标准由国家药品监督管理局批准颁行。国家药品标准包括《中华人民共和国药典》、国家药品监督管理局颁布的药品标准以及《中国生物制品规程》。根据《中华人民共和国标准化法》第七条规定，国家药品标准属强制性标准，只有符合国家药品标准的药品才是合格药品，方可销售使用。

列入国家药品标准的药品名称为药品通用名称。已经作为药品通用名称的，该名称不得作为药品商标使用。

二、特殊药品管理

《药品管理法》规定，国家对麻醉药品、精神药品、医疗用毒性药品、放射性药品实行特殊管理。

1. 麻醉药品，是指连续使用后易产生身体依赖性，能成瘾癖的药品，包括：阿片类、可卡因类、大麻类、合成麻醉药类及卫生部指定的其他易成瘾的药品、药用原植物及其制剂。与之相关的还有戒毒药品，是指控制并消除滥用阿片类药物成瘾者的急剧戒断症状与体征的戒毒治疗药品和能减轻消除稽延性症状的戒毒治疗辅助药品。

2. 精神药品，是指直接用于中枢神经系统，使之兴奋或抑制，连续使用能产生依赖性的药品。

3. 医疗用毒性药品，是指毒性剧烈，治疗量与中毒剂量相近，使用不当会致人中毒或死亡的药品。

4. 放射性药品，是指用于临床诊断或者治疗的放射性核素制剂或者其标记药物，包括裂变制品、堆照制品、加速器制品、放射性同位素发生器及配套药盒、放射性免疫分析药盒等。

上述特殊药品管理不善或使用不当极易造成对人体健康、公众卫生和社会治安的危害。国务院及有关部门根据《药品管理法》的规定，对上述特殊药品的研制、生产、运输、销售和使用分别制定了管理办法。为更好地进行国际合作和加强国内管制，我国已加入了联合国《1961年麻醉药品单一公约》、《1971年精神药物公约》和《1988年禁止非法贩运麻醉药品和精神药品公约》。

三、进出口药品的管理

（一）进口药品管理

进口药品，是指进口的原料药、制剂，包括制剂半成品和药用辅料等。药品进口，须经国家药品监督管理部门组织审查，并发给进口药品注册证书。国家禁止进口疗效不确定、不良反应大或者其他原因危害人体健康的药品。进口麻醉药品和国家规定范围内的精神药品，必须持有国家药品监督管理局发给的《进口许可证》。医疗单位临床急需或者个人自用进口的少量药品，按照国家有关规定办理进口手续。

国家药品监督管理部门对下列药品在销售前或者进口时，指定药品检验机构进行检验，检验不合格的，不得销售或者进口：① 国务院药品监督管理部门规定的生物制品；② 首次在中国销售的药品；③ 国务院规定的其他药品。

药品必须从允许药品进口的口岸进口，并由进口药品的企业向口岸所在地药品监督管理部门登记备案。海关凭药品监督管理部门出具的进口药品通关单放行。

（二）出口药品管理

出口药品必须保证质量。凡我国制造销售的药品，经省级药品监督管理部门审核批准后，根据国外药商需要出具有关证明办理相关出口手续。对国内供应不足的药品，国务院有权限制或者禁止出口。为此，1992年10月14日国务院公布了《中药品种保护条例》，对稀有特殊中药的出口进行了保护性规定。

四、非处方药管理

《药品管理法》规定，国家对药品实行处方药和非处方药分类管理制度。2000年1月1日，国家药品监督管理局颁布了《处方药与非处方药分类管理办法》。

所谓非处方药，即不用医师诊断和开写处方，由消费者自己选择应用的药品，英文简称OTC。

处方药必须凭执业医师或执业助理医师处方才可调配、购买和使用。但医疗机构根据医疗需要可以决定和推荐使用非处方药。处方药只准在专业性医药报刊上进行广告宣传，非处方药经审批可以在大众传播媒介进行广告宣传。非处方药又分为甲、乙两类。经营处方药、非处方药的批发企业和经营处方药、甲类非处方药的零售企业，必须具有《药品经营许可证》。经省级药品监督管理部门批准的其他商业企业，可以零售乙类非处方药。

五、禁止生产和销售假药、劣药

1. 假药，是指药品所含成分与国家药品标准规定的成分不符的，以及用非药品冒充药品或者以他种药品冒充此种药品的药品。下列情形之一的按假药处理：① 国务院药品监督管理部门规定禁止使用的；② 依法必须批准而未经批准生产、进口，或者依法必须检验而未经检验即销售的；③ 变质的；④ 被污染的；⑤ 使用应依法取得批准文号而实际未取得批准文号的原料生产的；⑥ 所标明的适应证或者功能主治超出规定范围的。

2. 劣药，是指药品成分的含量不符合国家标准的药品。有下列情形之一的药品按劣药论处：① 未标明有效期或者更改有效期的；② 不注明或者更改生产批号的；③ 超过有效期的；④ 直接接触药品的包装材料和容器未经批准的；⑤ 擅自添加着色剂、防腐剂、香料、矫味剂及辅料的；⑥ 其他不符合药品标准规定的。

第六节 药品价格和广告管理

一、药品价格

（一）政府定价、政府指导价药品

《药品管理法》规定，药品价格依法实行政府定价、政府指导价。药品的生产企业、经营企业和医疗机构必须执行政府定价、政府指导价，不得以任何形式擅自提高价格。药品生产企业应当依法向政府价格主管部门如实提供药品的生产经营成本，不得拒报、虚报、隐瞒。

（二）市场调节价药品

依法实行市场调节价的药品，药品的生产企业、经营企业和医疗机构应当按照公平、合理和诚实信用、质价相符的原则制定价格，为用药者提供价格合理的药品，并依法向价格主管部门提供药品的实际购销价格和购销数量等资料。医疗机构应当向患者提供所用药品的价格清单。

（三）禁止药品购销中的违法行为

禁止药品的生产、经营企业和医疗机构在药品购销中账外暗中给予、收受回扣或者其

他利益。禁止药品的生产、经营企业或者其代理人以任何名义给予使用其药品的医疗机构的负责人、药品采购人员、医师等有关人员以财物或者其他利益。上述人员也不得以任何名义收受药品生产、经营企业或其代理人给予的财物或者其他利益。

二、药品广告

《药品管理法》规定，药品广告在发布前必须经企业所在地省级药品监督管理部门批准，并发给药品广告批准文号。药品广告的内容必须真实、合法，以国家药品监督管理局批准的说明书为准，不得含有虚假的内容。药品广告不得含有不科学的表示功效的断言或者保证，不得利用国家机关、医药科研单位、学术机构或者专家、学者、医师、患者的名义和形象作证明。非药品广告不得有涉及药品的宣传。

处方药可以在国务院卫生行政部门和药品监督管理部门共同指定的医学、药学专业刊物上介绍，但不得在大众传播媒介发布广告或者以其他方式进行以公众为对象的广告宣传。

第七节 临床用药安全的相关法律问题

一、药品不良反应

药品不良反应（Adverse Drug Reaction，ADR）又叫"药物不良反应"、"不良事件"或"药害事件"。据世界卫生组织（WHO）统计，各国住院病人发生药品不良反应的比率在10%～20%，其中5%的患者因为严重的药品不良反应而死亡。在全世界死亡的病人中，约有1/3的患者死于用药不当，药品不良反应致死占社会人口死因的第4位。1998年，美国有200万住院病人发生重大药品不良反应，10万余人因药品不良反应死亡。据估计，我国不合理用药者占用药者的11%～26%。在我国每年住院的5 000多万人次中，与药品不良反应有关的可达250多万人，还有超过500万的患者在住院期间发生过药品不良反应。药品不良反应每年导致中国24万患者死亡，是目前19种主要传染病所致死亡人数的11倍。1990年我国有聋哑儿童182万多人，其中因滥用抗生素而引起药品中毒性耳聋的患者已逾百万之众，且这种态势仍以每年2万至4万人的速度增长。无疑，药品不良反应已成为危害人类生命安全的重要因素之一。

药品不良反应是无法避免的，解决这一问题的有效方案是建立药品不良反应监测体系。《药品管理法》和《药品不良反应报告和监测管理办法》也作出了相应的规定。

（一）药品不良反应案件在归责原则与赔偿上的两难

药品生产企业如果违反《药品管理法》的规定，给受害者造成人身伤害，依法应当承担侵权法律责任，受害者的损害可以得到赔偿。但如果生产经营企业没有过错，药物纠纷一经鉴定为"药品不良反应"，将引出有受害者而无责任人的令人很难理解的悖论，但毕竟患者的利益受到了伤害，法律必须为无辜受害者提供救济途径。

根据传统的侵权法理论，对于侵权行为的归责原则往往存在两种：过错责任原则和无过错责任原则。无过错责任原则的法律适用必须以法律明文规定为前提，而药品不良反应案件采取无过错归责原则在现行法律中找不到依据。适用过错责任原则，又往往因为找不到过错方而使案件陷入僵局。目前国内的多数判例，都是依据《民法通则》的公平原则，由当事各方均摊责任。

（二）药品不良反应报告

《药品管理法》规定，国家实行药品不良反应报告制度。药品生产、经营企业和医疗机构必须经常考察本单位所生产、经营、使用的药品质量、疗效和反应，发现可能与用药有关的严重不良反应，必须及时向省级药品监督管理部门和卫生行政部门报告。对已确认发生不良反应的药品，国务院或省级药品监督管理部门可以采取停止生产、销售、使用的紧急控制措施。为规范药品不良反应报告和监测的管理，卫生部、国家食品药品监督管理局于2004年3月发布实施《药品不良反应报告和监测管理办法》，对该工作做了具体规定。

二、新药临床试验

（一）临床试验的法律定位

人体临床试验充满了中国医学的历史，但这种人体临床试验与近代西方医学史上的人体实验是两个完全不同的概念。中国早期的人体临床试验可以追溯到神农尝百草。在我国古代传说中，神农通过亲自品尝，知道了多种药物的功效，能够区分出发热药、清凉药、镇痛药、催吐药、剧毒药，神农的药物学知识成为古人的宝贵财富。服食炼丹产生于两千多年前的中国，是冶金和神仙说的一种结合。秦始皇统一中国（公元前221年）后，迫不及待地追求神仙不死药，寻求仙药之风大炽，炼丹的风气在统治阶级中开始盛行，出现了研究丹砂冶铸黄金之法。为达到长生的目的，服食炼丹者即便身有不测，丢掉性命也在所不惜。中国历史上这样的记载不乏其人。清代的张廷玉在《明史·二十五·传》中记载："天顺四年，母疫病不愈。泰奴三割胸肉食母，不效。一日薄暮，剖胸取肝一片，昏仆良久，及苏，以衣裹创，手和粥以进，母遂愈。母宿有膝挛疾，亦愈"。这些奇迹的真实性虽需考证，但是在孝敬父母观念的驱使下，甘愿用自己的身体治疗家人的疾患，这样的事例在中国古代是存在的。此外，颇具特色的中医治疗——针灸，其知识和经验也多是通过人体临床试验取得的。

19世纪末，在中国本土出现了中西医学并存的局面，20世纪中国本土西医学力量日益膨大，西医学的分类方法、研究方法、治疗方法和预防方法逐渐渗透，中国的西医学追随着国外医学的发展而发展，西医学中基础实验方法和人体临床试验方法同样被引进到中国。

临床试验是人类在生物医药科技进步过程中的必经环节，任何经过动物实验的新药品、新器械和新的治疗方法最后都必须经过临床试验才能进入临床广泛应用于人体。所以临床试验或人体临床试验，是指以开发、改善医疗技术及增进医学新知，而对人体进行医疗技术、药品或医疗器械试验研究的行为。药物临床试验，指任何在人体（病人或健康志愿者）进行药物的系统性研究，以证实或揭示试验药物的作用、不良反应及（或）试验药物的吸收、分布、代谢和排泄，目的是确定试验药物的疗效与安全性。

（二）新药临床试验规范

为保证药物临床试验过程规范，结果科学可靠，保护受试者的权益并保障其安全，国家食品药品监督管理局2003年6月4日发布了《药物临床试验质量管理规范》（Good

Clinical Practice，GCP)，并自 2003 年 9 月 1 日起施行。《药物临床试验质量管理规范》是我国医学研究中临床试验方面的标志性立法。《药物临床试验质量管理规范》是临床试验全过程的标准规定，包括方案设计、组织实施、监察、稽查、记录、分析总结和报告。在我国进行的各期临床试验、人体生物利用度或生物等效性试验，均须按《药物临床试验质量管理规范》执行。

除此之外，《药物非临床研究质量管理规范》也是医学研究领域的重要立法。非临床研究，系指为评价药物安全性，在实验室条件下，用实验系统进行的各种毒性试验，包括单次给药的毒性试验、反复给药的毒性试验、生殖毒性试验、遗传毒性试验、致癌试验、局部毒性试验、免疫原性试验、依赖性试验、毒代动力学试验及与评价药物安全性有关的其他试验。目前卫生部起草中的《特殊医疗技术临床应用管理办法》也将成为日后指引医疗技术临床试验性应用的重要立法。应当注意的是，在我国所有以人为对象的研究必须符合《赫尔辛基宣言》和国际医学科学组织委员会颁布的《人体生物医学研究国际道德指南》的道德原则，即公正、尊重人格、力求使受试者最大程度受益和尽可能避免伤害。参加临床试验的各方都必须充分了解和遵循这些原则，并同时遵守中国有关药品管理的法律法规。

(三) 药品未注册用法

卫生部颁布的《处方管理办法》第十四条规定："医师应当根据医疗、预防、保健需要，按照诊疗规范、药品说明书中的药品适应证、药理作用、用法、用量、禁忌证、不良反应和注意事项等开具处方。"对此项规定应当正确予以理解，不可理解过死，否则不利于临床工作，也不利于保护患者的健康权利。

药品未注册用法，是指药品使用的适应证、给药方法或剂量不在注册说明书之内的用法。

第一，我们要意识到药品注册说明书的注册信息不一定代表该类药物目前的治疗信息。我国目前对"药品未注册用法"尚无明文立法。美国《食品、药品和化妆品法》(FDCA) 规定，一方面上市后的药品要改变说明书，生产商要提供大量数据和资料。另一方面，医生通过临床实践、专业讨论或文献报道获得"药品未注册用法"，予注册前在临床上适用。

第二，执业医师在适用"药品未注册用法"时要非常慎重。笔者认为，在以下几个条件同时具备的情况下，执业医师始可适用"药品未注册用法"：① 无合理的可替代药品；② 用药目的不是试验研究；③ 保护患者的知情权（根据危险程度、偏离标准操作的程度和用药目的等因素决定用书面形式告知患者）；④ 要有充分的医学文献报道，以证明用药合理且具有科学依据。

第三，国家药品监督管理部门应当定期对药品进行再评价工作，督促存在"药品未注册用法"药品的药品生产企业申请进行说明书变更。

第八节 药品监督与法律责任

一、药品监督管理与检验机构及其职责

（一）药品监督管理机构

国家药品监督管理局主管全国药品监督管理工作。国务院有关部门在各自的职责范围内负责与药品有关的监督管理工作。省级人民政府药品监督管理部门负责本行政区域内的药品监督管理工作。省级人民政府有关部门在各自的职责范围内负责与药品有关的监督管理工作。药品监督管理机构职责为：

1. 对药品研制、生产、经营以及医疗机构使用药品的事项进行监督检查。
2. 根据监督检查的需要，可以对药品质量进行抽样检验。对有证据证明可能危害人体健康的药品及其有关材料可以采取查封、扣押的行政强制措施。
3. 国务院和省级人民政府药品监督管理部门应当定期公告药品质量抽查检验的结果。

（二）药品检验机构及其职责

药品检验机构是执行国家对药品监督检验的法定专业性机构。药品监督管理部门设置或者确定的药品检验机构，承担依法实施药品审批和药品质量监督检查所需的药品检验工作。药品检验机构不得参与药品生产经营活动，不得以其名义推荐或者监制、监销药品。药品检验机构工作人员不得参与药品生产经营活动。

二、法律责任

（一）行政责任

1. 药品生产、经营企业、医疗机构的行政责任

（1）未取得药品生产、经营许可证、医疗机构制剂许可证生产、经营药品的予以取缔，没收药品和违法所得并处罚款。

（2）生产、销售假药、劣药的，没收假药、劣药和违法所得并处罚款；有药品批准证明文件的予以撤销，并责令停产、停业整顿。情节严重的，吊销卫生许可证。其直接负责的主管人员和其他直接责任人员10年内不得从事药品生产、经营活动。对专门用于生产假药、劣药的原辅材料、包装材料、生产设备予以没收。

（3）知道或者应当知道用于假劣药品而为其提供运输、保管、仓储等便利条件的，没收全部收入并处罚款。

（4）药品生产、经营企业，药物非临床安全性评价研究机构、药物临床试验机构未按照规定实施质量管理规范的给予警告、责令限期改正。逾期不改正的，责令停产、停业整顿并处罚款。情节严重的，吊销药品生产、经营许可证和药物临床试验机构的资格。

（5）药品的生产、经营企业或者医疗机构违反规定，从无许可证的单位购进药品的，责令改正，没收药品并处罚款。有违法所得的，没收违法所得。情节严重的，吊销药品生产、经营许可证或者医疗机构执业许可证。

（6）进口药品未按照规定向口岸所在地的药品监督管理部门备案的，给予警告，责令限期改正。逾期不改正的，撤销进口药品注册证书。

(7) 伪造、变造、买卖、出租、出借许可证或者药品批准证明文件的，没收违法所得并处罚款。情节严重的，并吊销卖方、出租方、出借方的许可证或者撤销药品批准证明文件。违反规定，提供虚假的证明、文件资料、样品或者采取其他欺骗手段取得许可证或者药品批准证明文件的，吊销许可证或者撤销药品批准证明文件，5年内不受理其申请并处罚款。

(8) 医疗机构将其配制的制剂在市场上销售的，责令改正，没收违法销售的制剂并处罚款。有违法所得的，没收违法所得。

(9) 药品标识不符合规定的，除依法应当按假药、劣药论处的外，责令改正，给予警告。情节严重的，撤销该药品的批准证明文件。

(10) 药品检验机构出具虚假证明文件，不构成犯罪的，责令改正，给予警告，对单位并处罚款。有违法所得的，没收违法所得。情节严重的，撤销其检验资格。

(11) 药品生产经营企业、医疗机构在药品购销中暗中给予、收受回扣或者其他利益的，药品的生产企业、经营企业或者其代理人给予使用其药品的医疗机构负责人、药品采购人员、医师等有关人员以财物或者其他利益的，由工商行政管理部门处以罚款，有违法所得的，予以没收。情节严重的，由工商行政管理部门吊销营业执照，并通知药品监督管理部门吊销其许可证。

(12) 违反有关药品广告管理规定的，依照《广告法》的规定处罚，并由发给广告批准文号的药品监督管理部门撤销广告批准文号，1年内不受理该品种的广告审批申请。

2. 药品监督管理部门和药品检验机构的行政责任

(1) 药品监督管理部门和人员失职、渎职、滥用职权、徇私舞弊、玩忽职守，尚不构成犯罪的，由其上级主管机关或者监察机关责令收回违法发给的证书、撤销药品批准证明文件，对直接负责的主管人员和其他直接责任人员依法给予行政处分。

(2) 药品监督管理部门或者其设置的药品检验机构参与药品生产经营活动的，由其上级机关或者监察机关责令改正，有违法收入的予以没收。情节严重的，对直接负责的主管人员和其他直接责任人员依法给予行政处分。

(3) 药品监督管理部门或药品检验机构在药品监督检验中违法收取检验费用的，由政府有关部门责令退还，对直接负责的主管人员和其他直接责任人员依法给予行政处分。对违法收取检验费用情节严重的药品检验机构，撤销其检验资格。

(4) 药品检验机构出具虚假检验报告，对直接负责的主管人员和其他直接责任人员依法给予降级、撤职、开除的处分并处罚款。

(二) 民事责任

《药品管理法》规定，药品的生产企业、经营企业、医疗机构违反法律规定，给药品使用者造成损害的，依法承担赔偿责任。药品检验机构出具的检验结果不实，造成损失的应当承担相应的赔偿责任。

(三) 刑事责任

《刑法》第一百四十一条规定，生产、销售假药，足以严重危害人体健康的，处3年以下有期徒刑或者拘役，并处或者单处销售金额50%以上2倍以下罚金。对人体健康造成严重危害的，处3年以上10年以下有期徒刑，并处销售金额50%以上2倍以下罚金。致人死亡或者对人体健康造成特别严重危害的，处10年以上有期徒刑、无期徒刑或者死刑，并处销售金额50%以上2倍以下罚金或者没收财产。

《刑法》第一百四十二条规定，生产、销售劣药，对人体健康造成严重危害的，处3年以上10年以下有期徒刑，并处销售金额50%以上2倍以下罚金。后果特别严重的，处10年以上有期徒刑或者无期徒刑。并处销售金额50%以上2倍以下罚金或者没收财产。

《刑法》第三百五十五条规定，依法从事生产、运输、管理、使用国家管制的麻醉药品、精神药品的人员，违反国家规定，向吸食、注射毒品的人提供国家规定管制的能够使人形成瘾癖的麻醉药品、精神药品的，处3年以下有期徒刑或者拘役，并处罚金。情节严重的，处3年以上7年以下有期徒刑，并处罚金。向走私、贩卖毒品的犯罪分子或者以牟利为目的，向吸食、注射毒品的人提供国家规定管制的能够使人形成瘾癖的麻醉药品、精神药品的，依照刑法第三百四十七条关于走私、贩卖、运输、制造毒品罪的规定予以定罪处罚。单位犯上述罪的，对单位判处罚金，并对其直接负责的主管人员和其他直接责任人员，依照上述的规定处罚。

思考题

1. 简述我国关于药品生产、经营的准入条件。
2. 医疗机构配置制剂的条件有哪些？
3. 简述特殊药品的分类和各分类的概念。
4. 简述假药的概念以及按照假药处理的情形有哪些？
5. 简述劣药的概念以及按照劣药处理的情形有哪些？
6. 我国关于药品广告的特别规定有哪些？
7. 简述药品不良反应的概念。

（王　岳　李晓霁）

第十二章 医疗器械监督管理法律制度

第一节 概 述

一、医疗器械的概念及分类

(一) 医疗器械

医疗器械,是指单独或者组合使用于人体的仪器、设备、器具、材料或者其他物品,包括所需的软件。

(二) 医疗器械分类

根据《医疗器械监督管理条例》规定,国家依据医疗器械的结构特征、医疗器械的使用形式和医疗器械使用状况,对医疗器械实行分类管理。

第一类:是指通过常规管理足以保证其安全性、有效性的医疗器械。例如,手术刀、止血钳、听诊器等。

第二类:是指对其安全性、有效性应当加以控制的医疗器械。例如,腋下体温计、医用缝合针、电动牙钻机等。

第三类:是指植入人体,用于支持、维持生命,对人体具有潜在危险,对其安全性、有效性必须严格控制的医疗器械。例如,腹引流管、人工心肺机、骨钉等。

二、医疗器械监督管理立法

近二十年来,随着现代科学技术的发展,具有高新技术的医疗器械工业迅速发展,在医疗卫生事业中起到越来越重要的作用。同时,对医疗器械的监督管理也越来越受到重视。1990年美国颁布了《医疗器械安全法》。日本医疗器械的监督管理由厚生省负责,1989年药物局颁布了《医疗用具质量体系》,1994年日本对《药事法》进行了较大修改,进一步完善了《医疗器械管理办法》,并从1995年对医疗器械进行全面管理。澳大利亚于1989年通过《治疗品法》修正案,把药品和医疗器械统称为治疗品,并于1990年成立治疗品管理局,直属联邦卫生福利部。欧盟(其前身为欧共体)委员会从1988年就开始讨论欧盟医疗器械管理法规问题,目前已制定了一套管理法规。欧盟内各个成员国则在欧盟指令的基础上陆续制定了各自的法规。

新中国成立初期,医疗器械主要由地方卫生、商业或医药公司管理。从1953年开始由全国统一归口管理,各部、局在主管期间制订了一系列医疗器械管理的规范性文件和标准。1964年卫生部制订了《医疗器械标准实施办法》,1980年原国家医药管理局会同地方主管部门修订颁布了《医疗器械标准化工作实施办法》,1996年9月原国家医药管理局发布了《医疗器械产品注册管理办法》,1995年3月国家工商行政管理局发布了《医疗器械广告审查办法》,1997年12月国家经济贸易委员会、国家医药管理局、财政部、中国人民银行、卫生部联合发布了《国家药品医疗器械储备管理暂行办法》。1998年国务院机构改革后，医疗器械由国家药品监督管理局管理。

为了加强对医疗器械的监督管理，2000年1月4日国务院发布了《医疗器械监督管理条例》，同年4月1日起施行。该《条例》适用于在中华人民共和国境内从事医疗器械的研制、生产、经营、使用、监督管理的单位或者个人。此后，原国家药品监督管理局根据《条例》相继发布了《医疗器械注册管理办法》、《医疗器械分类规则》、《医疗器械新产品审批规定》、《医疗器械生产企业监督管理办法》、《医疗器械经营企业监督管理办法》、《医疗器械生产企业质量体系考核办法》等规章，使医疗器械监督管理法律制度逐步完善。

第二节 医疗器械生产、经营和使用的管理

一、医疗器械生产企业管理

（一）医疗器械生产企业的条件

① 具有与其生产的医疗器械相适应的专业技术人员；② 具有与其生产的医疗器械相适应的生产场地及环境；③ 具有与其生产的医疗器械相适应的生产设备；④ 具有对其生产的医疗器械产品进行质量检验的机构或者人员及检验设备。

（二）医疗器械生产企业许可证的取得

第一类生产企业应在省级药品监督管理部门备案；第二、第三类生产企业应经省级药品监督管理部门审批，取得《医疗器械生产企业许可证》后，再到工商行政管理部门申请营业执照。《医疗器械生产企业许可证》有效期5年，期满前6个月，企业应提出重新换证申请，按规定办理换证手续。

（三）医疗器械生产管理

1. 企业在取得医疗器械产品生产注册证书后，方可生产医疗器械。

2. 医疗器械生产不得违反下列规定：① 不得生产无《中华人民共和国医疗器械注册证》的医疗器械；② 未取得《医疗器械生产企业许可证》的不得生产第二类、第三类医疗器械；③ 生产医疗器械必须符合国家标准或者行业标准；④ 办理医疗器械注册申报时，不得提供虚假证明、文件资料、样品，或者采取其他欺骗手段，骗取医疗器械产品注册证书；⑤ 不得向无《医疗器械经营企业备案表》或《医疗器械经营企业许可证》的经营单位或无执业许可的医疗机构销售产品。

3. 非营利的避孕医疗器械产品的管理办法，由国务院药品监督管理部门会同国务院有关部门制定。

4. 生产第二类、第三类医疗器械应当通过临床验证；国家对部分第三类医疗器械实行强制性安全认证制度。

二、医疗器械经营企业管理

（一）医疗器械经营企业的条件

① 具有与其经营的医疗器械相适应的经营场地及环境；② 具有与其经营的医疗器械相适应的质量检验人员；③ 具有与其经营的医疗器械相适应的技术培训、维修等售后服

务能力。

(二) 医疗器械经营企业许可证的取得

与生产企业一样,第一类医疗器械经营企业,应当向所在地省级药品监督管理部门备案。开办第二类、第三类医疗器械经营企业,应当经所在地省级药品监督管理部门审查批准,并发给《医疗器械经营企业许可证》。无《医疗器械经营企业许可证》的工商行政管理部门不得发给营业执照。《医疗器械经营企业许可证》有效期5年,期满前6个月企业应提出换证申请,按规定办理换证手续。

(三) 医疗器械经营管理

1. 未取得《医疗器械经营企业许可证》不得经营第二类、第三类医疗器械。

2. 医疗器械经营企业在经营中不得有下列行为:① 伪造、变造、转让、出租《医疗器械经营企业许可证》;② 经营质量不合格的产品;③ 经营未经备案或未取得《医疗器械生产企业许可证》的企业生产的医疗器械;④ 经营无《中华人民共和国医疗器械注册证》的医疗器械;⑤ 经营过期、失效或国家明令淘汰的医疗器械;⑥ 法律、法规、规章禁止的其他行为。

(四) 医疗器械使用管理

《条例》规定,医疗机构应当从取得《医疗器械生产企业许可证》的生产企业或取得《医疗器械经营企业许可证》的经营企业购进合格的医疗器械,并有产品检验合格证明。不得使用未经注册、无合格证明、失效或者淘汰的医疗器械。医疗机构对一次性使用的医疗器械不得重复使用;使用过的,应当按照国家有关规定销毁,并作记录。

三、医疗器械广告管理

(一) 医疗器械广告的审批

《条例》规定,医疗器械广告应当经省级以上药品监督管理部门审查批准。《医疗器械广告审查办法》规定,医疗器械广告应真实、合法、科学。发布医疗器械广告应遵守《广告法》。广告经营者对违反医疗器械广告审查办法的医疗器械广告不得设计、制作,广告发布者不得发布。

(二) 不得发布广告的医疗器械

《医疗器械广告审查办法》规定,下列医疗器械不得发布广告:① 未经国家药品监督管理局或省级药品监督管理部门批准进入市场的医疗器械;② 未经生产者所在国(地区)政府批准进入市场的境外生产的医疗器械;③ 应当取得生产许可证而未取得生产许可证的生产者生产的医疗器械;④ 扩大临床试用、试生产阶段的医疗器械;⑤ 治疗艾滋病,改善和治疗性功能障碍的医疗器械。

(三) 医疗器械广告内容的规定

1. 医疗器械广告应当与审查批准的产品市场准入说明书相符,并包括广告的批准文号,不得任意扩大范围。推荐给个人使用的医疗器械,应当标明"请在医生指导下使用"。

2. 不得含有表示功效的断言或保证,如"疗效最佳"、"保证治愈"等。不得贬低同类产品,不得与其他产品进行功效和安全性对比。不得含有"最高技术"、"最先进科学"等绝对化语言和表示。不得含有治愈率、有效率及获奖的内容。不得含有利用医疗科研单位、学术机构、医疗机构或者专家、医生、患者的名义、形象作证明的内容。不得含有直接显示疾病症状和病理的画面，不得使人误解不使用该医疗器械会患某种疾病或者加重病情。不得含有"无效退款"、"保险公司保险"等承诺。不得利用消费者缺乏医疗器械专业技术知识和经验的弱点，以专业术语或者无法证实的演示误导消费者。

第三节 医疗器械的行政管理

一、医疗器械产品注册管理

《条例》规定，国家对医疗器械实行产品生产注册制度。申报注册医疗器械，应提交技术指标、检测报告和其他有关资料。生产第一类医疗器械，由地（市）级药品监督管理部门审查批准，并发给产品生产注册证书。生产第二类医疗器械，由省级药品监督管理部门审查批准，并发给产品生产注册证书。生产第三类医疗器械，由国家药品监督管理局审查批准，并发给产品生产注册证书。

医疗器械产品注册证书有效期为4年，持证单位应在有效期满前6个月内申请重新注册。已注册的医疗器械产品连续停产2年以上，产品生产注册证书自行失效。

二、医疗机构研制医疗器械的管理

医疗机构根据本单位的临床需要可以研制医疗器械，研制阶段不能批量生产。所研制产品只限于在本单位使用，所发给使用批准证书有效期为2年。医疗机构研制第二类医疗器械，应当报省级药品监督管理部门审查批准；研制第三类医疗器械应当报国家药品监督管理局审查批准。

三、医疗器械新产品的管理

医疗器械新产品，是指国内市场尚未出现过的或者安全性、有效性及产品原理尚未得到国内认可的全新品种。医疗器械新产品的临床试用应按照《医疗器械临床试验管理办法》，向国家药品监督管理局提交有关资料，经审查批准后，方可进行临床试用。通过了国家药品监督管理局组织专家评审的，由国家药品监督管理局批准，并发给新产品证书。医疗器械新产品证书不作为产品进入市场的批准文件。生产企业可凭新产品证书申办产品注册。

四、医疗器械的临床试用和临床验证

《条例》规定，第二类、第三类医疗器械新产品，应当按规定经批准后进行临床试用、验证。省、自治区、直辖市药品监督管理部门负责审批本行政区域内的第二类医疗器械的临床试用或者临床验证。国家药品监督管理局负责审批第三类医疗器械的临床试用和临床验证。

五、进口医疗器械的审批

《条例》规定，首次进口的医疗器械，进口单位应当提供该医疗器械的说明书、质量标准、检验方法等有关资料和样品以及出口国（地区）批准生产、销售的证明文件，经国家药品监督管理局审批注册，领取进口注册证书后，方可向海关申请办理进口手续。

六、医疗器械评价与淘汰

《条例》规定，医疗器械应当符合国家标准，没有国家标准的，应当符合医疗器械行业标准，应当符合国家《计量法》的规定。医疗器械的使用说明书、标签、包装也应当符合国家有关标准或者规定。为了保证医疗器械对人体的安全性、有效性，国家对医疗器械实施再评价及淘汰制度，同时国家建立医疗器械质量事故报告制度和医疗器械质量事故公告制度。

第四节 法律责任

一、行政责任

1. 未取得医疗器械产品生产注册证书进行生产的，责令停止生产、没收违法生产的产品和违法所得并处罚款。情节严重的，由省级药品监督管理部门吊销生产企业许可证。

2. 未取得医疗器械生产企业许可证生产第二类、第三类医疗器械的，责令停止生产、没收违法生产的产品和违法所得并处罚款。

3. 生产不符合医疗器械国家标准或者行业标准的医疗器械的，予以警告、责令停止生产、没收违法生产的产品和违法所得并处罚款。情节严重的，由原发证部门吊销产品生产注册证书。

4. 未取得医疗器械经营企业许可证经营第二类、第三类医疗器械的，责令停止经营、没收违法经营的产品和违法所得并处罚款。

5. 经营无产品注册证书、无合格证明、过期、失效、淘汰的医疗器械的，或者从无医疗器械生产企业许可证、经营企业许可证的企业购进医疗器械的，责令停止经营、没收违法经营的产品和违法所得并处罚款。情节严重的，由原发证部门吊销经营企业许可证。

6. 注册申报时，提供虚假证明、文件资料、样品，或者采取其他欺骗手段，骗取医疗器械产品注册证书的，由原发证部门吊销产品注册证书，2年内不受理其产品注册申请并处罚款。对已经生产的，没收违法生产的产品和违法所得并处罚款。

7. 医疗机构使用无产品注册证书、无合格证明、过期、失效、淘汰的医疗器械的，或者从无医疗器械生产企业许可证、经营企业许可证的企业购进医疗器械的，责令改正、给予警告、没收违法使用的产品和违法所得并处罚款。对主管人员和其他直接责任人员给予纪律处分。

8. 医疗机构重复使用一次性使用的医疗器械（材），或者对应当销毁的医疗器械（材）而未进行销毁的，责令改正、给予警告、罚款，对主管人员和其他直接责任人员给予纪律处分。

9. 承担医疗器械临床试用或临床验证的医疗机构提供虚假报告的，由省级以上人民政府药品监督管理部门责令改正，给予警告、罚款。情节严重的，撤销其临床试用或临床验证资格，对主管人员和其他直接责任人员给予纪律处分。

10. 医疗器械检测机构及其人员从事或参与同检测有关的医疗器械的研制、生产、经营、技术咨询的，或出具虚假检测报告的，由省级以上人民政府药品监督管理部门责令改正、给予警告、罚款。情节严重的，由国家药品监督管理局撤销其检测资格，对主管人员和其他直接责任人员给予纪律处分。

二、刑事责任

《医疗器械监督管理条例》规定,违反医疗器械监督管理条例有关规定,构成犯罪的,依法追究刑事责任。医疗器械监督管理人员滥用职权、徇私舞弊、玩忽职守构成犯罪的,依法追究刑事责任。尚不构成犯罪的,依法给予行政处分。

《刑法》第一百四十五条规定,生产不符合保障人体健康的国家标准、行业标准的医疗器械、医用卫生材料,或者销售明知是不符合保障人体健康的国家标准、行业标准的医疗器械、医用卫生材料,对人体健康造成严重危害的,处 5 年以下有期徒刑,并处销售金额 50% 以上 2 倍以下罚金。后果特别严重的,处 5 年以上 10 年以下有期徒刑,并处销售金额 50% 以上 2 倍以下罚金。其中情节特别恶劣的,处 10 年以上有期徒刑或者无期徒刑,并处销售金额 50% 以上 2 倍以下罚金或者没收财产。

第五节 大型医用设备配置与使用管理

2004 年 12 月 31 日,卫生部、国家发改委、财政部共同颁布了《大型医用设备配置与使用管理办法》,并于 2005 年 3 月 1 日起施行。

一、总则部分

《办法》的立法目的主要是为有效使用大型医用设备,控制医疗费用过快增长,维护患者的权益。其适用范围包括境内一切各级各类医疗机构。大型医用设备是指卫生部确定和管理的品目,或者首次配置的单价在人民币 500 万元以上的医用设备。其中,甲类大型医用设备由卫生部规划配置,乙类大型医用设备由省级卫生厅(局)规划配置。

二、配置规划与审批

卫生部和国家发改委编制甲类大型医用设备配置规划,并对乙类大型医用设备提出指导意见;乙类大型医用设备配置规划由省级卫生厅(局)会同有关部门制订,并报卫生部核准实施。

大型医用设备的配置必须由专家对其先进性、经济性、适应性进行论证,并按管理权限分级审批:

1. 申请与批准。凡医疗机构需要配置大型医用设备,首先向当地卫生行政部门申请,逐级上报。申请甲类的,经省级卫生行政部门审核后,报卫生部审批;申请乙类的,由省级卫生行政部门审批。卫生行政部门受理后,应在 60 个工作日内作出是否同意的决定。申请分为两种情形:第一种为申请新增加的,第二种为需要更新的。

2. 配置方式。医疗机构获得卫生行政机关的《大型医用设备配置许可证》后,方可按国家规定的采购方式进行采购。凡由政府拨款资助的,必须实行政府采购。所采购的设备应具有国家颁发的生产或进口注册证书。

三、使用管理

一切大型医用设备的上岗人员,包括医生、操作人员、工程技术人员都要接受岗位培训，取得相应上岗资质。设备必须达到计量或剂量准确，能安全防护，性能指标合格等条件后方可正式使用。其收费价格由国家物价局和卫生部制定收费办法，但营利性医疗机构的收费实行市场调节。

四、特别规定

《办法》规定，严禁进口二手大型医用设备；国内购置其他医疗机构更新替换下来的大型医用设备，其申请、购置、使用条件和程序同上。

五、监督管理与法律责任

1. 甲类大型医用设备由国务院卫生行政部门及相关部门监督管理；乙类大型医用设备则由省级卫生行政部门和相关部门监督管理。

2. 卫生部门对配置和使用情况进行监督检查，检查操作规范、应用质量的安全性、有效性和防护情况，并监督检查上岗人员的资质；物价部门监督检查收费价格；发改委与财政部门对拨款的资金使用进行监督检查。

3. 对违反规定，超规划或越权审批的卫生行政部门，由卫生部对其负责人、经办人予以通报批评，并撤销其批准决定。

4. 医疗机构擅自购置和使用大型医疗设备的，卫生行政部门责令停止使用，封存设备；物价部门有权没收相应收入所得，并处5倍以上罚款。

5. 医疗机构擅自使用淘汰机型或不合格设备的，卫生行政部门要及时予以封存，并吊销其《大型医用设备配置许可证》。情节严重，造成恶劣影响的，可责令停业整顿。所在地物价部门有权没收其收入所得，并处5倍以下罚款。

6. 医疗机构聘用无资质人员操作和使用设备的，卫生行政部门予以封存，并吊销《大型医用设备配置许可证》。

7. 本《办法》颁布后，医疗机构需重新办理《许可证》。本《办法》实施前已购置的，但因当地配置总量限制不能取得正式《许可证》的，可发给临时《许可证》。使用临时《许可证》所取得的诊疗收入按营利性机构纳税，该设备到期报废后不得更新。

8. 军队医疗机构大型医用设备与使用办法由军队参照本《办法》实施归口管理，但其配置规划与年度审批情况需报卫生部备案。

思考题

1. 简述医疗器械的定义和分类。
2. 医疗器械生产企业应具备哪些条件？
3. 医疗器械经营企业应具备哪些条件？
4. 简述国家对医疗器械广告内容的规定。
5. 简述医疗器械产品的注册制度。
6. 简述大型医用设备的配置规划与审批程序。

（李晓农　王　岳）

第十三章　血液与血液制品管理法律制度

随着血液传染病的出现、流行，因输血而感染相关传染病的病例越来越多，临床用血和血液制品的安全已经成为医学界、政府乃至全社会关注的问题。

第一节　概　述

一、血液与血液制品的概念

血液是指用于临床的全血或成分血。血液制品则特指各种人血浆蛋白制品。由单采血浆站采集的专门用于血液制品生产原料的血浆称为原料血浆。

二、血液与血液制品管理的基本法律原则

（一）救死扶伤、保障临床需要的原则

生命健康权是自然人依法享有的身心健康和生命安全不受非法侵害的权利。医疗单位对于病人，应该把其生命放在首位，应该穷尽一切可能使用的抢救措施和方法。血液和血液制品是医疗抢救和一些疾病治疗方法中不可缺少的特殊物质，其功能和作用是药物所不能替代的。因此，有关血液及血液制品的管理应把救死扶伤、保障临床用血需要放在首位。

（二）保障献血者和受血者身体健康的原则

健康权是指自然人以其生理机能正常运作、功能完善发挥和维持人体生命活动利益为内容的人格权。健康权得到保障是自然人生命得以延续的重要条件。采血、输血涉及献血者和接受输血的患者双方，对于献血者而言，无偿献血不仅是一项高尚和值得鼓励的行为，而且关系到临床用血的来源和保障，因此，在血液和血液制品管理中，不仅应保障临床抢救中患者（受血者）的生命、健康权，而且还应强调保障献血者的健康权。

（三）集中管理、统筹分配血液资源原则

由于血液是重要的医学资源，又是非常容易造成污染的生物学物质，因此，对于血液资源的管理有着比较严格的技术条件要求。为此，国家鼓励和实行血液资源集中管理、统筹分配使用的政策。

三、血液与血液制品管理的规范性法律文件

涉及血液与血液制品管理的规范性法律文件主要有：全国人民代表大会常务委员会颁布的《中华人民共和国献血法》（1997年12月29日）（简称《献血法》）；国务院颁布的《血液制品管理条例》（1996年12月30日）；卫生部颁布的一系列部门规章，如：《血站管理办法》（2005年11月17日）、《医疗机构临床用血管理办法（试行）》（1999年1月5日）、《临床输血技术规范》（2000年6月1日）等。此外卫生部还以"通知"的形式颁布

了一些规范性法律文件，如 1988 年 10 月 24 日颁布并实施的《血液制品无菌试验暂行规程》、《关于"禁止进口Ⅷ因子制剂等血液制品的通告"的通知》（1986 年 1 月 29 日）、《关于整顿血液制品生产管理的通知》（1988 年 4 月 1 日）、《关于生产血液制品定点等有关问题的通知》（1990 年 11 月 7 日）等。

根据 1998 年国务院机构改革要求，国家药品监督管理局更名为国家食品药品监督管理局，负责血液制品和生物制品的管理，并相继颁发了一系列规范性文件，如《新生物制品审批办法》（1999 年 4 月 22 日）、《生物制品批签发管理办法》（2004 年 7 月 13 日）等。

第二节　血液提供与使用管理法律制度

血液的提供单位是血站，使用单位是医疗机构，因此在血液的生产与使用管理方面，首先是对血站的设立、审批程序及对血站采、供血过程进行规范管理，同时也对临床用血提出了具体的要求。

一、血站的设立

（一）血站的概念

根据《献血法》和《血站管理办法》的规定，血站是指经过卫生行政部门批准设立的，不以营利为目的采集、制备、储存血液，并向临床提供血液的公益性卫生机构。依据《血站管理办法》第 3 条的规定，血站分为一般血站和特殊血站，一般血站又分为血液中心、中心血站、中心血库。特殊血站是指脐带血造血干细胞库及卫生部根据医学发展需要批准设置的其他类型血库。

（二）一般血站的设立与职责

1. 血液中心应设置在省、直辖市、自治区首府市，其职责为：① 对无偿献血者的招募、采血、制备、供应及临床用血等进行业务指导；② 对辖区血站进行质量控制与评价，对血站进行业务培训和技术指导；③ 对辖区血液集中化验检测；④ 开展血液相关科研等。

2. 中心血站应设置在设区的市，但省会城市已有血液中心的不再设置中心血站，省会城市已有中心血站而无血液中心的，可在中心血站基础上改造上升为省级血液中心。中心血站的职责为：① 对辖区内无偿献血者的招募、采血、制备、供应及临床用血等进行业务指导；② 对供血区内血液储存的质量进行控制；③ 对辖区内中心血库的质量进行控制等。

3. 中心血库应设置在中心血站服务不能覆盖的县级综合医院，其职责为：在规定的范围内对无偿献血者的招募、采血、制备、供应及临床用血等进行业务指导。

（三）一般血站的执业许可

血站执业必须经省级卫生行政部门组织的技术审查、执业验收及执业登记，领取《血站执业许可证》后方可进行。血站在办理执业登记时应填写《血站执业登记申请书》，省、市、自治区卫生厅（局）组织有关专家或委托技术部门按《血站质量管理规范》和《血站实验室质量管理规范》进行技术审查，合格者由省级卫生行政部门发给《血站执业许可证》。《血站执业许可证》的有效期为 3 年，期满前 3 个月可以申请办理再次注册登记。

二、血站执业管理

(一) 执业

按照《献血法》和《血站管理办法》规定，血站采供血必须严格遵守各项技术操作规程和制度，如：《输血技术操作规程》、《血站质量管理规范》、《血站实验室质量管理规范》。血站必须为献血者提供各种安全、卫生、便利的条件和良好服务。血站技术人员必须经输血业务知识技术考试，取得考试合格证书后方可上岗，且每年必须有不少于75学时的岗位继续教育。血站应建立对有易感染经血液传播疾病危险行为的献血者献血后的报告工作程序、献血屏蔽和淘汰制度；血站各种业务工作记录应真实、清晰、完整，献血、检测、供血的原始记录至少保存10年。血站应加强消毒、隔离管理，预防、控制感染性疾病传播，按《医疗废物管理条例》的规定处理所产生的医疗废物，严格执行传染病防治法规定的疫情报告制度。

(二) 采血

血站采血应遵循自愿与知情同意原则，对献血者履行告知义务和保密义务；必须对献血者进行健康检查，并进行身份核对检查，严禁冒名顶替；对献血者每次采集的血液量一般为200ml，最多不超过400ml，两次采集间隔期不得少于6个月，严禁超量、频繁采血。血站采集血液后，对献血者发给《无偿献血证》，并建立献血档案。

血站采集的血液必须由有资质的实验室进行检验，血液检测的全血标本保存期应与全血相同，血清（浆）标本则应比全血有效期再延后半年，采集血液必须使用合格的一次性器材，及时销毁并作记录。血站应当根据医疗机构的用血计划，积极开展成分血制备，并指导临床成分血的应用。血站不得单采原料血浆，无偿献血的血液只能用于临床、不得买卖。血站应建立质量投诉、不良反应监测和血液收回制度。

(二) 供血

血站应当保证发出的血液质量、品种、规格、数量无差错。未经检验或检验不合格的血液，不得向医疗机构提供。血站发出血液的包装、储存、运输必须符合血站基本标准的要求。血液包装袋上必须标明血站的名称及许可证号、献血者姓名、血型、血液品种、采血日期及时间、有效期及时间、血袋编号、储存条件等。特殊血型需要从外省、自治区、直辖市调配血液的，由供需双方省级人民政府卫生行政部门协商后实施。

血站应制定重大灾害事故的应急采供血预案，并从血源、管理制度、技术能力和设备条件上保证预案的实施，满足应急用血的需要。

三、献血对象的管理

(一) 无偿献血概说

无偿献血是社会文明、医学进步的重要标志，是临床用血安全的根本保证。我国公民无偿献血活动开始于20世纪70年代后期。1987年6月8日，卫生部和中国红十字会总会联合发布的《无偿志愿献血奖励办法（试行）》，是我国无偿献血正式实施的标志。该《办法》指出："无偿志愿献血系献血者在献血单位和本人工作单位均不领取营养费、各种补助费和其他报酬者。"1997年的《献血法》从法律上明确了我国的无偿献血制度。

（二）无偿献血对象及条件

国家提倡18周岁至55周岁的健康公民自愿献血，国家机关、军队、社会团体、企业事业组织、居民委员会、村民委员会，应当动员和组织本单位或者本地区的适龄公民参加献血。对献血者，发给国务院卫生行政部门制作的无偿献血证书，有关单位可给予适当补贴。国家还鼓励国家工作人员、现役军人和高等学校在校学生率先献血，为树立社会新风尚作表率。各级人民政府和红十字会对积极参加献血和在献血工作中做出显著成绩的单位和个人给予奖励。

（三）无偿献血的管理

根据《献血法》规定，地方各级人民政府领导本行政区域内的献血工作，统一规划并负责组织、协调有关部门共同做好献血工作，各级红十字会依法参与推动献血工作。各级人民政府要采取措施广泛宣传献血的意义，普及献血的科学知识，开展预防和控制经血液途径传播的疾病的教育。新闻媒介应当开展献血的社会公益性宣传。

四、临床用血的管理

《献血法》规定，无偿献血者的血液必须用于临床，不得买卖。血站、医疗机构不得将无偿献血的血液出售给单采血浆站或者血液制品生产单位。为保证应急用血，医疗机构可以临时采集血液，但应当依照《献血法》的规定，确保采血、用血安全。

卫生部于1999年和2000年分别颁布了《医疗机构临床用血管理办法（试行）》和《临床输血技术规范》。临床医师和输血医技人员应严格掌握输血适应证，正确应用成熟的临床输血技术和血液保护技术，包括成分输血和自体输血等。二级以上医院应设置独立的输血科（血库），负责临床用血的技术指导和技术实施，确保贮血、配血和其他科学、合理用血措施的执行。临床输血过程，从血液入库、贮存，到发血、领血、输血，必须注意查对包括受血者姓名、性别、血型等内容在内的项目，严密观察受血者有无输血不良反应，如出现异常情况应及时处理。同时，对于血液出入库、核对、领发登记的有关资料需长期保存，输血记录单（交叉配血报告单）应贴在病历中，并将血袋送回输血科（血库）至少保存1天。

五、特殊血站管理

2005年11月17日卫生部根据临床医学的发展和造血干细胞移植技术的实际需要，在新制定的《血站管理办法》中增加了特殊血站一章，并且规定：造血干细胞库等特殊血站由卫生部统一规划设置，国家不批准营利性特殊血站。申请特殊血站先由省级卫生行政部门初审，并组织有关专家按特殊血站基本标准、技术规范进行技术审查和执业验收，合格者发给《血站执业许可证》，然后报卫生部。《血站执业许可证》有效期为3年，期满前3个月内可再次向原发证机关申请登记。特殊血站的执业规则除应遵守一般血站执业规则外，还应：① 必须遵守特殊血站基本标准、技术规范；② 采集脐带血特殊成分等应符合医学伦理学要求及自愿知情原则，并与捐献者签订知情同意书；③ 脐带血等特殊血液成分必须用于临床，并只能向具备规定条件的医疗机构提供；④ 向境外提供时，必须遵守国家有关人类遗传资源保护的规定办理手续。

第三节 血液制品生产与使用管理法律制度

为了加强血液制品管理，预防和控制经血液途径传播疾病，保证血液制品的质量，1996年12月30日国务院发布了《血液制品管理条例》。该《条例》规定，国务院卫生行政部门对全国的原料血浆的采集、供应和血液制品的生产、经营活动实施监督管理。县级以上地方人民政府卫生行政部门对本行政区域内的原料血浆的采集、供应和血液制品的生产、经营活动实施监督管理。

一、单采血浆站设立的条件

单采血浆站，是指根据地区血源资源，按照有关标准和要求并经严格审批设立，采集供应血液制品生产用原料血浆的单位。国家实行单采血浆站统一规划、设置的制度。

单采血浆站只由血液制品生产单位设置，专门从事单采血浆活动，具有独立法人资格。其他任何单位和个人不得从事单采血浆活动。

根据《条例》规定，在一个采血浆区域内，只能设置一个单采血浆站，且不能与一般血站在同一地区设置。单采血浆站须由卫生行政部门根据卫生部1988年9月1日发布并实施的《血液制品生产单位必备条件和验收细则》的有关规定，验收合格方能进行采血活动。国家严禁单采血浆站采集非划定区域内的供血浆者和其他人员的血浆。同时，单采血浆站必须对供血浆者进行健康检查，检查合格的，由县级人民政府卫生行政部门核发供血浆证。单采血浆站必须对供血者进行身份识别并核实其《供血浆证》，并进行健康检查和血液化验。检查、化验合格的方可采集血浆。国家严禁采集无《供血浆证》者及健康检查不合格者的血浆。国家禁止出口原料血浆。

单采血浆站只能向一个与其签订有质量责任书的血液制品生产单位供应原料血浆，严禁向其他任何单位供应原料血浆。严禁单采血浆站采集血液或者将所采集的原料血浆用于临床。单采血浆站必须使用规定的合格体外诊断试剂以及一次性采血浆器材。采血浆器材等一次性消耗品使用后，必须予以销毁，并作记录。单采血浆站采集的原料血浆的包装、储存、运输，必须符合国家规定的卫生标准和要求。必须依照《传染病防治法》及其实施办法等有关规定，严格执行消毒管理及疫情报告制度。

二、血液制品生产的管理

血液制品生产单位必须达到《药品生产质量管理规范》规定的标准，经国务院卫生行政部门审查合格，并依法向工商行政管理部门申领营业执照后，方可从事血液制品的生产活动。血液制品生产单位不得向无证的单采血浆站或者未与其签订质量责任书的单采血浆站及其他单位收集原料血浆。血液制品生产单位也不得私自采集原料血浆和出让、出租、出借以及与他人共用药品生产企业许可证和产品批准文号。血液制品生产单位在原料血浆投入生产前，必须使用有产品批准文号并经国家药品生物制品检定机构逐批检定合格的体外诊断试剂，对每一人份血浆进行全面复检。发现有经血液途径传播的疾病，必须通知供应血浆的单采血浆站，并及时上报省级卫生行政部门。血液制品出厂前，必须经过质量检验。

开办血液制品经营单位,由省级人民政府卫生行政部门审核批准。血液制品经营单位应当具备与所经营的产品相适应的冷藏条件和熟悉所经营品种的业务人员。经营的血液制品,应当符合国家规定的卫生标准和要求。

县级以上地方各级人民政府卫生行政部门负责本行政区域内的单采血浆站、供血浆者、原料血浆的采集及血液制品经营单位的监督管理。省、自治区、直辖市人民政府卫生行政部门负责本行政区域内的血液制品生产单位的监督管理。县级以上地方各级人民政府卫生行政部门的监督人员执行职务时,可以按照国家有关规定抽取样品和索取有关资料,有关单位不得拒绝和隐瞒。省、自治区、直辖市人民政府卫生行政部门每年组织一次对本行政区域内单采血浆站的监督检查并进行年度注册。

第四节　法律责任

一、行政责任

(一) 非法设立血液、血液制品生产单位及非法采集血液的行政责任

1. 《献血法》规定,有下列行为之一的,由县级以上地方人民政府予以取缔,没收违法所得,并可处10万元以下的罚款:①非法采集血液的;②血站、医疗机构出售无偿献血者血液的;③非法组织他人出卖血液的。

2. 违反《血液制品管理条例》的规定,未取得省级卫生行政部门核发的《单采血浆许可证》,非法从事组织、采集、供应、倒卖原料血浆的,由县级以上地方人民政府卫生行政部门予以取缔,没收违法所得和从事违法活动的器材、设备,并处违法所得5倍以上10倍以下的罚款;没有违法所得的,并处5万元以上10万元以下的罚款。

(二) 违反血液及血液制品生产操作规程的行政责任

1. 血站违反有关操作规程和制度采集血液,由县级以上地方人民政府卫生行政部门责令改正;给献血者健康造成损害的,对直接负责的主管人员和其他直接责任人员,依法给予行政处分。

2. 临床用血的包装、储存、运输,不符合国家规定的卫生标准和要求的,责令改正,给予警告,可以并处1万元以下的罚款。

3. 血站违反《献血法》规定,向医疗机构提供不符合国家规定标准的血液的,责令改正;情节严重,造成经血液途径传播的疾病传播或者有传播严重危险的,限期整顿,对直接负责的主管人员和其他直接责任人员,依法给予行政处分。

4. 根据《血液制品管理条例》的规定,单采血浆站有下列行为之一的,由县级以上地方人民政府卫生行政部门责令限期改正,处5万元以上10万元以下的罚款;其情节严重的则可吊销《单采血浆许可证》:① 采集血浆前,不对供血浆者进行健康检查和血液化验的;② 在非划定区域采集血浆的,或者不对供血浆者进行身份识别的,及采集冒名顶替者、健康检查不合格者或者无《供血浆证》者的血浆的;③ 违反血浆采集技术操作标准和程序及过频过量采集血浆的;④ 向医疗机构直接供应原料血浆或者擅自采集血液的;⑤ 未使用单采血浆机械进行血浆采集的;⑥ 使用不合格的体外诊断试剂以及一次性采血浆器材的;⑦ 未按照国家规定的卫生标准和要求包装、储存、运输原料血浆的;⑧ 对国家规定检测项目检测结果呈阳性的血浆不清除、不及时上报的；⑨ 对污染的注射器、采血浆器材及不合格血浆等不经消毒处理，擅自倾倒，污染环境，造成社会危害的；⑩ 重复使用一次性采血浆器材的；⑪ 向未与其签订质量责任书的血液制品生产单位供应原料血浆的。

（三）医疗机构非法使用血液及血液制品的行政责任

医疗机构的医务人员违反《献血法》规定，将不符合国家规定标准的血液用于患者的，责令改正；给患者健康造成损害的，对直接负责的主管人员和其他直接责任人员，依法给予行政处分。

（四）卫生行政部门的行政责任

卫生行政部门及其工作人员在献血、用血的监督管理工作中，在血液制品生产加工的监管中，滥用职权、玩忽职守、徇私舞弊、索贿受贿，造成严重后果，构成犯罪的，依法追究刑事责任，尚不构成犯罪的，依法给予行政处分。

二、民事责任

（一）血液与疾病传播的关系

很多传染病如乙型和丙型肝炎、艾滋病等均与输血有关，但是输血又不是这些传染病的惟一传播途径，一些输血外的传染途径也广泛存在，这给输血后发生传染病的致病原因认定带来了极大困难。因此在输血导致侵权责任的归责原则上，各国做法不一。在美国最早实行的是过错责任原则，血液供应者只要能举证证明它们没有过错，便不承担损害赔偿责任。往往血库都能够做到这一点，所以，病人获得赔偿的机会非常少。至1997年开始有法官主张实行无过错责任原则。在欧洲，几乎从一开始就采用了无过错责任原则。我国在这个方面至今没有明确的规则，但根据最高人民法院《关于民事诉讼证据的若干规定》第四条第八项的规定，医疗损害赔偿案件仍然一般地适用过错责任原则，但实行举证责任倒置。《医疗事故处理条例》规定，无过错输血导致传染疾病的发生，不属于医疗事故。因此，在输血感染疾病是否应该承担民事责任的问题上，目前仍然持过错责任原则。

（二）损害献血者健康的民事责任

献血者的身体健康因输血而受伤害，血液采集单位的责任比较容易确定，因为献血者在献血之前基本上都进行了系统、详细的身体检查，在确诊没有健康问题的前提下，血液采集单位才对献血者实施血液采集。

《献血法》规定，供血单位违反有关操作规程和制度采集血液，给献血者健康造成损害的，应当依法赔偿。根据《民法通则》和最高人民法院有关司法解释，对献血者的人身损害及其相应的财产损失应当予以赔偿。

（三）损害受血者健康的民事责任

医疗机构的医务人员违反《献血法》规定，将不符合国家规定标准的血液用于患者，给患者健康造成损害的，应当依法赔偿。受血者身体健康受到损害，可以向人民法院起诉，要求医疗机构和血液采集单位承担民事责任。根据《民法通则》第一百一十九条的规定以及最高人民法院有关司法解释，患者可以主张医疗费、营养费、误工费、交通费以及后续治疗费等。

三、刑事责任

(一) 非法组织卖血罪

《刑法》第三百三十三条规定，非法组织他人出卖血液的，处 5 年以下有期徒刑，并处罚金。上述行为对他人造成伤害的，依照《刑法》第二百三十四条规定，处 3 年以下有期徒刑、拘役或者管制；致人重伤的，处 3 年以上 10 年以下有期徒刑；致人死亡或者以特别残忍手段致人重伤造成严重残疾的，处 10 年以上有期徒刑、无期徒刑或者死刑。

(二) 强迫卖血罪

《刑法》第三百三十三条第一款规定：以暴力、威胁方法强迫他人出卖血液的，处 5 年以上 10 年以下有期徒刑，并处罚金。与前罪类似，因强迫他人卖血而造成他人身体损害构成轻伤或者重伤结果的，以故意伤害罪论处。

(三) 非法采集、供应血液，制作、供应血液制品罪

该罪是选择性罪名，需根据行为人的具体犯罪行为选择确定相应罪名。根据《刑法》第三百三十四条第一款的规定，非法采集、供应血液或者制作、供应血液制品，不符合国家规定的标准，足以危害人体健康的，处 5 年以下有期徒刑或者拘役，并处罚金；对人体健康造成严重危害的，处 5 年以上 10 年以下有期徒刑，并处罚金；造成特别严重后果的，处 10 年以上有期徒刑或者无期徒刑，并处罚金或者没收财产。

(四) 采集、供应血液，制作、供应血液制品事故罪

该罪也是选择性罪名。根据《刑法》第三百三十四条第二款的规定，经国家主管部门批准采集、供应血液或者制作、供应血液制品的部门，不依照规定进行检测或者违背其他操作规定，造成危害他人身体健康后果的，对单位判处罚金，并对其直接负责的主管人员和其他直接责任人员，处 5 年以下有期徒刑或者拘役。

思考题

1. 血液与血液制品管理的基本法律原则是什么？
2. 血站设立和执业管理有哪些法律要求？
3. 我国法律对于无偿献血有哪些具体规定？
4. 临床用血有哪些规范要求？
5. 血液制品生产和经营活动有哪些规范要求？
6. 涉及血液与血液制品管理的行政责任包括哪些情形？
7. 在我国，输血导致民事侵权责任的归责原则是什么？结合案例谈谈认识。
8. 我国现行《刑法》对于涉及血液及血液制品管理规定了哪些罪名？

(刘　颖　王　岳)

第十四章 医疗事故处理法律制度

医患关系与医疗事故不仅是当前社会的热门话题，也是人身损害赔偿案件中的难点。目前在一些医务界人士的观念中，医疗事故的解决仍然以行政手段为主，以医疗事故鉴定结论为依据。但在社会大众与患者的观念中，摆脱医疗事故行政处理的束缚，采用民事诉讼法律手段来维护患者合法权益已经成为显而易见的趋势。这种理念上的冲突，不但在现实中出现一些激化的矛盾，致使医患双方各自人身伤害的案件时有发生，也促使人们对医疗纠纷所涉及的诸多问题进行反思。为深入理解医疗事故的预防、处理等有关问题，我们必须先对医疗法律行为与医疗法律关系、医患双方的权利和义务等有所了解。

第一节 医疗法律行为与医疗法律关系

一、医疗法律行为

1. 狭义的医疗法律行为，是指以治疗、矫正或预防人体疾病、伤害残缺为直接目的，所做的诊察、诊断及治疗行为。
2. 广义的医疗法律行为，包括：治疗目的性医疗法律行为，即上述狭义的医疗法律行为；不具治疗性医疗法律行为，例如整形手术、变性手术、非治疗性的堕胎手术；实验性医疗法律行为，即使用危险与疗效均属未知的新药物、医疗器械或新技术，且实施主要目的是为了医学进步，而诊疗目的退居次要地位。

二、医疗法律关系

医疗法律关系，是指医务人员受患者的委托或其他原因，对患者实施诊断、治疗等医疗行为所形成的法律关系。一般来说，医疗法律关系均为平等民事主体间发生的，具有民事权利义务内容的民事法律关系。

（一）医疗合同关系

一般而言，医疗法律关系是患者与医疗机构或医务人员之间的合同关系，该关系经由当事人的自由意思而成立，即医疗合同或医疗契约。医疗合同的成立与一般的合同一样，经过要约和承诺达成合意而成立，即患者提出医疗的要约，医务人员接受要求即承诺，医疗合同便得以成立。

（二）无因管理关系

没有法定或约定的义务，管理他人事务的行为，就是无因管理。医疗事务的无因管理，是指医疗机构或医务人员在没有约定义务或法定义务情况下，为避免患者的生命健康利益受到损害，自愿为患者提供医疗服务的行为，该医疗行为也使医疗机构或医务人员与患者事实上产生了医疗法律关系。如：① 医务人员在医院外，发现患者而加以治疗；② 对自杀未遂而不愿就医者，予以救治；③ 无监护人在场的情况下，医院直接针对无行为能力的"非急危"患者进行的诊疗行为。

(三) 强制诊疗关系

国家基于医疗特殊性和对国民生命和身体健康的维护，在法律上赋予医疗机构或医务人员以强制诊疗权力和患者的强制受诊义务。这在医疗法律关系中属特殊的情况，此为公权力的行使，即医疗机构或医务人员作为国家的使用人、代理人。例如，《传染病防治法》规定对甲类、部分乙类传染病人进行强制性隔离与治疗。

第二节 医患双方的权利和义务

一、患者的权利

《世界人权宣言》指出："人人有权享有生命、自由与人身安全"，"个体患病、残疾或衰老时，有权享受保障"，"健康权是一种基本的人权"。

(一) 生命健康权

患者安全理念可追溯到希波克拉底的名言"不能加重患者病情"，这是对医疗服务核心和本质的最简洁表述，即不让病人的身体与心灵受到伤害。我国《民法通则》第九十八条规定：公民享有生命健康权。

1. 生命权。生命权是一项独立的人格权，是指自然人的生命安全不受侵犯的权利。公民的生命非经司法程序，任何人不得随意剥夺。

2. 健康权。是指自然人以其器官乃至整体功能利益为内容的人格权，它的客体是人体器官及各系统乃至身心整体的安全运行，以及功能的正常发挥。健康权包含躯体和心理健康两个方面。

(二) 身体权

身体权是自然人或死者对其肢体、器官和其他组织的支配权。身体权与健康权既相互联系，又有严格的区别。二者区别在于：①身体权以身体为客体，健康权以健康为客体；②身体权侧重强调身体组织的完整性，健康权则侧重于身体功能的完整性；③身体权是公民对自己身体组成部分的支配权，健康权则没有明显的支配性质。

在医学领域中，侵害身体权有以下几种行为方式：①对尸体的损害。自然人死亡后，民事权利丧失，尸体应依法给予保护。②对身体组织的非法保留、占有。身体权以身体为客体，最重要的就是保持其身体的完整性。所以，任何人（包括医务工作者）未得到公民允许，破坏公民身体完整性的行为都构成对身体权的侵害。③对身体组织之不疼痛的侵害。例如，不必要的过度的X线检查及对人体无感觉神经分布组织（头发、眉毛、体毛、指（趾）甲、牙釉质等）的实施行为。④实施过度的外科手术。

(三) 隐私权

《希波克拉底誓言》："……对看到或听到不应外传的私生活，我决不泄露……"，显示了对患者隐私权的保护。在最高人民法院《关于审理名誉权案件若干问题的解答》中有：医疗卫生单位的工作人员擅自公开患者患有淋病、梅毒、麻风病、艾滋病等病情，致使患者名誉受到损害的，应当认定为侵害患者名誉权。由此可见，我国的司法解释把隐私权归属于名誉权，对侵害隐私权的行为看成侵害名誉权的行为给予处理。

《执业医师法》明确规定了医师在执业活动中必须履行保护患者隐私的义务，医师在执业活动中，若违反《执业医师法》的规定，泄露患者隐私，造成严重后果的，由县级以上卫生行政部门给予警告或者责令暂停6个月以上1年以下的执业活动；情节严重的将吊销执业证书。

1. 隐私权的概念

隐私权一词，按照《韦氏大辞典》的解释，主要含义有三：一是指独立于其他公司或其他人的性质或状态；二是指不受未经批准的监视或视察；三解释为隐居、私宅、私人事务、私密环境等。《不列颠百科全书》中规定："隐私权是民事侵权行为法和美国宪法上的一个概念。在侵权行为中，隐私权是一种不受这样一些行为给予的精神上的伤害的权利；这些行为的目的是要通过将被害人的私生活向公众曝光或通过侮慢和骚扰他人的宁静使他处于极度紧张的状态"。

2. 患者隐私权的范围

（1）患者的隐私信息保护。患者的隐私信息包括：① 患者身体存在的生理特点、生殖系统、生理缺陷或影响其社会形象、地位、从业的特殊疾病；② 患者既往的疾病史、生活史、婚姻史；③ 患者的家族疾病史、生活史、情感史；④ 患者的人际关系状况、财产及其他经济能力状况等。

（2）患者的隐私空间保护。患者的隐私空间，是指在医院就诊过程中，暂时为患者占有、使用，而其不愿意被他人侵入的场所。医院应当充分保护患者的隐私空间，首先要为患者尽量营造隐秘空间，其次未经患者同意不应擅自、草率侵入这些私密空间。

（3）患者的隐私行为保护。患者的隐私行为，是指在医院就诊过程中，除法律法规特别规定除外，患者具有行动自由的权利，医院不得限制患者的行为。

（四）平等医疗保健权

医疗服务的公平可见于我国宪法第四十五条的规定，即中华人民共和国公民在年老、疾病或者丧失劳动能力的情况下，有从国家和社会获得物质帮助的权利。国家发展为公民享受这些权利所需要的社会保险、社会救济和医疗卫生事业。可见，医疗服务的公平，对公众而言体现为公众的"平等医疗保健权"，对国家而言体现为国家对公众的"国家照顾义务"。

医疗服务的公平，是指每位国民在需要时均有相等的机会获得应有的医疗服务，达到基本生存标准，主要体现为医疗服务产品在任何地区、任何人群中分配的合理性以及人们在享受基本医疗服务方面的合理性。

就医者享有的医疗保健权必须给予高度的认可和保护，任何医疗单位不得借故推辞前来就诊的患者，或拒绝向危重患者提供医疗服务，也不能无视患者的就医请求，武断确定患者就医的范围。

（五）知情同意权

知情同意，是创伤性医疗行为排除违法性的理由、条件和过程。知情同意权，是指患者有权知晓自己的病情、治疗方案及后果，并可以决定取舍的权利。知情同意权是由知情、理解、同意三个要素所构成，而理解是知情同意权实施的最重要的因素。下列诊疗活动应该充分告知、征得患者或患者家属的同意：① 构成对躯体侵袭性伤害的治疗方法与手段；② 需要患者承担痛苦的检查项目；③ 使用药物的毒副作用和个体素质反应差异性；④ 需要患者暴露隐私部；⑤ 从事医学科研和教学活动的；⑥ 需要对患者实施行为限制的。

在知情同意过程中，医生特别要注意医患告知的技巧，要注意医患沟通中的五要素：氛围、倾听、情感、对策、总结。1993 年 WHO 提出了以下医生告知策略：① 医生应预先有一个计划；② 告知病情时应留有余地，让病人有一个逐步接受现实的机会；③ 分多次告知；④ 在告知病情的同时，应尽可能给病人以希望；⑤ 不欺骗病人；⑥ 告知过程中，应让病人有充分宣泄情绪的机会，及时给予治疗；⑦ 告知病情后，应与病人共同制定未来的生活和治疗计划以及保持密切的进一步的医患接触。

（六）患者自主决定权

患者自主决定权，是指具有行为能力并处于医疗法律关系中的患者，在寻求医疗服务的过程中，经过自主思考，就关于自己疾病和健康问题所作出的合乎理性和价值观的决定，并根据决定采取负责的行动。

自主决定权主要包括：① 自主选择医疗单位、医疗服务方式和医务人员；② 自主决定接受或不接受任何一项医疗服务，特殊情况下如病员生命危急、神志不清不能自主表达意见可由病员家属决定；③ 有权拒绝非医疗性活动；④ 有权决定出院时间，但患者只能在医疗终结前行使此权利，且必须签署一项声明或说明，说明患者的出院与医疗单位判断相悖；⑤ 有权决定转院治疗，但在病情极不稳定或随时有危及生命可能情况下，应签署一份书面文件，说明是在临床医师的充分说明和理解基础上作出的决定；⑥ 有权拒绝或接受任何指定的药物、检查、处理或治疗，并有权知道相应的后果；⑦ 有权自主决定其遗体或器官如何使用；⑧ 有权享受来访及与外界联系，但应在遵守医院规章制度的基础之上。

二、患者的义务

（一）遵守医疗机构规章制度义务

如：门诊挂号制度、进出院登记制度、医院探视制度、急诊制度以及维持医疗机构的清洁、安静、秩序的有关规定。

（二）尊重医务人员人格的义务

尊重医务人员的人格与工作不但是就医者的自觉公德行为，也是有关法律法规规定的法定义务。《执业医师法》第三条规定：全社会应当尊重医师。全社会应当尊重医务人员，医务人员依法履行职责受法律保护。侮辱、威胁、恐吓、殴打医务人员、非法限制医务人员人身自由的行为，由公安机关依法予以处罚，构成犯罪的，依法追究刑事责任。

（三）诊疗协力义务（不真正义务）

指据实告知症状、据实回答医师之问诊，按时服药、按时就诊等，国内外学者大都将此称为诊疗协力"义务"。如果患者不给予协力，医师即使有再高明的医术也无法实现合同的目的。

（四）接受强制治疗的义务

强制性治疗是针对就医者患有医疗法律法规规定必须对患者的人身自由加以限制、进行专门性隔离治疗的一种特殊行为，其目的是为了保证社会的安全与社会生活的有序稳定。例如，患有严重精神疾病和严重传染病的，为防止出现暴力行为和疾病蔓延，法律规定患者必须接受强制治疗。

（五）支付医疗费用的义务

医院基本上都实行有偿服务，所以患者要支付相应的报酬。

三、医疗机构和医务人员的权利

（一）诊疗权

诊疗权又包含有：疾病调查权、自主诊断权、医学处方权、强制诊疗权和紧急诊疗权。

（二）特殊干预权

指在特定的情况下，需要限制患者的自主权利，以达到完成医师应对患者尽的义务和对患者根本权益负责的目的，其运用范围：

1. 患者拒绝治疗时。即患者拒绝治疗将给患者带来严重后果或不可挽救的损失的，这种决定是无行为能力或限制行为能力的人作出的，或是患者的精神情绪处于极不稳定状态下作出的或是在药物对思维、认识能力产生影响作用下所作出的。

2. 人体实验性治疗。一些高度危险的实验，即使患者出于某种目的同意，但医生通过检查认为患者的健康状况不适宜进行或继续进行的，可以适时干预。必要时，停止或中断实验，以保护患者的利益。

3. 善意隐瞒病情。即对一个后果严重的诊断或预后被患者知道后可能会影响治疗甚至造成严重后果，这时医生可以行使干涉权，不告诉患者或暂时隐瞒，但应该对家属讲明真相。

20世纪50年代后期，美国司法界就逐渐接受"知情同意原则"，并应用于医患关系和临床领域。60年代以后，无论英美法系，还是大陆法系，尊重患者的知情同意权已成为通例。如美国堪萨斯州地方法院认为，对医生来说，必要的义务包括：合理的告知患者，被启示、被推荐治疗的性质和结果，以及告知医生所认识到的可能伴随的危险状态等。堪萨斯州大学医疗中心门诊有2 500患者接受调查，结论是，大多数患者希望医生告知所用药物的所有不良反应，而不赞成医生对其有所保留。

4. 必要的行为控制。对发作期的精神病患者，法律规定的某些疾病的患者，如艾滋病、麻风病等传染病患者，医生可以行使干涉权，依法通过采取合理的、有效的、暂时的和适度的强制措施，强迫患者住院并接受治疗。

（三）医学研究权

医学研究权，是指医务人员在医学实践中，对疾病的治疗与预防进行研究的权利。

（四）人格尊严权

医务人员与患者一样，其人格理应受到保障，这也是正常进行医疗服务活动的基础。

四、医疗机构和医务人员的义务

（一）诊疗义务

诊疗义务，是指医师根据患者的要约，运用医学知识和技术，正确地诊断患者所患的疾病，并施以适当的治疗。

（二）制作、保存病历的义务

我国《医疗机构管理条例》第五十三条规定："医疗机构的门诊病历的保存期不得

少于 15 年；住院病历的保存期不得少于 30 年。"可见，制作和保存病历是医院的法定义务。

（三）为取得患者有效承诺的说明义务

为取得患者有效承诺的说明义务，是指该医疗法律行为可能带来危及生命、损害身体机能及对身体外观发生重大改变等后果时，医师对患者就该医疗法律行为的侵袭范围、程度以及危险发生的可能性等进行具体的说明。

（四）转诊义务

《医疗机构管理条例》规定，医疗机构对危重病人应当立即抢救。对限于设备或者技术条件不能诊治的病人，应当及时转诊。但是医疗机构在履行转诊义务时应注意以下几点：① 转诊只限在设备或技术条件不能诊治的情况下；② 必须做到及时转诊；③ 医疗机构只能建议转诊，患者具有自主决定权；④ 对危急病人必须要先进行急救处置；⑤ 转诊程序合法。

（五）附随义务

附随义务，是指在法律无明文规定、当事人之间亦无明确约定的情况下，为了确保合同目的的实现并维护对方当事人的人身和财产利益，遵循诚实信用原则，依据合同的性质、目的和交易习惯所承担的作为或不作为的义务。附随义务主要有：

1. 医疗注意义务，包括一般注意义务和特殊注意义务。

（1）一般注意义务：也称善意注意义务、安全保障义务，是指医务人员在医疗服务过程中对患者的高度责任心，提示与提醒患者应注意的问题，如医院内地板、楼梯的安全措施等。

（2）特殊注意义务：是指在具体的医疗服务过程中，医务人员对每一环节的医疗法律行为所具有的危险性加以注意的具体要求，并对患者所发生的疾病以及疾病治疗所引起生命健康上的危险性，具有预见和防止的义务，也即高度危险注意的义务。

2. 疗养指导的说明义务。医师为使其医疗服务获得预期效果，关于服用药品之方法、饮食上禁忌、病情及预后等应详细告知患者，使患者有所了解并遵循。

3. 保密义务。《执业医师法》第二十二条明确规定，医师在执业活动中应当履行"关心、爱护、尊重患者，保护患者的隐私"的义务。

第三节 医疗纠纷与医疗事故

一、医疗纠纷

所谓医疗纠纷，泛指患者与医疗机构或医务人员在形成了医疗法律关系的基础上，就医疗法律行为的需求、采取的手段、期望的结果及双方权利义务的认识上产生分歧，并以损害赔偿为主要请求的行为。

二、医疗事故

医疗事故与医疗纠纷既有联系又有区别。医疗纠纷是医患双方就医疗服务过程及质量产生的争议，并不意味着医院有医疗过失。医疗事故是对医疗纠纷争议事实的认定，即认定医疗机构及其医务人员在医疗服务过程中由于过失侵害了患者的人身权利并造成了损害。医疗事故是经过法定程序认定的结果,必然产生一定的法律后果,如对责任人员的行政处罚,对受害人的赔偿等。医疗纠纷是很常见的,但是最终认定构成医疗事故的只占其中很少一部分。

(一) 医疗事故的概念

医疗事故,是指医疗机构及其医务人员在医疗活动中,违反医疗卫生管理法律、行政法规、部门规章和诊疗护理技术操作规范、常规,过失造成患者人身伤害的事故。医疗事故分为四级:

一级医疗事故,是指造成患者死亡、重度残疾的;

二级医疗事故,是指造成患者中度残疾、器官组织损伤导致严重功能障碍的;

三级医疗事故,是指造成患者轻度残疾、器官组织损伤导致一般功能障碍的;

四级医疗事故,是指造成患者明显人身损害的其他后果的。

(二) 医疗事故的构成要件

1. 主体要件。构成医疗事故的主体必须是依法取得《医疗机构执业许可证》的医疗机构和依法取得执业资格的医疗卫生专业技术人员,在其合法的医疗活动中发生的事故。凡不具有合法资质而提供医疗服务的所谓"医疗机构和医务人员",过失造成患者人身伤害的不属医疗事故,而是"非法行医"的行为。当然,对于此种行为,也要追究其相应的民事责任,造成较大危害的,还要追究其刑事责任。

2. 行为违法性要件。医疗事故是医疗机构及其医务人员因违反医疗卫生管理法律、行政法规、部门规章和诊疗护理规范、常规而发生的事故,这是导致发生医疗事故的直接原因。

3. 主观过错要件。即侵权方(医方)在主观上存在过错。过错可分为:故意和过失,过失又可分为疏忽大意的过失和过于自信的过失。

4. 损害结果要件。"造成患者人身损害"是指损害结果。医疗机构及其医务人员因违反医疗卫生管理法律、行政法规、部门规章和诊疗护理规范、常规,过失造成患者人身损害的事故才是医疗事故。

5. 因果关系要件。这是判定是否属于医疗事故的一个重要方面。虽然存在过失行为,但是并没有给患者造成损害后果,这种情况不应该被视为医疗事故;虽然存在损害后果,但是医疗机构和医务人员并没有过失行为,也不能判定为医疗事故。这种因果关系的判定,还关系到追究医疗机构和医务人员的责任,确定对患者的具体赔偿数额等。

三、医疗事故的预防

《医疗事故处理条例》要求各级医疗机构及其医务人员必须严格遵守医疗卫生管理法律、行政法规、部门规章和诊疗护理技术操作常规,恪守医疗服务职业道德。医疗机构应对其医务人员进行有关法律法规等知识培训和教育工作,应设置医疗服务质量监控部门或者配备专(兼)职人员,具体负责监督本医疗机构的医务人员的医疗服务工作,检查医务人员的执业情况,接受患者对医疗服务的投诉。医疗机构应当制定防范、处理医疗事故的预案,预防医疗事故的发生。

四、医疗事故的报告制度

（一）医疗机构的内部报告制度

《医疗事故处理条例》规定了医疗机构的内部报告制度。当发生或者发现医疗事故、可能引起医疗事故的医疗过失行为或者发生医疗纠纷时，医务人员应立即向所在科室负责人报告，科室负责人应立即向本院医疗服务质量监控部门或专（兼）职人员报告，同时应及时采取积极有效措施。医疗服务质量监控部门或者专（兼）职人员在接到报告后，应立即向本医疗机构的负责人报告。同时，组织人员对医疗事故、医疗纠纷或医疗过失行为进行调查核实，作出初步结论，封存有关的病历资料及相关物品，为处理医疗纠纷、进行医疗事故技术鉴定做基本准备。还要向患者做好耐心细致的解释说明工作，并告知医疗事故处理的程序。

（二）医疗机构的外部报告制度

医疗机构应在12小时内向所在地的县级卫生行政部门报告：① 导致患者死亡或可能为二级以上医疗事故的；② 导致3人以上患者人身损害后果的；③ 卫生部或本省、自治区、直辖市卫生行政部门规定的其他情形的。

医疗机构应当在7日内向所在地卫生行政部门作出书面报告的情形还有：① 医疗纠纷由双方当事人自行协商解决的；② 法院判决或者调解的医疗纠纷的，并附具调解书或者判决书。

卫生行政部门应逐级上报的内容包括两个方面：① 医疗事故的发生及解决情况；② 卫生行政部门对发生医疗事故的医疗机构及其医务人员作出行政处理的情况。

第四节　医疗事故有关的证据及证据规则

一、医疗事故技术鉴定

（一）鉴定程序的启动

《医疗事故处理条例》规定了两种鉴定启动方式。一种是由卫生行政部门在解决医疗事故争议中，对需要进行医疗事故技术鉴定的，应当交由负责医疗事故技术鉴定工作的医学会组织鉴定。另一种方式是医患双方共同委托负责医疗事故技术鉴定工作的医学会组织鉴定。

（二）鉴定的组织者及分级管理

《医疗事故处理条例》规定，医疗事故的技术鉴定由中华医学会及其各地的分会组织实施，并将鉴定分为首次鉴定和再次鉴定。首次鉴定由设区的市或省直接管辖的县（市）地方医学会负责，省、自治区、直辖市地方医学会负责组织再次鉴定工作，必要时，中华医学会可以组织疑难、复杂并在全国有重大影响的医疗事故争议的技术鉴定工作。同时，如果经卫生行政机关审核，发现鉴定专家组作出的医疗事故技术鉴定结论不符合《条例》的规定，卫生行政机关应当要求重新鉴定，此时将原来由县级鉴定改为市级鉴定，以保证鉴定的质量。

（三）设立专家库

《医疗事故处理条例》规定，负责组织医疗事故鉴定工作的医学会将按照一定的条件选取医疗卫生专业技术人员组或专家库，包括具有法定条件的法医。鉴定专家将由医学会聘请，而不是由卫生行政部门指定。同时，医学会可以聘请异地的医疗卫生专业技术人员和法医进入专家库。

（四）专家鉴定组

专家鉴定组由医患双方在医学会主持下从专家库中随机抽取，包括在异地专家库中抽取鉴定专家。对异地的专家可按工作的需要，采取函件咨询的方式参加鉴定工作。鉴定专家组的人数应是单数，涉及的主要学科的专家一般不得少于鉴定组成员的一半。涉及死因、伤残等级鉴定的，应当从专家库中随机抽取法医参加。

专家鉴定组成员有下列情形之一的，应当回避，当事人也可以以口头或者书面的方式申请其回避：① 为医疗事故争议当事人或者当事人的近亲属的；② 与医疗事故争议有利害关系的；③ 与医疗事故争议当事人有其他关系，可能影响公正鉴定的。

（五）鉴定材料的提交

当事人双方应当根据医学会的通知，在法定的时间内，提交有关医疗事故技术鉴定所需的材料、书面陈述及答辩意见。医疗机构无正当理由未按规定如实提供相关材料，导致医疗事故技术鉴定不能进行的，应当承担医疗事故责任。

（六）鉴定结论及书写规范

鉴定结论以专家鉴定组成员的过半数通过。鉴定书除应当包括一般事项外，还应包括：① 医疗法律行为是否违反医疗卫生管理法律、行政法规、部门规章和诊疗护理技术操作规范、常规；② 是否存在医疗过失，医疗过失与患者人身损害后果之间是否存在因果关系；③ 医疗过失在损害后果中的责任程度；④ 对认定为医疗事故的患者的诊疗护理医学建议等。

（七）医疗事故技术鉴定申请时限

患者或其家属应当自其知道或应当知道其身体健康受到损害之日起1年内提出医疗事故技术鉴定的申请。此与我国《民法通则》规定的人身伤害赔偿案件的诉讼时效是相吻合的。

二、病历资料的保管、查阅、复制和封存

（一）病历资料的保管

根据《医疗事故处理条例》规定，患者的医疗病历资料由医疗机构书写并由其加以保管。医务人员应当及时书写病历，但在抢救急危患者的情况下可以事后据实补记。严禁医务人员涂改、伪造、隐匿、销毁病历资料。

（二）病历资料的查阅、复制和封存

《医疗事故处理条例》首次规定患者有权复印或者复制其部分病历资料，包括门诊病历、住院志、体温单、医嘱单、化验单（检验报告）、医学影像检查报告、特殊检查同意书、手术同意书、手术及麻醉记录单、病理报告单、护理记录以及国务院卫生行政部门规定的其他病历资料。

《医疗事故处理条例》还首次明确规定了病历资料的封存与启封程序。即在发生医疗

事故争议时，患者的死亡病历讨论记录、疑难病例讨论记录、上级医师查房记录、会诊记录、病程记录应当在医患者双方在场的情况下封存和启封，并由医疗机构负责保管。

三、可疑物品的封存与检验

在解决医疗纠纷过程中，尤其是在诉讼程序中，除了病历资料外，相关的物证亦有重要的作用，如可疑药物、容器、器械等物品。因此，《医疗事故处理条例》规定在疑似输液、输血、注射、药物等引起不良后果时，医患双方应当共同对现场实物进行封存和启封。对于需要检验的，由双方共同商定或由卫生行政部门指定检验机构进行检验。对于疑似输血引起不良后果的，医疗机构还应当通知提供该血液的采供血机构派员到场。

四、尸体检查

《医疗事故处理条例》规定，在医患双方不能确定患者死因或者对死因有异议时，应当在患者死亡后48小时内进行尸检，具备尸体冻存条件的，可以延长至7日。尸检单位应为本医疗机构以外的有资质的机构。任何一方拒绝或者拖延尸检超过规定时间而影响对死因判定时，由拒绝或者拖延的一方承担责任。为增加透明度、提高公正性和可信性，《医疗事故处理条例》规定医患双方可聘请法医病理人员参加尸检，也可以委派代表观察尸检过程。

五、举证责任倒置

举证责任，是指当事人应就其主张的事实提供证据加以证明的责任。举证责任的基本原则是"谁主张谁举证"。但由于医疗行为的专业性特点，医患双方所掌握的有关信息严重不对称，患者根本无法履行其举证义务。

目前，最高人民法院明确规定了在医疗损害赔偿案件中，适用举证责任倒置原则，即由医疗机构就医疗法律行为与损害结果之间不存在因果关系及不存在医疗过错承担举证责任。

第五节　医疗事故的法律责任

一、医疗事故的民事责任

民事责任，是指民事主体违反民事义务而依法应承担的民事法律后果。在医疗损害赔偿案件中，经常会出现侵权责任与违约责任的竞合，在此情况下，受害人可以自主选择要求对方承担侵权责任或违约责任。由于医疗损害主要是对患者人身的伤害，因此本书重点讨论侵权民事责任问题。

（一）归责原则

归责原则，是指在行为人的行为或物件致他人损害的情况下，根据何种标准和原则确定行为人的侵权民事责任。一定的归责原则决定着侵权行为的分类，也决定着责任构成要件、举证责任的负担、免责条件、损害赔偿的原则和方法、减轻责任的根据等。

医疗损害责任认定只适用过错责任原则，不适用无过错责任原则和公平原则，尤其是公平原则。因为公平原则是在无法适用过错责任原则和无过错责任原则的时候才予以考虑，且该原则具有极大的弹性，容易造成具体适用的不统一现象。而且，在医疗损害案件中适用公平原则，对医疗机构及医务人员也是非常不公平的。

目前，医疗损害责任认定原则已经有明文的法律规定。最高人民法院于2001年12月21日发布的《关于民事诉讼证据的若干规定》和《医疗事故处理条例》均规定，构成医疗侵权或医疗事故的前提条件是医疗机构及其医务人员有违反法律规定及诊疗操作规范的过失行为。

（二）抗辩事由

1. 抗辩事由。是指被告（在此为医方）针对原告（在此为患方）的诉讼请求而提出的，来证明原告诉讼请求不成立或不完全成立的事实。一般的抗辩事由包括正当理由和外来原因两类：① 正当理由指损害确系被告的行为所致，但其行为是正当的、合法的，包括依法执行职务、正当防卫、紧急避险、受害人同意、自助等；② 外来原因指损害并不是被告的行为造成的，而是由一个外在于其行为的原因而独立造成的，包括受害人的过错、第三人的过错、意外事件、不可抗力等。在医疗事故案件审理中，医疗机构的抗辩主要是指医疗行为所致后果不构成医疗事故。

《医疗事故处理条例》第四十九条规定了不属于医疗事故的情形有：① 在紧急情况下为抢救垂危患者生命而采取紧急医学措施造成不良后果的；② 在医疗活动中由于患者病情异常或患者体质特殊而发生的医疗意外的；③ 在应用现有医疗科学技术，发生无法预料和难以防范的不良后果的；④ 无过错输血感染造成不良后果的；⑤ 因患者原因延误诊疗导致不良后果的；⑥ 因不可抗力造成不良反应的。同时，《医疗事故处理条例》第四十九条第二款规定："不属于医疗事故的，医疗机构不承担赔偿责任。"

值得指出的是，不能认为排除了医疗事故就都可以免除对患者的赔偿责任。因为这种理解与《民法通则》第一百零六条第二款的规定相违背。所以，对不属于医疗事故的医疗行为造成的人身损害赔偿纠纷，应当适用《民法通则》的有关规定处理。

2. 关于手术同意书。手术同意书或特殊检查告知书（或类似文件）是医疗机构履行告知义务、患者和家属行使其知情同意权的书面证明，同时也是医院管理制度的规定。根据我国法律规定，合同中有关人身伤害侵权责任的免责条款是无效的，应禁止免责条款违反法律和社会公德。因此，手术同意书不具有免除医疗机构过失责任的法律效力。

3. 关于事件参与度。所谓事件参与度，系指引起损害后果的原因是多方面的，损害事实可能是多个因素所致（多因一果），并非完全因为医疗过错。因此，在确认医院机构有医疗过错的情况下，应进一步分析医疗过错在损害后果中所处地位，以公正地确定医疗机构应承担的损害赔偿责任大小。

二、医疗事故的行政处理及行政责任

（一）受理、移送与终止处理

发生医疗事故争议，当事人申请卫生行政部门处理的，由医疗机构所在地的县级或直辖市的区、县人民政府卫生行政部门受理。对于可能构成重大医疗事故的争议，应当在法定期限内移送上一级人民政府卫生行政部门处理。如果当事人在申请卫生行政部门处理的同时又向人民法院提起诉讼的，卫生行政部门将不予受理或终止处理。

（二）对医疗事故技术鉴定书的审核

卫生行政部门在收到医疗事故技术鉴定书后，应当对参加鉴定人员的资格和专业类别、鉴定程序进行审核，必要时可以组织调查，听取医疗事故争议双方当事人的意见。

（三）行政处理

卫生行政部门经审核，根据医疗事故技术鉴定结论，对于发生医疗事故的医疗机构，可以根据医疗事故的等级和情节，给予警告、罚款、限期停业整顿、直至吊销执业许可证。对发生医疗事故的医务人员，可以作出责令暂停执业、吊销执业证书等行政处罚。

（四）行政调解

卫生行政部门可以根据经审核的医疗事故技术鉴定书，召集双方当事人进行医疗事故赔偿调解。经调解达成一致，双方当事人应当签订书面的协议书。如果调解不成或者经调解双方达成协议后一方反悔的，卫生行政部门不再调解，双方当事人均可向人民法院提起诉讼。

三、刑事责任

（一）医疗事故罪的概念

医疗事故罪，是指医务人员由于严重不负责任，造成就诊人死亡或者严重损害就诊人身体健康的行为。

（二）医疗事故罪的构成要件

1. 医疗事故罪的客体。医疗事故罪的客体是复杂客体，主要客体是就诊人的生命健康权利，次要客体是国家对医疗机构的管理制度。

2. 医疗事故罪的客观方面。医疗事故罪在客观方面表现为严重不负责任，造成就诊人死亡或者严重损害就诊人身体健康的行为。包括以下几个方面：

（1）医务人员在诊疗护理工作中有严重不负责任的行为。严重不负责任，是指医护人员在诊疗护理工作中违反规章制度和诊疗护理常规，这是构成本罪的必要条件之一，这一必要条件将本罪限定于责任事故的范畴。

由于行为人严重不负责任，违反规章制度和诊疗护理常规的行为，既可以表现为积极的"作为"形式，也可以表现为消极的"不作为"形式。"作为"，在本罪中就是医务人员积极实施规章制度和诊疗护理常规所禁止的行为，如开错刀、打错针、发错药等。"不作为"，在本罪中是指医务人员本应履行应尽的职责而无正当理由没有履行。例如对临床各科诊治对象的急、危重病人，已确诊或者可以确诊，但借故推诿、拒绝收治、造成病人死亡等。

（2）上述严重不负责任的行为，造成就诊人死亡或者严重损害就诊人身体健康的后果。本罪系结果犯，由行为人的行为所导致就诊人死亡或者严重损害就诊人身体健康之危害结果是本罪构成的必备要件。

（3）医务人员严重不负责任的行为，与就诊人死亡或身体健康严重受损的结果之间具有刑法上的因果关系。

3. 医疗事故罪的主体。指经过考核和卫生行政机关批准或承认取得相应资格的各级、各类卫生技术人员。我国医务人员按其业务性质分为四类：① 医疗防疫人员；② 药剂人员；③ 护理人员；④ 其他技术人员。

4. 医疗事故罪的主观方面。医疗事故罪的主观方面是过失，故意则不构成本罪。犯罪的过失，是指行为人应当预见到自己的行为可能发生危害社会的结果，因为疏忽大意而没有预见，或者已经预见而轻信能够避免的一种心理态度。

第六节　医疗事故的民事赔偿

一、医疗事故民事赔偿应考虑的因素

医疗事故赔偿属于民事法律关系争议，在处理具体医疗纠纷案件，确定医疗事故具体赔偿数额时，也应当兼顾医患双方的合法权益，充分体现公平原则。医疗行为是一种专业性很强的复杂活动，患者作为自然人，其生命健康也是一种复杂的自然生物现象和生理心理状态。在医疗活动中，造成患者人身损害后果的原因一般情况下也是多方面的，受诸多因素的影响，比如患者自身疾病、患者体质情况、药物和医疗器械的质量、地域特点、医务人员的技术水平等自然的或者社会的因素。因此，在具体处理医疗事故赔偿案件的过程中，必须要在综合分析考虑各种影响因素及其影响程度的基础上来确定责任的承担。对此《医疗事故处理条例》第四十九条规定，赔偿应根据以下原则：

1. 医疗事故等级。为科学划分医疗事故等级，正确处理医疗纠纷，保护患者和医疗机构及其医务人员的合法权益，卫生部2002年7月又通过了《医疗事故分级标准（试行）》。在该《医疗事故分级标准（试行）》中，同一级别的医疗事故又分出几个不同级别。这为更好地体现公平合理进行赔偿提供了依据。

2. 医疗过失行为与医疗事故损害后果之间的责任程度。医疗过失行为与医疗事故损害后果之间的因果关系往往有一因一果、一因多果、多因一果和多因多果的复杂情形。造成患者人身损害的并非全部是由于医疗过失行为直接造成的，还受医疗行为风险、患者疾病发展、医学科学和技术手段的局限性以及环境等相关条件的影响。因此，科学合理地确定医疗过失行为在医疗事故损害后果中所占的比例，也就是"责任程度"，对确定医方应承担的经济赔偿程度有重要意义。

3. 医疗事故损害后果与患者原有疾病状况之间的关系。该因素实质上在于解决医疗事故赔偿责任时赔偿额的计算问题，因为无论是卫生行政部门主持医疗事故调解还是人民法院审理医疗事故民事纠纷，患者或家属提出的各种费用中，可能既包括为治疗其自身原有疾病而支出的医疗费、交通费、陪护费等，也包括治疗因医方过失造成的损害而支出的医疗费、交通费、陪护费等，在确定民事损害赔偿范围时，由于患者为自身原有疾病而支出的费用并非是由于医方过失行为而造成的，所以必须从损害赔偿费用中加以扣除。

二、医疗事故赔偿项目的规定

《医疗事故处理条例》规定的赔偿项目如下，且规定应一次性付清。

1. 医疗费。是指医疗事故对患者造成人身损害后，患者为了接受医学上的检查、治疗和康复所必须支出的费用。具体包括以下几方面：① 挂号费；② 医药费；③ 检查费；④ 治疗费；⑤ 住院费；⑥ 其他医疗费用。

2. 误工费。误工费系指患者因治疗医疗事故造成的损害后果耽误其工作而损失的收

入。误工费的计算，根据患者是否有固定收入，分为两种情况：有固定收入的，其误工费按照本人因误工减少的固定收入计算；没有固定收入的，误工费按照医疗事故发生地上一年度职工平均工资计算。

3. 住院伙食补助费。是指患者因发生医疗事故而在医疗机构住院治疗时，医方应支付给患者的膳食补助费用，具体数额是按照医疗事故发生地国家机关一般工作人员的出差伙食补助标准计算。

4. 陪护费。是指患者因为发生医疗事故受到人身损害而在医疗机构住院治疗中，因缺乏生活自理能力需要专门雇佣相关人员照顾、护理其生活而支付的费用。

5. 残疾生活补助费。《医疗事故处理条例》规定，根据伤残等级，按照医疗事故发生地居民平均生活费计算，自定残之月起最长赔偿 30 年；但是，60 周岁以上的，不超过 15 年；70 周岁以上的，不超过 5 年。

6. 残疾用具费。因残疾需要配置补偿功能器具的，凭医疗机构证明，按照普及型器具的费用计算。残疾用具费是患者因医疗事故造成残疾而需要配置残疾用具而发生的费用，如假肢、义眼、助听器、轮椅等辅助工具的费用，既包括了残疾用具的购入费也包括安装费，如果残疾用具在将来需要更换的则应当将更换的费用也计算在内。所谓医疗机构的证明，并非专指发生医疗事故的医疗机构的证明，而是指受害患者为治疗医疗事故损害所在医疗机构的证明。

7. 丧葬费。按照医疗事故发生地规定的丧葬费补助标准计算。

8. 被扶养人生活费。是指患者在发生医疗事故前，对未成年子女或者没有经济来源的配偶提供的必要的生活费用。由于发生医疗事故造成患者死亡、残疾以致丧失或者部分丧失劳动能力，无法扶养其在发生医疗事故前一直在扶养的人，因此，需要对其进行补偿。对不满 16 周岁的被扶养人，扶养年限截止到 16 周岁。对年满 16 周岁但没有劳动能力的，扶养 20 年。如果被扶养人已经 60 周岁以上，扶养费计算年限最长为 15 年，如果被扶养人已经 70 周岁以上，则扶养费计算年限最长不超过 5 年。

9. 交通费。按照患者实际必需的交通费用计算，凭据支付。

10. 住宿费。按照医疗事故发生地国家机关一般工作人员的出差住宿补助标准计算，凭据支付。住宿费是患者因发生医疗事故后在治疗过程中而支付的必需的住宿费用，一般指到外地大医院就诊期间住宿旅店而支付的费用。

11. 精神损害抚慰金。精神损害抚慰金，是指对受害患者及其近亲属因为发生医疗事故而遭受的身体上或者精神上的痛苦加以抚慰而支付的赔偿金，属于非财产损害赔偿。目前的司法实践中，许多侵权案件，包括医疗事故赔偿案件在内，其最终审判结果都包括判决侵权方承担精神赔偿，并且有的赔偿数额相当大。在民事侵权案件中，精神损害的赔偿数额依据下列因素确定：侵权人的过错程度，法律另有规定的除外；侵害的手段、场合、行为方式等具体情节；侵权行为所造成的后果；侵权人的获利情况；侵权人承担责任的经济能力；受诉法院所在地平均生活水平。法律、行政法规对残疾赔偿金、死亡赔偿金等有明确规定的，适用法律、行政法规的规定。

思考题

1. 简述广义医疗行为的种类。

2. 简述医疗法律关系的类型。
3. 简述医疗事故的概念以及构成要件。
4. 结合实际谈谈患者的隐私权包括哪些方面?如何做到尊重患者的隐私权?
5. 在医学领域中,侵害身体权有哪几种行为方式?
6. 简述知情同意和知情同意权的概念。
7. 知情同意过程中,如何能够做好医患的沟通?
8. 患者的自主决定权主要包括哪些方面?
9. 根据《医疗事故处理条例》的规定,请论述医疗机构可以作为抗辩事由,即不属于医疗事故的情形有哪些?
10. 简述医疗事故罪的概念以及构成要件。
11. 医疗事故赔偿的原则有哪些?
12. 医疗事故赔偿的项目有哪些?

(王　岳　宋文质)

第十五章 医学发展带来的法律问题

随着医学的发展和医学技术的进步，人工辅助生殖技术、器官移植、基因工程、脑死亡等带来一系列法律和社会伦理问题，对此我国尚缺乏完善的立法体系，多在理论上予以探讨。

第一节 人工辅助生殖技术与立法

一、人工辅助生殖技术

目前，人工辅助生殖技术主要分为人工授精和体外受精两种。人工授精是指将精子人为地引入女性子宫内，以期受孕成功的方法，按照精液来源的不同，人工授精分为夫精人工授精和捐精人工授精两种方式：夫精人工授精（AIH）指使用丈夫的精液对妻子进行人工授精；捐精人工授精（AID）指使用捐赠者的精液对已婚妇女进行人工授精。体外受精（IVF）是指用人工方法将卵子和精子在试管内结合形成胚胎并植入子宫妊娠的一种生殖方式，用这种方式生育出来的婴儿又称为"试管婴儿"。自1978年英国诞生第一例试管婴儿以来，现全世界的健康试管婴儿已逾10余万。

二、人工辅助生殖技术引起的法律问题

（一）夫精人工授精（AIH）的法律问题

1. 婚姻关系存续期间夫妻双方同意进行AIH所生的子女的法律地位。在婚姻关系存续期间，经夫妻双方同意进行AIH，所生子女应当为夫妻双方的婚生子女。对此，各国民法的规定比较一致。

2. 丈夫死亡后出生的AIH子女的法律地位。对于丈夫死亡后出生的AIH子女，有三种不同情况：① 妻子在丈夫去世前已经通过使用丈夫冷冻精子授精怀孕，但AIH子女在丈夫死亡后才出生，这种子女的法律地位是明确的，应属于婚生子女。② 丈夫死亡后，妻子根据丈夫生前意愿利用丈夫的冷冻精子受精生育子女。对此，原则上应推定该子女为双方的婚生子女。根据我国《民法通则》的规定，公民的民事权利能力始于出生，终于死亡。因此，《继承法》规定，对于胎儿，其继承份额应予保留。胎儿出生时是死体的，保留份额按法定继承办理。③ 丈夫生前并未同意妻子在其死后进行AIH，妻子在丈夫死亡后擅自用亡夫的精子进行AIH，所生子女是否为婚生子女？由于婚姻关系已经消灭，且无丈夫的同意，该子女一般不能认定为婚生子女。

（二）捐精人工授精（AID）引起的法律问题

1. AID子女的法律地位。各国法律一致认为，夫妻双方同意经过AID怀孕所生子女是夫妻双方婚生子女，丈夫为AID子女的父亲。

2. AID技术和卫生标准。从目前各国的情况看，缺乏统一的AID标准，对供精者进

行遗传学检查较少，同一供精者的精子被多次重复使用的情况也并不少见，如果上述出自一个供精者精子孕育的孩子成人后相遇结合，将会造成近亲婚姻，不仅降低人口素质，而且违背人类社会的伦理道德。因此，急需对 AID 进行立法和统一技术与标准。

（三）体外受精（IVF）引起的法律问题

1. 谁是 IVF 婴儿的父亲？在 IVF 中，因配子来源和妊娠场所的不同，试管婴儿的生殖方式有多种。这样就会出现试管婴儿有多个父亲、母亲的情况，特别是在夫妻双方同意下，使用供卵和供精然后再将胚胎植入妻子子宫妊娠生育的 IVF 婴儿，谁将与其产生法律上的父母子女关系？对此世界各国的法律一般都认为，孕育婴儿的妇女及其丈夫应当是孩子法律上的父亲与母亲。

2. 关于受精卵和胚胎的处置。在 IVF 中，对于受精卵和胚胎是否为人，是否具有人的法律地位等问题各国立法和学理上都存在分歧，有的认为是人，不应伤害和随意处置；有的认为不是人，不应具有人的法律地位。此外，对于胚胎的研究是否符合人道主义？将多余的胚胎销毁或丢弃是否构成杀人罪？冷藏的"孤儿胚胎"的法律地位如何确定等问题上也有很大分歧。据报道，美国有 22 个州的法律禁止胚胎研究，不允许用死亡人的精子或卵子进行体外受精，而且禁止提前鉴定胎儿性别。英国《人工授精和胚胎学》法案规定，配子的最长保管期为 10 年，胚胎的保管期为 5 年，任何配子或胚胎的保管期都不能超过法定保管期限，而且还规定准许在保管期限后任由其死去。

三、代理母亲

代理母亲是指代人妊娠、分娩的妇女。代理母亲出现于 20 世纪 70 年代末，分为两种形式：一种是用自己的卵子人工授精后妊娠，分娩后将孩子交给委托人抚养。另一种是利用他人的受精卵植入自己的子宫妊娠，分娩后将孩子交给委托人抚养。

（一）代理母亲与孩子之间的法律关系

代理母亲分娩后，婴儿与代理母亲之间以及与委托代生的夫妻之间各具有何种法律关系？代理母亲能否对婴儿有抚养、监护等相应的权利、义务？为此发生很多纠纷，有代理母亲不将婴儿交给委托人而自己养育，从而引起委托人起诉要求代理母亲履行契约或要求赔偿的；也有代理母亲为谋取更多金钱利益，利用同一胎儿同时向数对不同的委托人夫妻收取费用而引起纠纷，甚至涉及刑事犯罪问题等。对于代理母亲、代孕婴儿、委托人夫妻之间的法律关系问题，各国的判例和法律规定不尽相同，主要有两种情况：① 生者为母。澳大利亚的法令规定，生育婴儿的母亲与婴儿之间具有法律上的母子关系。② 按照契约确定亲子关系。美国一些州法律规定，婴儿的父母应是委托代生的夫妻。

（二）代孕行为的合法性

民法理论认为，有生命的人不能成为法律关系的客体，人体器官和组织也不能作为法律客体中的物进行出卖、出租等交易。代理母亲多是为收取酬金而从事代孕行为的，这实质上是出租自身器官（子宫），被他人当作生育机器，这种侵犯妇女尊严的行为，损害了妇女作为人所享有的法律地位和权利，更与现代社会的法律制度和观念相悖。此外，代孕容易造成现有家庭关系的混乱，如母亲替女儿代孕，姊妹之间代孕，或祖母替孙女代孕等，使得出生婴儿在家庭中的法律地位难以确定，现有的婚姻家庭制度及家庭伦理观念受到冲击。因此，很多国家纷纷立法禁止代孕行为。

四、我国的辅助生殖技术立法概况

2001年2月20日，我国卫生部颁布了《人类辅助生殖技术管理办法》和《人类精子库管理办法》，同年5月又发布《人类辅助生殖技术规范》、《人类精子库基本标准》、《人类精子库技术规范》和《实施人类辅助生殖技术的伦理原则》（以下简称《技术规范》、《基本标准》和《伦理原则》）。上述法规规章实施后，对促进和规范我国人类辅助生殖技术的发展和应用，特别是保护妇女儿童的健康权益等起到了积极的推动作用。但是，随着国内外人类辅助生殖技术、人类精子库技术和生命伦理学的不断进步与发展，特别是从近两年我国部分地区的实施情况看，《技术规范》、《基本标准》和《伦理原则》的局限性也逐步显现出来。因此，卫生部于2002年3月对原有法规规章进行了修改，并在2003年10月公布了重新修订的《人类辅助生殖技术规范》、《人类精子库基本标准和技术规范》、《人类辅助生殖技术和人类精子库伦理原则》。新规章在原有基础上提高了应用相关技术的机构设置标准、技术实施人员的资质要求及技术操作的质量标准和技术规范，并进一步对技术实施中的伦理原则加以明确和细化。为了防止片面追求经济利益而滥用人类辅助生殖技术，新规章对控制多胎妊娠、提高减胎技术、严格掌握适应证、严禁供精与供卵商业化和卵胞浆移植技术等方面提出了更高、更规范、更具体的技术和伦理要求。

对于利用辅助生殖技术所生育婴儿的法律地位等民事法律问题，我国尚未进行相关立法，仅在1991年的最高人民法院《关于夫妻关系存续期间以人工授精所生子女的法律地位的函》中规定："在夫妻关系存续期间，双方一致同意进行人工授精，所生子女应视为夫妻双方的婚生子女。"

第二节　器官移植与立法

一、概述

器官移植、组织移植、细胞移植等都是当代医学科学技术发展的产物。器官移植是指通过手术等方法，替换体内已经损伤的病态的或衰竭的器官，以达到治疗目的的一种医疗措施。根据器官源的不同，器官移植可以分为人工器官移植和活体器官移植。其中活体器官移植可分为同种器官移植和异种（动物器官）器官移植，而同种器官移植又可分为自体器官移植和异体器官移植。器官移植中的法律与伦理问题主要发生于异体器官的移植活动中。

二、器官移植的法律问题

在器官移植过程中涉及许多法律问题，主要有：① 器官采集的合法性问题；② 公民是否有提供器官的义务问题；③ 病人对自己废弃器官的所有权问题；④ 未成年人是否可以捐献器官；⑤ 胎儿可否成为提供器官的供体；⑥ 是否可以采取强制措施取得尸体的器官；⑦ 利用动物器官是否损害动物的权利；⑧ 对个体何时摘取器官是适宜的；⑨ 人体器官可否进行买卖等。这些重要的问题都需要通过卫生立法加以规范和调整。

三、《人体器官移植条例》简介

（一）概述

为规范我国境内的人体器官移植活动，保证医疗质量，保障人体健康，维护公民的合法权益，2007年3月21日国务院第171次常务会议通过了《人体器官移植条例》，并于同年5月1日正式实施。

该《条例》所称人体器官移植，是指摘取人体器官捐献人具有特定功能的心脏、肺、肝、肾或者胰腺等器官的全部或者部分，将其植入接受人身体以代替其病损器官的过程。从事人体细胞和角膜、骨髓等人体组织移植，不适用该《条例》。

（二）人体器官的捐献

1. 器官捐献原则。人体器官捐献应当遵循自愿、无偿的原则。任何组织或者个人不得强迫、欺骗或者利诱他人捐献人体器官。任何组织或者个人不得以任何形式买卖人体器官，不得从事买卖人体器官有关的活动。

2. 器官捐献中双方当事人的条件：

（1）捐献人体器官的公民应当具有完全民事行为能力，应当有书面形式的捐献意愿，对已经表示捐献其人体器官的意愿，有权予以撤销；公民生前表示不同意捐献其人体器官的，任何组织或者个人不得捐献、摘取该公民的人体器官；公民生前未表示不同意捐献其人体器官的，该公民死亡后，其配偶、成年子女、父母可以以书面形式共同表示同意捐献该公民人体器官的意愿。

（2）不得摘取未满18周岁公民的活体器官用于移植。

（3）活体器官的接受人限于活体器官捐献人的配偶、直系血亲或者三代以内旁系血亲，或者有证据证明与活体器官捐献人存在因帮扶等形成亲情关系的人员。

（三）人体器官的移植

1. 准入制度。医疗机构从事人体器官移植，应当在具备下列条件时向所在地省级卫生主管部门申请办理人体器官移植诊疗科目登记：① 有与从事人体器官移植相适应的执业医师和其他医务人员；② 有满足人体器官移植所需要的设备、设施；③ 有由医学、法学、伦理学等方面专家组成的人体器官移植技术临床应用与伦理委员会，该委员会中从事人体器官移植的医学专家不超过委员人数的1/4；④ 有完善的人体器官移植质量监控等管理制度。

省级卫生主管部门应当及时公布有资质进行人体器官移植的医疗机构名单，并定期组织专家对其器官移植手术成功率、植入的人体器官和术后患者的长期存活率等临床应用能力进行评估，并及时公布评估结果；对评估不合格的，由原登记部门撤销人体器官移植诊疗科目登记。

2. 执业原则。根据《人体器官移植条例》规定：医疗机构及其医务人员从事人体器官移植，应当遵守伦理原则和人体器官移植技术管理规范；应当对器官捐献人进行医学检查，对接受人因人体器官移植感染疾病的风险进行评估，并采取措施，降低风险；在摘取活体器官前或者尸体器官捐献人死亡前，主管医师应当向所在医疗机构的人体器官移植技术临床应用与伦理委员会提出摘取人体器官审查申请。该委员会应审查器官捐献人的捐献意愿是否真实；有无买卖或者变相买卖人体器官的情形；人体器官的配型和接受人的适应证是否符合伦理原则和人体器官移植技术管理规范等主要内容，经 2/3 以上委员同意后，方可出具同意摘取人体器官的书面意见。

3. 主要义务。医疗机构及其医务人员摘取活体器官前，应当向活体器官捐献人说明器官摘取手术的风险、术后注意事项、可能发生的并发症及其预防措施等，并与活体器官捐献人签署知情同意书；查验活体器官捐献人同意捐献其器官的书面意愿、活体器官捐献人与接受人之间关系的证明材料；确认除摘取器官产生的直接后果外不会损害活体器官捐献人其他正常的生理功能；保存活体器官捐献人的医学资料，并进行随访。

医疗机构及其医务人员摘取尸体器官应当在依法判定捐献人死亡后进行，但从事人体器官移植的医务人员不得参与捐献人的死亡判定。摘取尸体器官应当尊重死者的尊严，对摘取器官完毕的尸体，应当进行符合伦理原则的医学处理，恢复尸体原貌。

医疗机构及其医务人员对申请人体器官移植手术患者的排序应当符合医疗需要，遵循公平、公正和公开的原则。对捐献人、接受人的个人资料应当保密。

医疗机构应当定期将实施人体器官移植的情况向所在地省级卫生行政主管部门报告。

4. 收费等其他规定。从事人体器官移植的医疗机构实施人体器官移植手术，除向接受人收取摘取和植入人体器官的手术费；保存和运送人体器官的费用；摘取、植入人体器官所发生的药费、检验费、医用耗材费外，不得收取或者变相收取移植人体器官的费用。对于规定费用的收取标准，应依照有关法律、行政法规的规定确定并予以公布。

(四) 法律责任

1. 行政责任：

(1) 医疗机构及其医务人员的行政责任。医疗机构未办理人体器官移植诊疗科目登记，擅自从事人体器官移植的，依照《医疗机构管理条例》的规定予以处罚，情节严重的，将被撤销人体器官移植诊疗科目登记，且 3 年内不得再申请登记。

医疗机构及其医务人员违反规定，未对人体器官捐献人进行医学检查或者未采取措施，导致接受人因人体器官移植手术感染疾病的，依照《医疗事故处理条例》的行政处罚规定予以处罚；违反收费规定的，依照价格管理的法律、行政法规的规定予以处罚。从事人体器官移植的医务人员违反规定，泄露人体器官捐献人、接受人或者申请人体器官移植手术患者个人资料的，依照《执业医师法》或者国家有关护士管理的规定予以处罚。

医疗机构及其医务人员有下列行为之一，情节严重的，医疗机构将被撤销人体器官移植诊疗科目登记，且 3 年内不得再申请登记；医务人员由县级以上地方人民政府卫生主管部门依照职责分工暂停其 6 个月以上 1 年以下执业活动，情节特别严重的，吊销其执业证书：①参与买卖人体器官或有关活动的；②未经人体器官移植技术临床应用与伦理委员会审查同意，作出摘取人体器官的决定，或者医疗机构胁迫医务人员违反规定摘取人体器官的；③摘取活体器官前未依照规定履行说明、查验、确认义务的；④对摘取器官完毕的尸体未进行符合伦理原则的医学处理，恢复尸体原貌的；⑤从事人体器官移植的医务人员参与尸体器官捐献人的死亡判定的。

(2) 其他机构及其人员的行政责任。违反规定，买卖人体器官或者从事与买卖人体器官有关活动的，由设区的市级以上地方人民政府卫生主管部门依照职责分工没收违法所得，并处交易额 8 倍以上 10 倍以下的罚款。

国家工作人员参与买卖人体器官或者从事与买卖人体器官有关活动的，由有关国家机关依据职权依法给予撤职、开除的处分。

2. 民事责任。实施人体器官移植手术的医疗机构及其医务人员违反规定，给他人人身权造成损害的，依照《民法通则》及相关规定承担相应的民事责任。

3. 刑事责任。根据《人体器官移植条例》的规定，有下列情形之一，构成犯罪的，依法追究刑事责任：① 未经公民本人同意摘取其活体器官的；② 公民生前表示不同意捐献其人体器官而摘取其尸体器官的；③ 摘取未满18周岁公民的活体器官的。

国家机关工作人员在人体器官移植监督管理工作中滥用职权、玩忽职守、徇私舞弊，构成犯罪的，依法追究刑事责任。

第三节 脑死亡与立法

一、概述

脑死亡是指由于严重外伤或由于原发性疾病致使脑的机能全部的不可逆的丧失，最终导致人体死亡。

国际上广为人们所接受的脑死亡标准有哈佛标准及世界卫生组织的脑死亡标准。1968年由哈佛大学医学院提出的哈佛标准可以概括为：不可逆的深度昏迷，病人无感受性、无反应；自发呼吸停止；脑干反射消失；脑电图平坦。世界卫生组织的标准为：对环境失去一切反应，完全没有肌肉反射和肌张力；停止自主呼吸；动脉压骤降和脑电图平直。

近年来，我国多数学者认为，脑死亡指标应包括以下内容：① 深度昏迷，对任何刺激均无反应；② 自主呼吸已停止；③ 脑干反射功能消失，如吞咽反射、睫毛反射、瞳孔对光反射、角膜反射等功能消失；④ 心跳、呼吸均停止，并已正确、连续地做心肺复苏30分钟以上，证明脑的全部功能已达不可逆转的损伤者，可以诊断为脑死亡。

二、确立脑死亡的意义

（一）有利于促进器官移植的开展

确定脑死亡标准的最大社会意义在于可以为器官移植的顺利进行提供方便。器官移植要求器官越新鲜越好，但是在目前心肺死亡标准下往往使得器官移植存在许多顾虑。器官摘取过早会被指控剥夺他人生命权，过晚会使得器官的可用性大大降低。一旦确定脑死亡的标准，对于器官摘除时机的选择就有了实际操作性，并且依靠先进的科技可以通过维持脑死亡者的呼吸与循环功能，为人体器官的移植提供一个优良的储备系统。中科院院士及中国器官移植创始人之一裘法祖教授指出，中国如能使用国际通用的"脑死亡就等同肌体整体死亡"的概念，并把脑死亡者作为器官来源，将会使成千上万的病人得到新生。

（二）有利于医疗资源的合理配置

医学科学技术的发展使得更多的病人得到救治，但仍然有许多病人是无法救治的，在医疗机构中有许多只能靠人工机械维持生命的脑死亡患者。是继续无济于事地花费大量的医疗资源进行安慰性的治疗，还是适时地终止对脑死亡者的医疗措施，从而减少不必要的医疗支出，把有限的医疗资源用于更急需的患者，无疑是一个现实问题。据统计，我国自20世纪90年代每年因车祸死亡的5万人中，多为脑死亡患者，每人平均医疗费约为3万元左右。

（三）有利于法律关系的稳定与法律的实施

死亡概念在法律领域有着重要的应用，主要决定民事权利能力的终止和相关法律关系的变更和消灭等，因此，如何界定死亡标准，使之在法律领域应用更加明确，在司法实践中也有着重要的意义。

三、脑死亡立法的思考

我国脑死亡立法已经引起有关部门及广大学者的关注，2001年7月3日中国器官移植发展基金会和中华医学会器官移植分会、中华医学杂志编委会在武汉召开了"全国器官移植法律问题专家研讨会"。同时，中华医学杂志编委会还召开了"全国脑死亡标准（草案）专家研讨会"，提出了《脑死亡标准及实施办法（草案）》。在脑死亡标准立法中比较一致关注的问题有：

（一）两种死亡标准应并存

鉴于我国的传统文化背景，对传统的死亡标准不宜简单废除，仍然有其适用的必要。在边远及贫困地区，传统的死亡判断标准仍然是行之有效、简单易行的有效标准。

（二）制定严格的脑死亡诊断标准

鉴于我国的医疗实践，确定严格死亡标准非常必要，其内容包括：

1. 脑死亡判定的先决条件：深度昏迷，不能自主呼吸；昏迷的原因已经确定；不可逆的脑部病变。

2. 排除可逆性昏迷，排除因为新陈代谢障碍、药物中毒与低体温所导致的昏迷。

3. 在使用人工呼吸器的状况下，在规定期间病人应呈持续的深度昏迷，不能自行呼吸且无自发性运动。

4. 脑功能测试。在符合上述条件的情况下，对脑干进行若干次数的测试后，病人仍完全符合无脑干反射与不能自行呼吸，即可判定脑死亡。

（三）建立完善的脑死亡管理制度

脑死亡管理制度的重点应是对进行脑死亡诊断的主体、程序等作出的规定。

1. 脑死亡诊断医师的资格条件。具有神经内科或神经外科或麻醉专科医师资格；接受过有关脑死亡诊断的学习研究，并持有证明文件。

2. 参与脑死亡确定的人员。脑死亡的确定应由病人的原诊断医师与具有脑死亡诊断资格的两名医师同时作出。

3. 脑死亡诊断证明书的发出。由两名具有脑死亡诊断资格的医师和病人原诊断医师共同签发。

（四）明确相应法律责任

脑死亡立法应当明确规定违反脑死亡规定的法律责任，同时还应明确规定医生为了器官移植需要，当病人死亡诊断宣布后，不摘除死者身上的人工抢救装置而继续使用是对尸体的合理保存还是非法侵犯。

第四节 基因工程与立法

一、基因工程概述

基因是遗传的基本单位,是染色体上的特定片段,决定着个体的生物学性状。基因工程,又称基因拼接技术或重组 DNA,是指采取类似工程设计的方法,按照人们的需要,将具有遗传信息的基因,进行拼接、组合、剪接后转入宿主大量复制并高速表达从而获得基因产物的技术。目前已广泛应用于农业、工业、医药、卫生、环保等各个领域。在卫生领域,基因工程技术主要应用于基因诊断、基因治疗和无性繁殖。

二、基因诊断

基因诊断也称 DNA 诊断、DNA 探针技术或基因探针技术,是指通过直接探查基因的存在和缺陷来对人体的状态和疾病作出判断,目前已经广泛应用于多种疾病的诊断,尤其是在遗传病诊断方面现在可以进行基因诊断的疾病已经有上百种。但在取得巨大发展的同时,许多基因诊断的法律问题也伴随而生。如医务人员是否有为患遗传性疾病患者保密的义务?如果医务人员为患者保密,是否损害了患者配偶或未来孩子的利益?如果医务人员泄密,影响了患者的婚姻、工作、保险等,医务人员是否应承担责任?而每个人的基因图谱从人格权角度而言属个人的隐私,受到法律的保护,美国一些议员提出的"人类基因隐私法"提案,正是基于这种考虑。

三、基因治疗

基因治疗是指改变人体活细胞遗传物质的一种医学治疗方法,即通过基因诊断出异常的基因后,用正常的基因代替异常基因,以达到治疗疾病目的。基因治疗一般可分为:体细胞基因治疗、生殖细胞基因治疗、基因增强工程和优生基因工程。

基因治疗为人类展示了美好的前景,但是由于基因的复杂性,基因治疗设计改变人类的遗传物质,有可能产生不可预知的后果。一般认为,体细胞基因治疗仅涉及患者个体,而生殖细胞基因治疗则可能对人类未来产生影响,这就在伦理、法律方面会引起以下困惑:人是否有权利改变人?人的尊严何在?以什么标准来改变人?人体基因是否可以买卖等。对此,许多国家对基因治疗采取审慎的态度,同时也考虑从法律角度进行调整、规范和控制。我国目前仅同意体细胞基因治疗,卫生部于 1993 年制定了《人的体细胞治疗和基因治疗临床研究质控要点》,强调对基因治疗的临床试验要在运作之前进行安全性论证、有效性评价和免疫学评价,同时要注意社会伦理影响。

四、人类基因组计划

人类基因组大约有 5 万至 10 万个基因。人类基因组计划是美国科学家 1985 年率先提出,并于 1990 年 10 月正式启动,它旨在通过国际合作,阐明人类基因组 30 亿个碱基对的序列,发现所有人类基因并搞清其在染色体上的位置,破译人类全部遗传信息。这样一项人类伟大的生命科学工程,其规模和重要性可与登月计划相媲美。经过美、英、法、德、日本和中国 6 个国家的共同努力，1999 年 11 月 23 日完成了 10 亿个碱基对的测定工作。2000 年 6 月 26 日科学家公布了已测定的基因组的草图。

人类基因组计划所带来的法律、伦理问题主要有：基因隐私问题；基因专利问题；利益分享问题等。

五、我国人类基因工程立法状况

1. 为了促进我国生物技术的研究和开发，加强基因工程的安全管理，保障公众和基因工程工作人员的健康，防止环境污染，维护生态平衡，国家科委于 1993 年 12 月发布了《基因工程安全管理办法》，就适用范围、安全性评价、申报、审批和安全控制措施等方面作了规定。

2. 1999 年 9 月中国获准加入人类基因组计划，负责测定人类基因组的全部序列的 1%，即 3 号染色体上的 3 000 万个碱基对，为了防止人类基因组计划引发的伦理、法律、社会等方面的问题，国家人类基因组南方、北方两个中心成立了伦理、法律、社会问题工作组，对有关问题进行研究，提出相应的伦理及法律的对策。其目的是在认识人类的基因的基础上，重新认识社会成员之间、家庭之间以及个人、家庭与社会之间的关系；认识人类、生物界与自然界的关系，保证人类基因组计划沿着健康的轨道进行，重建人类社会内部、人类社会与自然界之间更加和睦、和谐的关系。

3. 中国有 56 个民族和诸多的遗传隔离人群，基因资源具有多样性，是研究人类基因组多样性和疾病易感性不可多得的材料，但在资源的采集、研究、开发中也存在盲目、无序、流失等现象。为了有效保护和合理利用我国的人类遗传资源，加强研究与开发，促进平等互利的国际合作与交流，1998 年 6 月 10 日经国务院同意，科学技术部、卫生部共同颁布了《人类遗传资源管理暂行办法》，这是我国在遗传资源管理上的一个进步。

4. 我国对克隆技术的发展采取一种谨慎的态度，卫生部曾召开专门会议研究克隆技术的发展，会上一致认为，克隆技术是人类科技的一大进步，有突破性的意义，应当支持科学家采用科学技术探讨医学领域的重大课题，但是在中国境内禁止开展克隆人的研究。我国对任何形式开展克隆人研究的态度是：不赞成、不支持、不允许、不接受。

六、人类遗传资源的管理

（一）我国对人类遗传资源管理的原则

我国对人类遗传资源管理贯彻保护和利用相统一、加强管理与加强研究并重的原则：① 加强对研究工作的支持，以分离、研究、开发重要疾病相关基因为重点；② 积极推动在平等互利基础上的国际科技合作，提高我国研究水平和效率，使我国的人类遗传资源得到开发；③ 加强管理，建立重要遗传资源的登记报告制度、国际合作项目的批准制度和知识产权得到的分享制度。

（二）国际合作项目的申报程序

1998 年科学技术部、卫生部发布的《人类遗传资源管理暂行办法》规定，凡涉及我国人类遗传资源的国际合作项目，应经批准后签约，具体申报程序是：由中方合作单位填报申请书并附合同文本草案、人类遗传资源材料提供者及其亲属的知情同意证明等。中央所属单位按隶属关系报国务院有关部门，非中央所属单位报所在地的地方主管部门，经上述部门初步审查同意后，向中国人类遗传资源办公室提出申请。

（三）研究开发项目知识产权

1. 我国研究开发机构对于我国境内的人类遗传资源信息，包括遗传家系和特定的地区遗传资源及其数据、资源样本等享有专属持有权。获得上述信息的外方合作单位和个人未经允许不得公开、发表、申请专利或以其他形式向他人披露。

2. 有关人类遗传资源的国际合作项目应当遵循平等互利、诚实信用、共同参与、共享成果的原则来处理知识产权的归属和分享。合作研究成果属于专利保护范围的，应当由双方共同申请专利，专利权归双方共同所有；合作研究开发产生的其他科技成果，其使用权、转让权和利益分享办法应由双方通过合作协议确定，所获得利益按双方贡献大小分享。

（四）法律责任

我国的单位和个人违反《人类遗传资源管理暂行办法》的规定，未经批准私自携带、邮寄、运输人类遗传资源材料出口、出境的，由海关予以没收，并视情节轻重给予行政处罚直至移送司法机关处理。未经批准擅自向外方机构或个人提供人类遗传资料的，没收其所提供的人类遗传资源材料并处以罚款；情节严重的，给予行政处罚直至追究法律责任。

国（境）外单位和个人违反《人类遗传资源管理暂行办法》规定，未经批准，私自采集、收集、买卖我国人类遗传资源管理材料的，没收其所持有的人类遗传资源材料并处以罚款；情节严重的，依照我国有关法律追究其法律责任。私自携带、邮寄、运输人类遗传资源材料的，视情节轻重，给予处罚或送司法机关处理。

人类遗传资源管理部门的工作人员和参与审核的专家有为申报者保守技术秘密的责任。玩忽职守、徇私舞弊，造成技术秘密泄露及人类遗传资源流失的，视情节轻重给予行政处罚直至追究法律责任。

第五节　安乐死与立法

一、安乐死概述

"安乐死"，意为"无痛苦死亡"。现代意义上的安乐死是指为结束不治之症患者的痛苦，由医务人员采用医学的手段对患者死亡过程的选择与调节，使死亡状态安乐化，以维护人死亡的尊严与"幸福"。

欧美国家早在20世纪30年代就有人积极提倡安乐死，20世纪90年代已成为国内外医学界、法学界、伦理学界及社会公众关注的热点问题之一。近年来我国一些地区的少数晚期肾衰患者、癌病患者曾集体公开要求给予安乐死更引起各界人士的关注。

据有关报道，荷兰议会2001年通过的"安乐死"法案，在2002年4月1日正式生效，从而成为世界上第一个将"安乐死"合法化的国家。比利时也于2001年10月由参议院通过一项草案，批准医生在特定条件下帮助患绝症的病人死亡。而英国、法国、澳大利亚等国对此存在分歧，联合国人权委员会对荷兰的行动则表示谴责。根据荷兰议会上院通过的法案规定，安乐死患者必须是12岁以上患有不治之症、难以接受痛苦的治疗时，经本人反复考虑成熟后，自愿向医生提出要求；其负责治疗的主治医生必须对此征询至少一名以上其他医生的意见，认为没有挽救患者生命的其他手段与方法，当经过一切努力均不可能时，方可实施安乐死。法案还规定，安乐死的手段必须是医学方法，或主治医生发放药物给患者自己服用，或由主治医生使用药物，帮助患者结束生命。

二、安乐死立法中的问题

安乐死是一个重大的伦理学和社会学问题，在我国立法上尚属空白，学者一般认为，立法应有如下严格的规定：

（一）安乐死的对象

安乐死对象必须同时具有以下条件：① 必须是不治之症；② 濒临死亡，虽有只能维持一段生命的医学方法，但要消耗大量费用；③ 肉体与精神无法抑制的严重痛苦。安乐死对象的年龄问题目前存在很大争议。

（二）安乐死的程序

1. 申请。应由本人亲自书面提出专门申请，或在遗嘱中表明其意志并加以确认；特殊情况下可口头申请，并录音，或记录后由本人签字。口头申请应有两名无利害关系者作为证人出具书面证明；对昏迷者应由法定代理人提出书面申请。

2. 受理。县级以上医疗机构为安乐死受理单位，单位负责人为审查和批准的责任者，应受理审查申请者的条件及由两名以上主管医生签字的病情证明材料。若安乐死被批准应预先报告公安机关备案。

3. 执行。申请批准后，由主管医护小组按规定的时间、地点、方式进行，待证明患者死亡后立即报告医疗机构负责人，由医疗机构在规定的时间内报告公安机关。在执行之前还应对患者或家属询问有无反悔或撤销申请的，若有，则应立即停止执行。对安乐死的实施子女或亲属间有意见分歧时，应规定在子女或亲属中确定一名代表人，医院或医生征询子女或亲属意见时，只对代表人，否则医院或医生将无法开展工作。

随着社会文明的进步、人口的膨胀和老龄化及疾病谱的变化，安乐死的立法问题一定会提到议事日程。

思考题

1. 人工辅助生殖技术会引发哪些法律问题？
2. 简述我国人工辅助生殖技术的立法状况。
3. 我国人体器官捐献应遵循的原则是什么？
4. 我国对人体器官捐献者与接受者条件有哪些规定？
5. 基因诊断会引发哪些法律问题？
6. 如何看待安乐死立法问题？

（李晓霓　李晓农）

第十六章　国际卫生法

随着人类社会、经济、科技的发展，人类的生存空间变得越来越少，相互之间的关系越来越紧密，世界各地的各种往来也越来越广泛，这就使得人类的健康状况也变得相互影响、相互依存。为了全人类的健康利益，必然要求制定一些共同的规则来规范人们的行为。

第一节　国际卫生法概述

一、国际卫生法的概念

国际卫生法是用以调整国家之间、类似国家的政治实体之间以及国际组织之间，在保护人体健康活动中所产生的权利义务关系，以及有法律拘束力的原则、规则和制度的总称。早在1851年，在巴黎举行的第一次国际卫生会议上，产生了第一个区域性的《国际卫生公约》。第二次世界大战后，特别是1948年世界卫生组织成立后，为实现其"使全世界人民获得可能的最高水平的健康"的目标，提出了一系列的国际公约、协定，使国际卫生法得到了迅速发展。

目前，国际卫生法的内容已涉及公共卫生与疾病控制、临床医疗、职业卫生、人口和生殖健康、特殊人群健康保护、精神卫生、卫生资源、药物管理、食品卫生、传统医学等许多方面。我国已成为WHO和WTO的正式成员，必须遵守有关国际卫生法的规定，同时要根据国际卫生法的原则，维护我国人民的合法权益。

二、国际卫生法的特征

国际卫生法除具有一般法律法规的特征外，尚具有其他特征：① 国际卫生法的主体主要是国家，有时也包括国际组织；② 国际卫生法的制定主要是通过国家之间的协议来实现的，国际社会没有专门的立法机关，即使世界卫生组织也是倡导和提出建议；③ 国际卫生法的调整对象是国际卫生法主体之间的权利义务关系；④ 国际卫生法没有居于国家之上的强制机关保障其实施，而是依靠国际卫生法主体的承诺和遵守，并善意履行；⑤ 处理国际卫生法与国内卫生法的关系，我国采取的是除我国声明保留的条款外，国际卫生法优于国内卫生法的原则。其他国家也有采取国内卫生法优先或两者地位相当的原则。

三、国际卫生法的渊源

国际卫生法的渊源，是指国际卫生法规范的表现形式或形成的过程、程序。国际卫生法的渊源主要是各类国际卫生条约、协定和有关国际卫生法的宣言与决议。

（一）国际卫生条约或协定

国际卫生条约，是国家之间、国家与国际组织之间或国际组织之间缔结的为确定它们之间维护人体健康的权利义务关系而达成的协议,其名称各异,如条约、协定、公约、议定书。按缔结主体的个数不同,可分为双边条约和多边条约。如《1961年麻醉品单一公约》、《国际卫生条例》、《联合国禁止非法贩运麻醉药品和精神药物公约》等,表明参加条约的国家都直接受其约束。

(二) 国际组织和国际会议的有关决议

国际组织主要是联合国。国际组织的有关决议,是指国际组织和在其职权范围内作出的涉及国际卫生关系的决定或决议,包括采取"宣言"形式的决议。有时一些有明确主题的国际会议也会通过有关决议,一般是建议性质,没有法律拘束力,不构成法律规范。如《儿童生存、保护和发展世界宣言》、《阿拉木图宣言》、《国际人口与发展大会行动纲领》等。这些决议虽然是原则性的规定,有待具体化,但仍是不可忽视的国际卫生法渊源。

第二节 国际卫生条约简介

一、《阿拉木图宣言》

初级卫生保健(英文简称PHC)是世界卫生组织提出的一项全球性战略目标,它得到了联合国和世界多数国家政府的认同和承诺,是21世纪世界人民健康的必要保障。

早在1977年5月,第三十届世界卫生大会通过了世界卫生组织(WHO)第30号、第43号决议,确定了各国政府和世界卫生组织在未来几十年的主要社会目标:到2000年世界全体人民都应达到具有能使他们的社会和经济生活富有成效的那种健康水平,即通常所说的"2000年人人享有卫生保健"。1978年9月,世界卫生组织和联合国儿童基金会联合在原苏联的阿拉木图主持召开国际初级卫生保健大会,通过了著名的《阿拉木图宣言》,明确了初级卫生保健是实现"2000年人人享有卫生保健"全球战略目标的基本途径和根本策略。1979年的联合国大会和1980年的联合国特别会议,分别表示了对《阿拉木图宣言》的赞同,使初级卫生保健活动得到了联合国的承诺。我国政府分别于1983年、1986年、1988年明确表示了对"2000年人人享有卫生保健"战略目标的承诺。

《阿拉木图宣言》对初级卫生保健作了如下定义,即初级卫生保健是一种基本的卫生保健。其含义包括:① 是由社区通过个人和家庭的积极参与,依靠科学的、受社会欢迎的方法和技术,费用也是社区或国家在各个发展时期依靠自力更生和自觉精神能够负担得起的,普遍能够享受的卫生保健;② 是国家卫生系统的中心职能和主要要素;③ 是国家卫生系统和社区经济发展的组成部分;④ 是个人、家庭和社区同国家系统保持接触,使卫生保健深入居民生活与劳动的第一环节。根据《阿拉木图宣言》初级卫生保健可分为四个方面的工作目标和八项具体工作内容。

(一) 四个方面的工作目标

① 促进健康:包括健康教育、保护环境、合理营养、饮用安全卫生水,改善卫生设施,开展体育锻炼、促进心理卫生、养成良好生活方式等。② 预防保健:在研究社会人群健康和疾病的客观规律及它们和人群所处的内外环境、人类社会活动的相互关系的基础上,采取积极有效的措施,预防各种疾病的发生、发展和流行。③ 合理治疗:及时发现疾病,及时提供医疗服务和有效药品,以避免疾病的发展与恶化,促使早日好转痊愈,防

止带菌（虫）和向慢性发展。④ 社区康复：对丧失了正常功能或功能上有缺陷的残疾者，通过医学的、教育的、职业的和社会的措施，尽量恢复其功能，使他们重新获得生活、学习和参加社会活动的能力。

（二）八项具体工作内容

① 对当前主要卫生问题及其预防和控制方法的健康教育。② 改善食品供应和合理营养。③ 供应足够的安全卫生水和基本环境卫生设施。④ 妇幼保健和计划生育。⑤ 主要传染病的预防接种。⑥ 预防和控制地方病。⑦ 常见病和外伤的合理治疗。⑧ 提供基本药物。

1981年第34届世界卫生大会上，除上述八项具体工作内容外，又增加了"使用一切可能的方法，通过影响生活方式、控制自然和社会心理环境来预防和控制非传染疾病和促进精神卫生"一项内容。我国卫生部在此基础上在20世纪90年代初已分别制定了城市和农村初级卫生保健的评价指标体系。

二、《儿童生存、保护和发展世界宣言》

1989年第44届联合国大会审议并通过该公约时，中国是提出通过公约的决议草案的共同提案国之一。1990年12月29日，中国正式签署了该公约。翌年，中国全国人民代表大会常务委员会批准该公约，并于1992年4月1日正式对中国生效，中国政府承担并认真履行公约规定的各项义务。

1990年9月29~30日，世界儿童问题首脑会议在纽约联合国总部召开，71个国家首脑和88个国家的政府官员出席会议。会议明确提出"儿童优先"的原则，通过了《儿童生存、保护和发展世界宣言》和《执行90年代儿童生存、保护和发展世界宣言行动计划》。

《宣言》倡议通过国家行动和国际合作，达到以下目标：① 改善儿童健康状况和营养；② 给予残疾儿童和处境非常困难的儿童更多的关心、照顾和支持；③ 普遍加强妇女的作用，确保她们的平等权利，将有利于全世界的儿童；④ 为所有儿童提供基本教育和识字；⑤ 必须用一切可能的方法来促进母亲的安全；⑥ 家庭是儿童成长和幸福的基本群体和自然环境，应予以所有必要的保护；⑦ 使儿童在一个安全的、保护性的环境中能够发现自己的特性，认识到自己的价值；⑧ 参与他们社会的文化生活；⑨ 保证或恢复所有国家的持久和持续的经济增长和发展，并继续迫切注意及早、广泛和持久地解决发展中负债国所面临的外债问题。

《宣言》要求各国政府对保护儿童权利和改善生活的十点方案做出承诺：① 努力推动尽早批准和执行《儿童权利公约》；② 增进儿童健康、提高产前保健，并降低所有国家、所有民族的婴儿和儿童死亡率；③ 采取消除饥饿、营养不良和饥荒的措施，使儿童获得最大程度的成长和发展；④ 加强妇女的作用和地位，促进负责任的生育数量、生育间隔、母乳喂养和母亲安全计划；⑤ 尊重家庭在抚养儿童方面的作用，并支持父母、其他保育人员和社区对儿童从早期童年至青春期的养育和照料；⑥ 减少文盲，并为所有儿童，无论其背景和性别，提供教育机会；⑦ 努力改善千百万生活在特殊困难环境中的儿童的命运；⑧ 保护儿童免遭战争之灾祸；⑨ 在所有层次保护环境，从而使所有儿童享有一个更为安全健康的未来；⑩ 向贫穷发起全球性进攻，促进儿童的福利。

1991年中国政府正式签署了这两个文件，并于1992年2月16日，正式颁布了《九十年代中国儿童发展规划纲要》。《纲要》根据中国国民经济和社会发展十年规划和第八个五年计划提出的任务和总目标，依据世界儿童问题首脑会议通过的两个文件精神，结合我国的实际情况，提出了到2000年，将1990年时的婴儿死亡率和5岁以下儿童死亡率分别降低1/3、使1990年时的5岁以下儿童中度和重度营养不良患病率降低一半等，共10项主要奋斗目标和实现这些目标的策略和措施。与此同时我国各省、自治区、直辖市都依据《纲要》的精神和要求，结合本地区的实际制定了儿童发展规划。

三、《国际人口与发展大会行动纲领》

1994年9月5日至13日在埃及开罗召开的国际人口与发展会议是全球控制人口战略的一个非常重要的会议。此次会议的主题是：人口、持续的经济增长和可持续的发展。大会通过的《国际人口与发展大会行动纲领》（以下简称《行动纲领》），成为今后20年全球人口发展领域国际合作的指导性文件。中国出席了这次大会并参与了大会行动纲领的制订。

《行动纲领》包括序言、原则，人口与持续经济增长和可持续发展之间的关系，男女平等、公平和赋予妇女权力，家庭及其作用、权利、组成和结构，人口的增长及其结构，生殖权利和生殖健康，保健、发病率和死亡率，人口分布、城市化和国内迁徙，人口、发展和教育，技术、研究与发展，国家行动、国际合作，与非政府组织的伙伴关系以及会议的后续安排等16部分。

《行动纲领》强调生殖健康及计划生育是一种人权。同时对生殖健康作了如下定义：生殖健康是指生殖系统及其功能和过程所涉及一切事宜上（身体、精神和社会等方面）的健康状态，而不仅指没有疾病或不虚弱。

《行动纲领》要求所有国家应尽早（不迟于2015年）通过初级保健制度，为年龄适合的所有人提供生殖保健。生殖保健服务范围包括：计划生育咨询、教育和服务；围产期保健教育和服务、母乳喂养、母婴保健；不孕症的防治；流产的预防和流产后的康复与流产并发症的防治；生殖系统感染的检查；乳腺及生殖系统肿瘤、性传播疾病和HIV/艾滋病的初步检查；性及性生活的咨询与教育等。

我国政府赞同生殖健康概念，对实现生殖保健要求作出承诺，并致力于生殖健康研究与发展。为此，国家计生委提出了20世纪末和到21世纪中叶我国人口与计划生育工作的奋斗目标，对育龄夫妇享有生殖保健服务提出了分阶段目标，即到2000年育龄夫妇享有初级生殖保健服务，2010年享有基本生殖保健服务，2021年普遍享受优质生殖保健服务。

四、《国际卫生条例》

（一）《国际卫生条例》的变迁

由于旅游、迁移和各种灾害造成的人口流动，由于食品、生物制品、国际贸易的发展，以及食品加工方法、销售和消费者习惯的改变，由于都市化、工业化、森林滥伐和气候变化有关的社会和环境变化，都会使在一个国家发生的传染病可能构成全球问题。为此，1951第4届世界卫生大会通过了《国际公共卫生条例》，将鼠疫、天花、黄热病、斑疹伤寒、回归热、霍乱六种疾病规定为检疫传染病。第22届世界卫生大会于1969年7月

25日通过的《国际卫生条例》，是对原《国际公共卫生条例》的修改与充实后的版本，自1971年1月1日生效。1973年和1981年世界卫生大会两次修改《国际卫生条例》，其中1973年修改了关于霍乱的条款，1981年删除了天花的条款，通过了《国际卫生条例》补充条例，规定检疫传染病为鼠疫、黄热病、霍乱，监测传染病为流行性感冒、疟疾、脊髓灰质炎、斑疹伤寒、回归热。1995年世界卫生大会通过了关于新出现和重现的传染病的决议和关于修订和更新《国际卫生条例》的决议。卫生大会充分认识到加强流行病学和实验室监测以及国家一级（在出现此类疾病的国家）的疾病控制活动是防御传染病在国际上蔓延的主要措施。为此，2005年5月23日第58届世界卫生大会修订了《国际卫生条例》。2007年5月14日，在第60届世界卫生大会上，卫生部代表中国政府声明，将于6月15日正式生效的新《国际卫生条例》适用于包括港、澳、台在内的中国全境。

（二）新《国际卫生条例》确立的若干制度

2005年修订的《国际卫生条例》（以下简称 新《条例》）涉及的内容极其广泛，其中最为重要的是包括了世界卫生组织如何将某种公共卫生事件定位为国际关注的公共卫生突发事件；流行病预警和应对的方法；国家归口部门的确定；监测和应对的核心要求以及争端解决的机制等诸多内容。新《条例》宗旨是为防止疾病在国际上传播提供保障措施，同时还要避免对国际交通秩序的非必要干扰。为此，新《条例》确立了应对能力、信息公开、核实评估3大原则。这3大原则由若干个具体基本制度组成。

1. 疾病传播风险评估制度。疾病传播风险评估制度是通过成员国政府、国家归口部门在通报可能构成国际关注的公共卫生突发事件时，世界卫生组织对来源信息进行核实与确定，评估疾病在国际上传播的可能性和采取措施时对国际交通可能产生的影响，评价控制措施是否得当，以及向成员国发布该事件的同时，提出应对的长期建议或短期建议等方面发挥核心作用。

2. 权利和义务平衡制度。世界卫生组织成员国，可以根据新《条例》的规定，享有国际法赋予的各种权利和承担各种义务。这种权利与义务是建立在各成员国对新《条例》予以承认，无任何拒绝或保留的情况下。例如，成员国根据新《条例》的规定，享有在发生公共卫生突发事件时，有采取保护本国利益的各项卫生措施的权利。在港口、机场和陆地保证具有对公共卫生突发事件防控和检测能力的基础上，可以对从疫区离开或到达的交通工具、集装箱、货物、物品、行李或人员采取检查、消毒或除污等卫生措施的权利。但是，这些卫生措施首先应得到世界卫生组织的认可。

新《条例》为《中华人民共和国国境卫生检疫法》的修订，提供了重要依据。

3. 透明度制度。与信息公开原则相辅相成的是透明度制度。透明度制度贯穿于新《条例》所有规定之中，只有各成员国向世界卫生组织提供的有关公共卫生突发事件各种疫情信息真实、可信、规范和具有透明度，才能做到疫情信息公开，其他成员国也能分享到该疫情信息，及时采取符合新《条例》规定的有关检查、消毒或除污等卫生措施。新《条例》还在附件2专门制定了各成员国评估和通报有可能引起国际关注的公共卫生突发事件的决策文件。另外，根据新《条例》第42条的规定，成员国也要向世界卫生组织报告和公布因卫生、地理、社会或经济因素有着共同利益的两个或多个国家之间缔结的特别条约或协定。

4. 争端解决制度。新《条例》对提出争端的当事国、审查委员会的职责、专家组成、争端审议的程序、总干事等工作人员履行公正和独立义务都有详细和系统的规定。争端解决制度是世界卫生组织为国际关注的公共卫生突发事件得到适宜处理提供一种安全性和可预见性的核心要素，其目的是确保新《条例》在各国或组织等能得以有效执行，以维护各成员国或组织等主体和世界卫生组织在新《条例》下的权利和义务。该制度主要适用于各成员国或组织等主体与世界卫生组织相互之间，适用范围主要是解决因对《条例》的解释或者执行中产生的任何争端。

新《条例》的法律框架是由若干制度所构成的，这里还包括备案制度、疫情申报制度、缔约国选择制度、干预制度、不豁免制度以及非疾病性事件报告制度等，认真研究这些基本制度，对于各国卫生行政部门正确运用新《条例》，改变过去传统和习惯做法，调整有关政策和规定都具有非常重要的意义。

第三节 《实施卫生与植物卫生措施协议》

一、《实施卫生与植物卫生措施协议》（《SPS协议》）的由来与意义

《SPS协议》是世界贸易组织（WTO）诸多协议之一，中文译名是《实施卫生与植物卫生措施协议》，英文缩写简称《SPS协议》，内容涉及动植物、动植物产品和食品的进出口规则。

随着国际贸易的发展和贸易自由化程度的提高，各国实行的动植物检疫制度对贸易的影响已越来越大，特别是某些国家为了保护本国农畜产品市场，多有利用非关税措施来阻止国外农畜产品进入本国市场的情况，其中动植物检疫就成为一种隐蔽性很强的技术壁垒措施。这样，贸易自由化主张与动植物检疫所引起的阻碍作用这对矛盾就日渐突出。在边境贸易中，许多国家特别是发达国家，仍将动植物检疫作为例外措施加以利用。《SPS协议》，是关贸总协定原则渗透到动植物检疫工作的产物。《SPS协议》虽然表明为了动植物的健康和安全，实施动植物检疫制度是必需的，但是更强调动植物检疫对贸易的不利影响要降到最低程度，不应构成对国际贸易的变相限制，并把关贸总协定中的等同原则、透明度等引申到《SPS协议》中，成为动植物检疫应遵循的规则。为了便于协商解决国际检疫纠纷，《SPS协议》还提出了国际标准化、科学管理的要求。

二、《SPS协议》的主要内容和有关规定

《SPS协议》共有14个条款和3个附件，主要内容包括：制定协议的目的；成员方的权利和义务；卫生和植物卫生保护水平的确定、协调和风险评估；透明度；控制、检验和批准程序；技术援助；特殊差别待遇、协商和纠纷处理等。

成员方的权利和义务：世贸组织成员实施SPS措施时要遵守非歧视原则，即不能在情形相同或相似的成员，包括本国与其他WTO成员之间造成任意或不合理的歧视，尤其是在有关控制、检验和批准程序方面，要给予外国产品国民待遇。凡符合协议相关规定的措施应以科学原理为依据，没有充分科学依据的SPS措施就不再实施或停止实施。

1. 标准确定。各成员应根据现行的国际标准制定本国的SPS措施。国际标准通常以

其他相关国际组织,特别是食品法典委员会(CAC)、世界动物卫生组织(OIE)和《国际植物保护公约》(IPPC)秘书处来制定相应的食品安全、动物卫生和植物卫生方面的标准为准。如果出口成员对出口产品所采取的SPS措施,客观上达到了进口成员适当的SPS保护水平,那么,进口成员就应当接受这种SPS措施。

2. 风险评估。协议规定各成员在制定SPS措施时应以有害生物风险分析为基础,同时考虑有关国际组织制定的有害生物风险分析技术。在做有害生物风险分析时要考虑:可获得的科学依据;有关加工工序和生产方法;有关检验、抽样和检测方法;检疫性病虫害的流行;病虫害非疫区的存在;有关生态和环境条件;检疫或其他检疫处理方法;以及有害生物的传入途径、定居、传播、控制和根除有关有害生物的经济成本等。

3. 法规的透明度。各成员应确保及时公布所有有关SPS措施的法律和法规。除紧急情况外,各成员应允许在SPS措施法规的公布和生效之间留出一段合理的时间间隔,以便让出口成员,尤其是发展中国家成员的生产商有足够的时间调整其产品和生产方法,以适应进口成员的要求。各成员应建立咨询机构,负责回答有关成员提出的问题及提供有关检疫文件和通知有关情况。

4. 技术援助。各成员同意以双边的形式或适当的国际组织向发展中国家提供技术援助,包括:加工技术、科研和基础设施领域、建立国家机构、咨询、信贷、捐赠、设备和培训等。当发展中国家的出口成员为满足进口成员的SPS要求而需要大量投资时,后者应提供技术援助。各成员应鼓励和便利发展中国家成员积极参与有关国际组织。

5. 发展中国家享有的特殊和差别待遇。在制定和实施SPS措施时,各成员应考虑发展中国家的特殊需要,如果分阶段采用新的SPS措施时,应给予发展中国家成员有利害关系的出口产品更长的时间去符合进口成员的SPS措施要求,从而维持其出口机会。对《SPS协议》的执行,发展中国家可延迟2年,不发达国家可延迟5年。

6.《SPS协议》对等同对待的要求。成员各方所采取的措施不应对条件相同或相似的成员之间构成不公正的对待。出口成员的检疫措施达到进口国相当的检疫保护水平,进口方应同等地接受这些检疫措施(即使这些措施不同于自己的措施)。对进口产品实施检查程序的待遇,不应低于相似的国内产品。

7. 协商和纠纷处理。为监督WTO成员执行《SPS协议》的各项规定,并为其提供一个经常性的磋商场所或论坛,推动实现各成员采取协调一致的SPS措施这一目标,WTO设立了SPS措施委员会。WTO成员间有关SPS问题的争端,应通过WTO的争端解决机制解决,如涉及科学或技术问题,则可咨询技术专家或有关的国际组织。

第四节 麻醉品、精神药物的国际公约

一、我国承认和加入的有关国际公约

加强国际禁毒合作,对于推动世界范围内的禁毒斗争和从根本上解决中国的毒品问题,是十分必要的。

中国政府积极参与国际禁毒事务。1985年6月,经全国人民代表大会常务委员会批准,中国加入经1972年议定书修正的联合国《1961年麻醉品单一公约》、《1971年精神药

物公约》。1989年9月，经全国人民代表大会常务委员会批准，中国加入联合国《禁止非法贩运麻醉药品和精神药物公约》，成为最早加入该公约的国家之一。从1984年起，中国多次派代表团出席联合国、国际刑警组织、世界海关组织和世界卫生组织召开的禁毒国际会议。1989年10月，中国在北京举办亚洲地区缉毒研讨会。1996年11月，中国在上海主办国际兴奋剂专家会议。1990年2月和1998年6月，中国政府代表团先后参加联合国第十七次和第二十次禁毒特别会议，向国际社会展示了中国政府坚决禁毒的立场和政策、措施。

我国参加的国际禁毒公约有：联合国《经〈修正1961年麻醉品单一公约议定书〉修正的1961年麻醉品单一公约》；联合国《1971年精神药物公约》；联合国《1988年禁止非法贩运麻醉药品和精神药物公约》。同时声明对修正的《1961年麻醉品单一公约》第四十八条第二款、《1971年精神药物公约》第三十一条第二款予以保留；声明不受联合国《禁止非法贩运麻醉药品和精神药物公约》第三十二条第二款和第三款的约束。

二、《修正1961年麻醉品单一公约》的主要内容

该公约限定了麻醉品的范围，并分别列入四个表格，规定给予不同级别的管制；规定了缔约国的一般义务；规定联合国经济及社会理事会麻醉品委员会及国际麻醉品管制局执行公约分别被授予的职权和职能；规定了对各类麻醉品如鸦片、古柯与古柯叶、大麻等在生产、种植、制造、国际贸易、分配、持有、使用中的限制、管制、监察和检查的措施；规定了对违反公约规定应给予的处罚；规定了防止滥用麻醉品的措施。

三、《1971年精神药物公约》的主要内容

该公约限定了精神药物的范围；明确了精神药物的管制措施；规定了各缔约国应向联合国的药品管制机构报送本公约在其领土实施的情况资料；规定各缔约国为防止滥用精神药物及取缔非法产销应制订严格的措施；规定了对违反公约的罚则。

四、《禁止非法贩运麻醉药品和精神药物公约》的主要内容

该公约（简称《88国际禁毒公约》）规定了有关毒品犯罪及制裁措施；规定在一定具体情况下，各缔约国应采取可能必要的措施对毒品犯罪确定本国的管辖权；就没收毒品犯罪非法收益和财产、对毒品犯罪的引渡、缔约国间相互法律协助、移交诉讼、支援过境国、控制下交付以及国际合作等问题作出了具体规定；缔约国应向联合国经济及社会理事会麻醉药品委员会提供关于在其境内执行公约的情况等。

思考题

1. 简述国际卫生法的概念与特征。
2. 什么是国际卫生法的渊源？国际卫生法的渊源有哪些？
3. 《阿拉木图宣言》中提出的"初级卫生保健"的含义是什么？有哪些具体工作目标？
4. 《国际人口与发展大会行动纲领》的主题是什么？
5. 简述生殖健康的含义。

6. 简述新《国际卫生条例》的重点修改内容。
7. 简述新《国际卫生条例》确立的基本制度要点。
8. 什么是《SPS 协议》?

(李晓农 宋文质)

主要参考文献

1. 赵同刚，等．卫生法．北京：人民卫生出版社，2004
2. 吴崇其，等．中国卫生法学．北京：中国协和医科大学出版社，2001
3. 达庆东，等．卫生法学纲要．上海：上海医科大学出版社，2000
4. 赵震江，付子堂．现代法理学．北京：北京大学出版社，1999
5. 张文显，等．法理学．北京：高等教育出版社，2000
6. 姜必新，等．行政诉讼法——疑难问题探讨．北京：北京师范大学出版社，1991
7. 章剑生．行政诉讼法基本原理．北京：中国人事出版社，1998
8. 应松年，等．行政法学新论．北京：中国方正出版社，1998
9. 姜明安，等．行政法学．北京：法律出版社，1998
10. 罗豪才，等．行政法学．北京：北京大学出版社，2001
11. 任中杰，等．行政法与行政诉讼法．北京：中国政法大学出版社，1999
12. 李步云，汪永清．中国立法的基本理论和制度．北京：中国法制出版社，1998
13. 黄丁全．医事法［M］．北京：中国政法大学出版社，2003
14. 卡斯迪廖尼［意］著，程之范主译．医学史［M］．南宁：广西师范大学出版社，2003
15. 黄丁全．医疗法律与生命伦理［M］．北京：法律出版社，2004
16. 宋文质，等．卫生法学．北京：北京大学医学出版社，2005
17. 邹明理．我国现行司法鉴定制度研究．北京：法律出版社，2001
18. 江平，等．民法学．北京：中国政法大学出版社，2000
19. 梁慧星，等．民法总论．北京：法律出版社，1996
20. 张俊浩，等．民法学原理．北京：中国政法大学出版社，1997
21. 刘革新．医与法．北京：中国人民公安大学出版社，1997
22. 龚赛红．医疗损害赔偿立法研究．北京：法律出版社，2001
23. 何颂跃．医疗纠纷与损害赔偿．北京：人民法院出版社，2002
24. 于宗河，等．《中华人民共和国执业医师法》解释．北京：中国民主法制出版社，1998
25. 卞耀武，等．《中华人民共和国职业病防治法》条文释义．北京：人民卫生出版社，2002
26. 李仲周，等．世界贸易组织法律文本．北京：法律出版社，2000
27. 卫生部，国家中医药管理局．常用卫生法规汇编．北京：法律出版社，2002
28. 卫生部．中华人民共和国卫生法规汇编（1995—1997）．北京：法律出版社，1998
29. 孙宁华，等．行政诉讼法学．北京：中国检察出版社，2001
30. 胡建淼，等．行政强制．北京：法律出版社，2002
31. 梅仲协．民法要义．北京：中国政法大学出版社，1998
32. 黄立．民法总则．北京：中国政法大学出版社，2002
33. 王泽鉴．民法学说与判例研究（4）．北京：中国政法大学出版社，1998
34. 杨光伸．组织医疗责任归属之研究．台湾：东吴大学出版社，1997
35. 王岳．医疗纠纷法律问题新解．北京：中国检察出版社，2004